A RESEARCH ON THE TRANSMUTATION OF THE CONCEPT OF TRANSLATION AFTER THE CULTURE TURN IN TRANSLATION STUDIES

文化转向后
翻译概念的嬗变研究

吴术驰　李　超　著

四川大学出版社

责任编辑:余　芳
责任校对:周　洁
封面设计:墨创文化
责任印制:王　炜

图书在版编目(CIP)数据

文化转向后翻译概念的嬗变研究 / 吴术驰，李超著.
—成都：四川大学出版社，2018.3
ISBN 978-7-5690-1666-6

Ⅰ.①文…　Ⅱ.①吴…　②李…　Ⅲ.①翻译-研究
Ⅳ.①H059

中国版本图书馆 CIP 数据核字（2018）第 061350 号

书名　**文化转向后翻译概念的嬗变研究**
Wenhua Zhuanxianghou Fanyi Gainian de Shanbian Yanjiu

著　　者	吴术驰　李　超
出　　版	四川大学出版社
地　　址	成都市一环路南一段 24 号 (610065)
发　　行	四川大学出版社
书　　号	ISBN 978-7-5690-1666-6
印　　刷	成都金龙印务有限责任公司
成品尺寸	148 mm×210 mm
印　　张	10
字　　数	265 千字
版　　次	2018 年 4 月第 1 版
印　　次	2018 年 4 月第 1 次印刷
定　　价	42.00 元

◆读者邮购本书,请与本社发行科联系。
电话:(028)85408408/(028)85401670/
(028)85408023　邮政编码:610065
◆本社图书如有印装质量问题,请
寄回出版社调换。
◆网址:http://www.scupress.net

版权所有◆侵权必究

前　言

中国当代译学研究深受西方当代翻译理论的影响。随着文化转向和跨学科研究的不断深入，翻译研究的视角越来越丰富，研究对象也从语言扩展到与翻译相关的各个领域。各领域通过文化和权力产生联系，使翻译活动具有了多重目的和多种功能，以至于近年来，一批学者倡导对翻译进行重新定义与定位。翻译活动历史悠久，在历史长河中，人们早已对该活动形成了较为统一的认识，即“译者言易也”（赞宁，《译经篇》）。如今对其提出重新定义与定位并非不可，但必须追问翻译的定义和定位是如何演变的？变成了什么？变与不变前有何不同？这便涉及翻译的概念和研究范式问题。

本书以翻译的概念和研究范式为研究对象，综合运用文献研究法、定性分析法、描述性研究法等多种研究方法，呈现翻译概念和研究范式的嬗变过程并分析嬗变的原因与合理性。翻译的概念和范式研究是对翻译的本质研究。没有相对一致的概念和相对稳定的范式，整个翻译研究系统便会处于一种持续的无序化和碎片化状态，纷纷扰扰，争持不下。本书通过对文化转向后主要翻译流派和思想之来源、发展与影响的描述，探讨了翻译中的对等、文化、意识形态、身份、伦理、创造性、教学与评估等问题，并依据这些问题反过来审视翻译的概念和研究范式，并对学科建设的跨学科性和生产性问题进行深入的探讨。本书坚持翻译研究的问题必须产生于翻译实践并反过来指导、解释和预测翻译实践这一宗旨，在充分肯定翻译研究多样性的前提下，构建基本概念上的统一性，为不同的翻译思想提供相互对话的基础，为廓清学科发展的规律和翻译研究的核心问题与基本范围提供方向和思路。

本书共分为六章，具体内容如下：

第一章题为“翻译的文化转向及以后：翻译研究的现状概说”。本章选取了具有当代翻译理论奠基石作用的四篇重要文献，分别是霍姆斯的《翻译研究的名与实》、埃文－佐哈的《翻译文学在文学多元系统中的地位》、勒菲弗尔与巴斯内特的《翻译研究中的“文化转向”》以及本雅明的《译者的任务》。通过文本细读的方式，本章分析了各位学者是站在什么角度，以什么方法，列举了什么例子，得出了什么结论，并通过这四篇文献，结合当下翻译研究的主要流派和观点，为各种翻译思想的渊源、联系勾勒出发展的主线，为研究翻译概念和研究范式的嬗变提供基础和起点。

第二章题为“对等：翻译研究中的核心问题”。通过第一章的研究，本书发现文化转向之前的语言学派和文化转向之后的各流派争论的核心是对等问题，包括存不存在对等，和什么对等等问题。对等观的不同直接导致翻译观的不同。本书将该问题分为基于翻译实践的对等研究、系统—描写—文化学派的对等研究以及基于哲学视角的对等研究三个方面进行论述。基于翻译实践的对等研究主要集中于语言学派，他们的研究从单纯的语言对比发展到对语言功能、语用和语篇等问题的考察。系统—描写—文化学派仅将对等作为描写译本时所观察到的一种现象，拒绝承认对等的核心地位。自哲学的语言学转向后，哲学家将翻译视为语言中的一种特殊现象，并以此来阐明自己的语言观和哲学观。本书认为，所有的研究都围绕着对等展开，要么承认它要么否认它。对等不是一种绝对的数学概念，而是一种目标，是译者基于文本，综合对各种因素的考量而得出的最优结果。对等仍将是翻译研究的核心问题，它也决定了我们对翻译概念的认知问题。

第三章题为“文化、意识形态与权力：社会视角下的翻译研究”。翻译研究经常谈及文化、意识形态、权力等概念，有必要先对其谈论的概念进行定义。本章从《大不列颠百科全书》、各类词典等权威工具书中的定义和概念入手，论述了翻译中文化的概念以及文化翻译的形式与实践；探讨了意识形态的概念，并区分了翻译的意识形态与意识形态的翻译；从福柯的权力生产性的角度讨论了学科发展中问题产生的方式；从学科之死的角度阐释跨学科研究方法的背景，并引入辛格的“翻译的”和“与翻译相关的”这一对概念，对当下翻译研究中的知识进行分类。本章论述了本书中最核心的两个问题：权力的生产性与跨学科研究揭示了翻译研究学科构建上学术背后的问题——学科的生存性；“翻译的”和“与翻译相关的”这一对概念解释了内部研究和外部研究的区别与联系。这些问题有助于我们清晰认识翻译的本质。

第四章题为“翻译与写作：翻译中的身份与伦理”。本章把焦点落于译者身上。译者的显身是当下翻译研究中的热点和重点。本章从译者的身份和伦理问题出发，探讨了译者实施主体性的方式和限度，以及译者的职业道德与职业标准问题。在上述讨论中，指出了译者在翻译过程中的杂糅身份，并借第三章中论述的“翻译的”和“与翻译相关的”概念提出了“译者的身份”和“与译者相关的身份”，并指出“与译者相关的身份”都是服务于“译者的身份”。忠实既是译者的职业道德与标准，也是对译者的根本伦理要求。另外，本章还对巴斯内特所提出的“共谋”概念下的几种伪译作了分析，形成与上述问题的对比。译者的身份和伦理问题说明了翻译的本质和相应的研究范式。

第五章题为“翻译质量评估与翻译教学：翻译理论研究的根本目的”。所有的研究都应以解决、解释和预测实践问题为出发点和落脚点。通过对质量评估和译者能力培养的研究，本章指出，忠实和对等仍然是翻译实践活动的核心概念，语言仍然是翻译实践活动的核心基础。对翻译实践活动的讨论再一次指明了翻译的本质，提出了有效的研究方法。

第六章题为“后现代之后：翻译研究的反思与展望”。现代是指理性的时代，而后现代是对理性时代进行反思和知识再造的时代。本章将散落于前五章中的思考集中起来，用于解决一些翻译研究中的实际问题。本章集中探讨了四个问题：(1) 翻译的重新定义与定位问题。本章认为翻译的本质属性从未改变，但作用却随时代的发展发生着变化，因此不应重新定义，但可依据研究的视角和社会的发展重新定位。(2) 跨学科与翻译研究的范式演进。本章指出“翻译和……”与“翻译作为……”是跨学科研究的两种方式。不以解决实际问题为目的而进行的跨学科研究，导致翻译研究的范式向描述性研究和微观历史上发展，将重点放在“纯理论”上的推演。同时，本章指出，规定性研究和描述性研究之间是先后关系，而非平行关系。描述性研究必须建立在规定性研究之上，而非相反。(3) 翻译中的创造性问题。本章认为，翻译应求“达旨”，创造的目的也是“达旨”，同时倡导关注翻译经验的总结和翻译技巧的研究。(4) 翻译研究的未来。本章以“属于翻译的研究”和“关于翻译的研究”两个分支重构了翻译研究的蓝图，并主张坚持翻译是通过语言（符号）转换建立对等目标文本这个本质，并以解决翻译实践活动中的实际问题为未来的研究方向。

另外，本书还纠正了一些对理论作品的误读和曲解，散见于各章节之中。

由于作者水平有限，加之时间仓促，本书不足之处在所难免，恳请各位读者批评指正。

著者

2017 年 11 月

目　录

绪 论

翻译理论若非从翻译实践中的问题而产生，若非从客观的需求和反馈中提出，若不在做决定前考虑文本内外的所有因素，则既无意义又无效果。

——彼得·纽马克

翻译活动的历史悠久。有学者考证，迄今所发现的最早有文字记载的翻译活动，是公元前1269年左右，赫梯国王哈图西利斯三世（Hattusilis Ⅲ）与埃及第19王朝法老拉美西斯二世（Rameses Ⅱ）所签订的赫梯语和埃及语互为译本的合约文本（曹明伦，2013：13-14），至今已有近3 300年历史。而口译活动的历史定然更加悠久。翻译活动始于何时并不重要，重要的是在漫长的岁月中，人们逐渐形成了对翻译的基本认识和基本概念。正如英国学者赫曼斯所言："你想知道什么是翻译？没有更简单的方法了。关上书，去街头问问。"（Hermans，2013：75）笔者依赫曼斯的建议在校园中随机问了十余个人，其回答皆是"把一种语言转换成另一种语言"，虽表述不一，但意义相同。而翻译专业的师生都会背诵赞宁《译经篇》中的定义，即"译者言易也，谓以所有易所无也"，同时也不会忘记雅各布森（Jakobson）的语内翻译、语际翻译和符际翻译。《现代汉语词典（第六版）》对"翻译"有两种解释：（1）动词。把一种语言文字的意义用另一种语言文字表达出来（也指方言与民族共同语、方言与方言、古代语言与现代语言之间一种用另一种表达）；把代表语言文字的符号或数码用语言文字表达出来。（2）名词。做翻译工作的人。在第一条解释中，我们似乎看到了赞宁和雅各布森的结合，虽然他们所处的时代和地域相去甚远。英语的“translation”并不与中文的“翻译”完全对等，其含义更丰富。我们翻译研究中所说的“translation”，在《牛津英语词典（第二版）第十八卷》［*Oxford English Dictionary*（*Second Edition*）Volume XVIII］中解释为：“The action or process of turning from one language into another; also, the product of this; a version in a different language.”（一种语言转换成另一种语言的行为或过程；也指这种行为或过程的结果；以另一种语言写成的版本。）通过比较，我们不难看出，无论古今，无论东西，人类对翻译的性质已经达成了广泛共识。

但近年来，翻译学界常常能听到对翻译进行重新定义与定位的呼声，如西方近十多二十年来出现了各种翻译研究的转向和跨学科的研究方法。中国当下的翻译研究深受西方研究的影响，紧跟其后。2015 年和 2016 年在国内连续举行了两届“何为翻译？——翻译的重新定位与定义”高层论坛。一项有着悠久历史和广泛共识的实践活动突然变为一个现代命题，要求对其进行重新定义和定位。简单地说，就是翻译的定义变了。那么从事翻译研究的人一定会问，翻译定义如何变？变成了什么？与未变之前有何不同？

针对这些问题，本书以发端于 20 世纪 70 年代，确立于 90 年代的“翻译的文化转向”为分界点，以中国语境为背景，运用文献研究法、定性分析法、描述性研究法等综合研究方法，以时间和翻译思想的发展为顺序，对翻译概念是如何从关注语言本身，到对文化的推崇，再到进入更广阔的社会视野和权力系统进行了较为全面的描述和分析，同时也阐明了翻译研究的范式是如何随着翻译概念的变化而变化的。此外，本书对跨学科的研究方法、学科发展的生产性等问题进行了剖析，廓清了西方翻译研究译介过程中的一些不恰当的理解和误读，澄清了一些容易混淆的概念。因此，本书是对当下翻译研究的名与实的一次描述，是对翻译研究不断转向、开疆扩土的一种回望和反思，也是对该学科未来发展方向的一次探索。

通过研究，本书认为，翻译的本质仍然是通过语言（符号）转换建立对等的目标语文本。在翻译研究中，应区分“翻译的”研究和“与翻译相关的”研究。研究与翻译相关的各类要素是为了更好地进行语言（符号）的转换以建立对等的目标语文本。同时，描述性研究和规定性研究不是独立的平行关系。理论研究的目的是指导、解释和预测实践，是说明翻译“应该”如何，因此其本质是规定性的。而描述性研究的根本目的应是从翻译实践活动中的问题出发，为规定性研究提供翔实的现实素材。本书通过对翻译概念和研究范式的研究，厘清了语言、文化与权力之间的关系，解释了学科发展现状的原因，反思了翻译研究中的热点问题，并为未来翻译研究的发展方向进行了思考。

一

《大学》云：“物有本末，事有终始，知所先后，则近道已。”要了解翻译概念与研究范式的嬗变过程，必先了解其产生变化的起点。翻译实践活动虽年代久矣，但形成系统的翻译理论和学科是近二三十年的事情。虽然翻译学科存在的时间不长，但从语言学和文学的束缚中挣脱出来，构建学科伊始，就具有鲜明的跨学科性，吸引了各种背景的学者加入讨论，因此难免让人感到眼花缭乱。但其中总有一些奠定基础、引领方向的核心文献，本书选取了最具代表性的四篇进行文本细读，它们分别是霍姆斯的《翻译研究的名与实》、埃文-佐哈的《翻译文学在文学多元系统中的地位》、勒菲弗尔与巴斯内特的《翻译研究中的“文化转向”》以及本雅明的《译者的任务》。通过对四篇文章的细读和分析，本书指出了各位学者是站在什么角度，以什么方法，列举了什么例子，得出了什么结论。在分析四篇文献的同时，本书还结合当代各翻译思想，阐释这些翻译思想是如何继承、误读、扭曲和发展这些文献的观点的。

霍姆斯的《翻译研究的名与实》的最大贡献是其为翻译研究统一学科名称，奠定学科基础，并广开大门，使翻译的跨学科研究合理化、合法化。无论我们支持什么观点，都能从这篇文章里找到源头；无论我们反对什么观点，也都能从这篇文章中找到我们认为“错误”的观点是从什么时候，基于什么而发展起来的。它开创了描述性翻译研究一支，其“纯理论”的概念把翻译研究从对翻译活动和活动中问题的研究引向了理论和方法研究。

埃文-佐哈的《翻译文学在文学系统中的地位》打破了翻译与原文的主仆地位，以多元系统论文武器，对所谓的“正确性”发起了挑战，形成并直接影响了描写和系统理论一派。但埃文-佐哈本人却声称不对翻译学者对他观点所做的阐释负责。他把翻译文学当作目标语文学系统中的一种客观存在，并研究其地位和价值。本质上讲，埃文-佐哈进行的是文学史研究。

勒菲弗尔与巴斯内特的《翻译研究中的“文化转向”》基于十二篇从不同角度谈文化对翻译的影响的学术论文，吸收描写和系统理论，进一步挖掘文化中的权力、意识形态和诗学问题，提出改写、操控等理论。该文被认为是翻译中的文化转向的宣言书，文章否定了第三参照物的存在，将研究的重点从建立对等文本转向描述既成译本在流传中的历史与文本功能，将翻译视为一种改写，强调形象的建立，实际上是把翻译研究从语际翻译引向符际翻译。

本雅明的《译者的任务》比上述三篇文章成文时间都早，但引起人们普遍兴趣的时期与上述三篇文章的产生时期一致。本书对该文的研究先从结论开始，倒着向前进行分析。笔者认为，本雅明的可译性不是一种语言技术层面的可译性，而是该文被翻译的特征。本雅明谈论的是诗歌翻译，这种特征指诗歌的意象和灵韵。其“来世说”就是指要把这些意象和灵韵从一种语言中解放而移植进另一种语言。因此他提出翻译是一种模式，即在文本具有可译性的前提下，文本自身形成一种需要翻译的强烈要求，并等待一位能触碰原文意境的译者将之转换进另一种语言。虽然在翻译流派的归类中，这篇文章常被归为解构学派，但无论是本雅明对纯语言的描述还是对《圣经》的崇敬，都没有丝毫解构和颠覆之意，相反，译者的任务是要通过翻译去再现那些神圣文本（如《圣经》、诗歌）的意义。

从上述四篇文章中，我们能看到许多当下翻译研究中的高频词。但在不少研究中，对这些概念的理解都是基于他人的阐释，而很少有人回去重新细读甚至翻译一遍原文。就如巴斯内特举例所说的，“对绝大多数说法语的人而言，读过《追忆似水年华》全书的可能性可以说微乎其微”（Lefévere & Bassnett，1990：9）。我们也在通过其他的评论、注解形成我们的“文化转向”的形象。但学术文章不是文学作品，我们仍需保持原作的至高地位。如果我们简单地相信评论和注解，简单地理解上述概括，那么我们就有可能曲解原意，并在曲解的基础上产生更加曲解的结论。因此我们有必要回到原文，探其究竟。不但要了解结论，还要了解学者们是站在什么角度，用哪些方法，列举了哪些案例才得出某个结论，并认识其结论的适用范围。

本章对四篇核心基础文献的细读和论述，为后来各类翻译理论理清了思想源头。很多理论的思想源头是多样的，交叉的。对思想源头有了准确的把握，才能更加清晰地梳理文化转向后翻译概念和翻译研究范式的演变过程，并对当下“翻译的重新定义与定位”做出客观的评述和分析。

二

通过第一章的分析，本书发现，文化转向后翻译研究最重大的变化是否认忠实和对等。但无论是赞同它还是反对它，对等是所有翻译研究者都无法回避的一个话题。第二章从实践、系统—描述—文化、哲学三个角度，系统梳理和分析了对等的发展历程。通过分析，本书指出所有从翻译实践角度出发的研究都基本围绕着如何建立对等而展开。对等问题也由单纯语言上的对比扩展到对语言功能、语用和篇章的研究。而系统—描述—文化一系却仅将对等作为描写译本时所观察到的一种现象，拒绝承认对等的核心地位。哲学的语言转向让许多哲学家关注翻译问题，通过语言间的特殊现象来阐明自己的哲学观点，而这些观点反过来被翻译学者借鉴使用，但严格来说，它们应属于语言观和哲学观，而非翻译观。所以对等其实就是翻译中争论的核心问题。对等观念的变化会引起翻译观念的变化。皮姆指出：“对等在定义翻译，而翻译反过来也在定义对等。”（Pym，1992a：37）有什么样的翻译观，就有什么样的对等观，反之亦然。除开哲学层面上的分析，语言学派和系统—描述—文化学派是站在两个完全不同的平台上探讨问题。这不仅是因为他们学术背景的差异，也是因为他们所研究的问题、运用的方法以及要达到的目标不一样。所以这种争论无论持续多久都不会有胜负和高低。虽然目前系统—描述—文化一派声名鹊起，活跃非凡，但其声音主要来自欧洲，且主要集中在特拉维夫学派。而在同一时期、同一地域，莱比锡学派的观点与特拉维夫学派的观点针锋相对。但系统—描述—文化学派的确为翻译研究开辟了一条崭新的研究道路，跨学科的研究方法让学者们能将翻译置于更多的视角进行研究。一方面，这当然是学科成长的表现，但另一方面，也许也是研究者希望赢得新的话语权。因为“有机构还在烦恼如何将自己和课程从传统的语言系的影响中挣脱出来”（Snell-Hornby，2001：134）。但如果翻译研究以及相关课程果真和语言划清了界限，翻译研究中的理论将再也无法得到任何实践。因此，不可能做到摆脱语言学系的影响。语言学派其实从来都认为翻译研究应该考虑“所有因素”。从功能到语域，语言的研究从来不曾脱离过文化，语言本身就是文化的组成部分。也许传统的翻译研究对文化的突出不够，对翻译中特定文化现象照顾不周，但反过来过分强调文化，甚至摒弃语言似乎也不合适。其实，对等就是一种不变（invariant）。只要是翻译，哪怕是勒菲弗尔所说的由原文本改写而成的评注、电影、文集，也都要保留一种不变性。与其争论有没有对等这个问题，不如考虑对等的层级和度的问题。我们可以清楚地罗列对等的层级：就文本内部而言，有词汇、语法、语义、风格、语域等方面的对等；就文本外部而言，有语境、意识形态、权力等方面的制约。人们通常的思维是这些外部因素制约着对等，但相反，本书认为，当我们对原文进行删、减、改、编时，是因为语言和各种外部因素作为一个整体，在翻译中出现了矛盾。“在发生冲突的情况下，应该由更大的语境决定问题。”（伽达默尔，2003：79）这同样是一种对等。译者需要在两种语言、两种文化间，结合自身的认知以及个人的学识才情来进行语言转换，建立意义对等的文本。否定对等的学者认为对等是一个绝对的概念，但坚持忠实的译者也从不认为忠实就是词对词，句对句。除了一些抱有特殊目的的译者外，其他的译者大都是在文本内部和外部，依据个人的认知和客观的理解，尽可能地协调各个层面的对等，得出一个最优结果。而那些特殊目的下产生的翻译，我们应该将之视为一种现象，但其只是一种特例。一言以蔽之，对等是文本内和文本外以及两者间共同作用和取舍下的综合结果，包括语言层面的对等、文化语境层面的对等，并受到译者认知、译者目的、时间和读者的影响。对外部因素和主观因素的研究和分析都是为了更好地进行语言转换，创造意义对等的文本。

三

文化转向否认了对等，把翻译单位从语言变为文化，意识形态、权力等问题也交织其中，翻译研究的范围从文化进一步扩展至整个社会层面。第三章重点考察翻译中文化、意识形态和权力对翻译的影响，这也是翻译概念和研究方法发生变化的关键所在。虽然我们常谈文化、意识形态、权力，但却对它们所知不多。本章首先从概念入手，借助《大英百科全书》和各类权威词典确定所讨论对象的基本概念，然后再考察它们与翻译理论和实践的关系。

在文化问题上，笔者认为，文化是知识、信仰和行为的整体，我们的行为和观念都是文化的体现，语言自不例外，将语言和文化分开是不正确的。同时，文化具有可习得性。在翻译中文化只能通过语言实践来体现，因此不应将文化视为翻译的单位，在翻译实践中，翻译的对象仍然是语言。而我们常说的文化翻译应该具体指当原文有文化象征意义时，译文文本也应表现相应的文化象征，通过翻译产生目标语读者可接受的象征意义，达到文化传播的目的。而具体的方式有两种，一种是文化缺省和文化补偿；另一种是抵抗式翻译。同时，本书指出，无论多么前沿和丰富的文化研究最终都应服务于翻译实践活动。

本书通过文献查找，指出意识形态最初的意思是“观念学”。本书力图说明在大多数情况下，翻译中的意识形态不是一种带有阶级对抗和政治色彩的概念，而是指译者的翻译观，它由译者的信仰和习惯所决定。对于娴熟的译者，其意识形态的体现往往是一种无意识或潜意识的。本书借鉴哈蒂姆和梅森的分类，区分了

“翻译的意识形态”和“意识形态的翻译”这两个概念。翻译的意识形态指译者基于个人的信仰和习惯以及长期的实践所逐步形成的个人的翻译观，而意识形态的翻译则是出于特殊的翻译目的或因外力的作用而导致的对原文的刻意改动。

各种社会因素的背后往往隐藏着权力之争。权力说来源于福柯。根据福柯的观点，在社会知识中没有绝对的真理，而是在何种权力话语下某知识为真。因此，本书发展了加拿大学者辛格“关于和所属”（about vs. of）的提议，把翻译中的知识体系分为“翻译的”研究和“与翻译相关”的研究，并以这对概念和福柯的权力说一道考察翻译研究的跨学科发展和学科建构问题。通过研究，本书指出，在学科发展中，由于对一门学科之死的焦虑，一门学科所研究的内容是不是普遍的真并不重要，重要的是有问题可研究，并在一定条件下为真。这无论是对主动跨入其他领域的学科还是对被跨学科的领域在学科发展上都有积极意义。但本书同时指出，我们并不能因此而不去辨别跨学科的方向和所研究问题的真假。跨学科研究要遵守“跳出去”后再“跳回来”的原则，始终还是要突出问题意识，解决翻译实践活动中的问题。

将现有的翻译知识分为“翻译的”和“关于翻译的”两类，能清晰梳理现有各翻译思想的关系。学科的生产性与跨学科研究也清晰诠释了学科发展的规律，帮助我们认清所研究问题的本质。关于文化、意识形态、权力以及学科发展规律的研究进一步说明了翻译最核心最基本的概念是语言转换和建立对等目标语文本，其他所有的相关研究和跨学科研究都是为了更好地服务于这个基本概念，而一些纯方法和理论的研究则应为自己划定范围，表明这种方法和理论在何种条件下为真，并自觉地拒绝将之运用于普遍的真理讨论。

本章的研究将为第四章“翻译与写作：翻译中的身份与伦理”、第五章“翻译质量评估与翻译教学：翻译理论研究的根本目的”，以及第六章“后现代之后：翻译研究的反思与展望”提供理论基础和框架。

四

基于第三章的研究，在第四章中，本书顺势讨论了翻译和写作的关系。在翻译研究中，我们常常能看到“译者作为作者”（translator as a writer）的说法，译本也被泛化成文本。这事实上是没有明确译者的身份，没有辨明翻译活动之根本伦理要求，归根到底还是对翻译概念的模糊不清。

本书认为，译者存在身份的杂糅。依照第三章中对“翻译的”和“与翻译相关的”的区分，本书将身份问题分为“译者的身份”和“与译者相关的身份”。当译者在进行语言转换，建立对等的目标语文本时，是以译者的身份实施。而当译者为完成整个翻译活动进行咨询、调停等活动时，则是以与译者相关的身份实施。以与译者相关的身份进行的活动可以由译者本人或他人来完成。接着，本书聚焦于译者的身份讨论主体性问题。同样，依据上述思路，本书把主体分为“翻译的主体”和“译者的主体”。翻译的主体包括参与翻译全过程的人，从发起人到最后的使用人。而译者的主体专指实施文本转换的人。因此，研究译者的主体性应集中于研究译者在进行文本转换的过程中出现的问题。本书指出，我们不能把译者与作者进行等同，翻译和写作并不能等同，翻译是转换工作，而书写是原创工作。译者的主体性是指译者在个人习惯、爱好、判断等心理特征作用下在文本转换时所做出的能动和创造性行为。同时，本书指出，研究译者主体性有直接和间接两种方式，直接方法是对译者进行有声思维记录，间接方法是对原文和译文进行对比阅读。译者的主体性研究表明，翻译的核心问题仍然是文本转换问题。

翻译作为一项实践活动，必有其规则和要求。译者在进行文本转换时，必须遵守某种或某些要求，这便涉及翻译的伦理问题。我们常听到“把翻译视为一种……”这类表述，如把翻译视为一种跨文化交际、把翻译视为一种改写、把翻译视为一种目的行为等。但跨文化交际不一定非要翻译，改写也有很多类型，每种行为都有目的，因此这些都不是翻译的本质属性。翻译的根本属性应是一种文本转换服务。切斯特曼就区分了“服务的伦理”（ethics of service）和“交际的伦理”（ethics of communication）（Chesterman，2001：140）。皮姆评价说“后者更加强调与人的关系，而非与文本的关系”（Pym，2001：133）。从服务的角度来说，需要有严格的标准。和翻译不同的是，写作是不受限制的原创。翻译唯一可供参考的实体标准就是原文。因此，本书把翻译的伦理分为“忠实伦理”与“多目的伦理”。伦理的本意涉及价值和标准两方面。本书指出，多目的伦理最大的问题在于，在多样化的价值观下，会产生多样化的规范、多样化的技巧以及多样化的译本。这反过来导致译本的质量无法评估，价值无法定性，标准变得虚无。虽然翻译的确会受到各种外界因素的影响，甚至在一定历史时期发生变形，核心价值与行为标准也可能会有所偏离，但不应产生质的变化。忠实仍然是翻译的根本伦理。基于对翻译伦理的认识，本书还讨论了译者的职业道德与标准。在讨论中，本书特别分析了切斯特曼提出的翻译过程中的四条标准，即清晰、真实、信任和理解，并对《翻译工作者宪章》的部分条款予以佐证，以此来强调译者的伦理，并借此凸显翻译的基本概念。

在弄清了身份、伦理以及职业道德与标准后，本书集中考察了巴斯内特笔下的“伪译”。因为伪译的几种情况（包括无原稿翻译、自译和虚构的翻译）是翻译与写作关系中表现最突出，也最容易混淆的几种形式。根据巴斯内特的观点，伪译存在的前提条件是译者与读者的共谋，即一个文本是否是译本不取决于它是否再现原文，而是我们认定它是译本它就是译本。本书指出，对无原稿翻译而言，这种共谋也许并不存在，读者天然地信任译者，其本身只关心叙述的内容，加之不会也无法核查原文，因此天然地认为所读的文本是译文。在自译中，自译者与普通的译者最大的不同在于其自身有比普通译者更大的权力和自由。我们应该区分自译者在目标语文本创建过程中译者和作者的双重身份，把对原文的改写视为一种自我授权，以此来区分翻译和写作。虚构的翻译又分为创造译本和作为译者的旅行者两种情况。创造译本是作者为了以一种目标语系统不接受的方式写作而声称自己为译本，以便在目标语系统中找到自己的位置。而作为译者的旅行者无论是其本人还是读者都只是将作品作为一种旅行传记，而非当作译本来看待。因此，本书认为三种伪译的情况严格来说都不应该被称为翻译，即便是自译也只能说是一种极其特殊的翻译，本书更愿意将其视为作者用另一种语言进行的重写。以共谋的概念把所有被认为是译本的文本称为译本是揣着明白装糊涂。以一些极特殊的现象来扩充翻译研究的范围又不限定其范围，会模糊翻译活动的本质。

本章通过对身份、伦理、职业道德与标准以及伪译的分析，再次说明翻译的核心问题是通过语言转换创造对等的目标语文本。翻译和写作有联系，但必须进行严格的区分。译者与文本的关系是译者身份的本质表现，译者发挥主体性的根本目的应该是实现“三个忠于”（忠于作者，忠于目标语，忠于读者）（Newmark，2001a：64），尽己所能提供一份“最接近、最自然”（曹明伦，2007：11）的译本。译者在进行翻译实践时要保持自律，学者在进行翻译研究时，要保持对翻译行为本质的坚持，要坚持理论与实践相结合的研究范式。

五

实践是检验真理的唯一标准。本书在前几章从各个方面确认了翻译的核心概念和研究范式，第五章基于前面的研究，把重点转向应用，对翻译质量评估和翻译教学进行考察。翻译理论与实践相互排斥的主要原因在于理论无法照顾到翻译实践的每个细节。有学者说“幸好，好翻译从来不是建立在充分的理论之上”（Kelly，1979：4），但这并不意味着理论对翻译完全没有指导作用。它在基本的概念、规范和标准上指导着译者的行为，尤其是在进行译本质量评估和翻译教学时作用明显。

在质量评估中，本书从质量评估的对象和内容上具体分析了当下主流的翻译流派对翻译质量评估的影响，并将豪斯对翻译质量评估提出的三个问题进行了比较，这三个问题是：“（1）原文与译文的关系；（2）文本（或文本特征）之间的关系以及作者、译者和读者对其接受的情况；（3）当我们想要区分翻译作品和其他多语文本时，上述关系对我们进行判断的影响。”（House，2015：9）本书指出，只有以忠实/对等为核心价值观的理论方法能完全回答这三个问题。因此本书以忠实/对等为翻译质量评估的伦理标准，并从原文理解、比肩思维、时间差和语言差以及目标语水平四个方面分析翻译质量评估的具体标准。

在译者能力培养中，本书借鉴人力资源管理的能力分析方法，从译者的角色定位、能力要求以及成长阶梯三个方面构建了译者的资历构架，然后以中外大学对翻译专业的培养方案为依据，说明翻译能力主要是双语的生产能力和转换能力。通过分析从新手到专家每个阶段的特点，说明译者的核心基础是双语的生产能力，然后通过大量的真实环境中的案例来帮助译者快速积累转换经验。而在译者能力的评价上，本书认为评价者必须具备丰富的实践操作经验，应尽可能评价用其母语或和母语一样精通的语言写成的译本，应以对原文、目标语系统和读者的综合分析结果为标准。同时，评价者应尽可能做到不带任何预设的方法论。

通过对质量评估和译者能力培养的研究，我们不难发现，忠实和对等仍然是这两项实践活动中的核心概念，语言仍然是这两项实践活动的核心基础。翻译过程不完全依靠理论是理所当然的，因为但凡具有创造性的活动总有理论所不及的地方。正如凯利指出的："如果翻译活动将其生存寄托在理论之上，那么远在西塞罗之前翻译就死掉了。"（Kelly，1979：219）有学者提出理论与实践的关系是"规范和指导实践、描写和阐释实践、启发和预测实践"（曹明伦，2013：94）。后两方面的关系并无多大争议，但对"规范和指导实践"的争议却很大。这是因为人们往往只考虑到理论与翻译这一实践活动的关系，而未考虑到译本质量评估和译者能力培养这两项实践。翻译理论对翻译过程的规范作用是不言而喻的，译者应创造忠实于思想内容和文体风格、忠实于目标语系统、忠实于目标语读者的译本，这是译者的自律原则和职业伦理。而理论对实践的指导意义则在质量评估和能力培养中得到了充分体现。质量评估和译者能力培养明确了理论对实践的指导关系，也巩固了对等和语言问题在翻译理论与实践中的核心地位，突出了理论与实践相结合的研究方法。

六

第六章是对整个翻译概念与研究范式嬗变的反思，综合运用上文中所有讨论过的观点、理论和方法，本章集中回答四个问题：第一，翻译是否需要重新定位与定义；第二，对跨学科与翻译研究范式的反思；第三，如何看待翻译中的创造性；第四，翻译研究的未来。

针对第一个问题，本书认为，首先应区分定义与定位。翻译的定义涉及翻译的内涵和外延问题，而定位涉及翻译的作用和功能问题。文化转向后，翻译被视为一种改写，研究者常把其他种类的改写（如把文本改写成音乐、电影等）与翻译放在一起进行考察，这实际上就是雅各布森所说的符际翻译。至今翻译形式并没有超出雅各布森划定的三种翻译形式，即语内翻译、语际翻译和符际翻译。因此翻译无须重新定义。而对翻译功能和影响的研究，如通过翻译进行文化抵抗、通过翻译服务女性主义思潮、通过翻译进行文化建构等都属于翻译的定位问题。因此本书认为，翻译的定义并未改变，翻译的核心问题永远是对等问题，翻译活动永远是通过语言（符号）的转换，创造对等的目标语文本（符号）。但翻译的定位可以多样化，可以是信息传递，可以是跨文化交际，可以是文化建构等。这根据译本使用者不同的目的、研究者不同的研究视角以及不同的社会需求而定。

在跨学科方法与翻译研究的范式问题上，本书首先指出跨学科研究已成为翻译研究的主要研究方法和手段。跨学科研究主要有两种方式，第一种是“把翻译看作某事物”（translation as...），第二种是“翻译与某事物”（translation and...）。前者属于关联性讨论，后者属于嫁接性研究。跨学科研究本应解决单一研究所不能解决的问题，但跨学科研究中所产生的描述翻译研究却仅集中于描述和解释译者实际上做了什么，而不关心译者该如何去做。换言之，翻译中的跨学科研究只把翻译引向了理论与方法研究，而未解决实际问题。这些研究喜欢讨论特殊的案例、特殊的人物与特殊的语境，用微观历史的研究方法给出与传统完全不同的结论。但本书认为，规定性研究和描述性研究之间是先后关系，而非平行关系。霍姆斯提醒说：“如果后来的翻译研究学者想要避免前人犯的错误，在他们希望创立描述翻译作品的相关方法前，必须发展一套适当的翻译过程模式。”（Holmes，1988：81－82）因此，描述性研究是为规定性研究提供丰富的案例，一种描述性研究必须建立在一种规定性研究之上，而非相反。而规定性研究一定来源于翻译实践和实践中所产生的问题，这是一种单向不可逆的关系。单纯的描述性研究既不试图，也无法解决翻译实践中的任何问题。

针对翻译中的创造性问题，本书认为，在紧贴原文意义和风格的前提下，译者在用词、语言结构、内容等方面有所变通是为了“达旨”。由于语言差和时间差的关系，在翻译过程中，往往会出现一对多或一对零的情况，也会出现文化缺省的状况，这时我们便需要进行创造以弥合差异，以求达旨。同时，本书建议重视翻译技巧与翻译经验，因为译者只有积累了大量以实践为基础的直接和间接经验，才能更恰当地进行创造。创造仍要以译者的身份为限，以原文为限，以目标语系统为限。同时，本书还认为，当两种语言和文化差异越大且接触越少时，译者越要发挥创造性去弥合差异；当两种语言和文化差异较小，或已经对双方有长时间的深入了解时，创造性的需求便会下降。

最后，本书对翻译研究的未来进行了一番设想。本书指出，在后现代的大背景下，知识处于一种不断的自我审视和自我否定的循环之中。文化转向是对传统翻译研究的一种审视和否定，而在文化转向近三十年后的今天，也是时候对文化转向主导下的翻译研究进行反思了。为此，本书从“属于翻译的研究”和“关于翻译的研究”两个方面着手，重构了翻译研究的蓝图。其目的并非是否定文化转向后所发生的一切，而是要清晰表明文化转向后的研究应处于翻译研究中的什么位置，以避免把研究的热点当作事物的核心和本质。

第一章　翻译的文化转向及以后：翻译研究的现状概说

“转向”（turn）是研究中被经常用到的一个术语，它代表着某种研究视角、研究方法的转变。在翻译研究中，我们最常听到的两个重大转向分别是语言学转向和文化转向，但它们存在于许多人文社会科学中，并非翻译研究所独有。比如，在历史研究中，就既有历史学研究的语言学转向，也有历史学研究的文化转向。社会学研究、哲学研究等亦如此。平行的学科研究表明，转向是该学科向其他学科“求助”的一种方法，其目的是解决本学科中原有的研究视角和方法所不能解决的问题，并扩大该学科的研究领域。“转向”和今天经常被使用的另一个概念“跨学科”（interdisciplinary）有着密切关系。“他山之石可以攻玉”，但这并不应影响本学科的本质属性（nature）。我们从来没有听说有人提出过要对哲学、历史学、社会学等进行重新定义，但为何在相同的情况下，单单翻译这项有着悠久历史和普遍概念共识的活动正面对一场来自内部的革命？

翻译研究的语言学转向并没有引发对翻译活动本质属性认知的改变，而是借成熟的语言学成果摆脱了一种纯经验式的研究，从而奠定了学科基础。但文化转向及以后，翻译研究进入了一系列转向的高潮，如比较文学转向、后殖民转向、性别转向、全球化转向、读者转向、生态学转向等。斯奈尔－霍恩比（Snell-Hornby）在其理论作品《翻译研究的各种转向》（*The Turns of*

Translation Studies）的结尾号召各种转向间“要对话，不要战争”（2006：164）。但这些转向目的各不相同，有的是为了建构文化，有的是为了政治话语，有的是为了服务市场，有的是为了开拓研究的新领域。虽然大家都声称在研究翻译，但实际上是借翻译在实现各自的研究，似乎并没有对话的基础。与其说是“翻译的……转向”，不如说是“……的翻译转向”更确切。各种转向难免让人感到眼花缭乱，暴露出翻译研究的不稳定性，使得本应以实践为基础的翻译研究与实践越来越脱节。

要了解产生现状的原因，就必须对翻译研究的发展，特别是文化转向及以后的发展做一番了解。但国内外不少学术著作和文章已经对翻译中的文化转向进行过系统的梳理。因此，本书不打算再对翻译中的文化转向过程进行赘述，而是挑选了在文化转向中为后续发展奠定基础的四篇重要文献进行细读分析，它们分别是：霍姆斯的《翻译研究的名与实》、埃文-佐哈的《翻译文学在文学系统中的地位》、勒菲弗尔与巴斯内特的《翻译研究中的“文化转向”》和本雅明的《译者的任务》。通过细读，了解这些基础文献的核心观点，强调一些容易被忽略的关键信息，为后续的研究找寻思想的起点，分析后期研究是如何继承、发展或误读、扭曲了前人的思想，为翻译概念和研究范式的嬗变研究打下基础。

1.1 霍姆斯与《翻译研究的名与实》

霍姆斯（James S. Holmes，1924—1986）是一位旅居荷兰的美国学者。他先后在奥斯卡卢萨贵格教会学院（Quaker College of Oskaloosa）、威廉·佩恩学院（William Penn College）和哈弗福德学院（Haverford College）学习，并获得英语和历史学位。然后又继续到布朗大学（Brown University）学习，并爱上了诗歌。25岁时（1949年），他中断了学习，作为富布莱特计划（Fulbright Program）的交换教师，到荷兰欧门（Ommen）附近伊尔德（Eerld）城堡内的一所贵格教会学校任教。学年结束后，他决定留下，不久搬迁至阿姆斯特丹（Amsterdam），并在那里度过了一生。定居阿姆斯特丹后，霍姆斯便在阿姆斯特丹大学学习荷兰语。1951，他开始发表荷兰诗歌的英译作品。他的主要时间都在翻译诗歌，偶尔也翻译一些文件。成为该大学文学院的教师后，翻译诗歌仍然是霍姆斯的主要收入来源。1956年，霍姆斯因翻译荷兰著名诗人马蒂努斯·奈霍夫（Martinus Nijhoff）的代表作《阿瓦特》（*Awater*）获得马蒂努斯·奈霍夫奖。1964年，霍姆斯参与建设了阿姆斯特丹大学的翻译研究系，并教授相关翻译课程。[①] 通过霍姆斯的生平，我们可以推断，霍姆斯一定会从文学、历史和文化角度来勾勒他的翻译研究蓝图。

1972年8月21日至26日，应用语言学第三届国际会议在哥本哈根举行。霍姆斯向会议提交了著名论文《翻译研究的名与实》（"The Name and Nature of Translation Studies"）（以下简称《名与实》）。本书基于收录在韦努蒂（Venuti）2000年版《翻译研究读物》（*Translation Studies Reader*）中的版本进行细读研究。[②] 《名与实》的章节清晰，三大章分别谈了三个问题：第一，关于如何构建学科的问题；第二，关于学科命名的问题；第三，关于学科研究范围的问题。

---

① 以上霍姆斯的生平参见 https://en.wikipedia.org/wiki/James_S._Holmes。

② 参见 James S. Holmes："The Name and Nature of Translation Studies"，in Lawrence Venuti：*Translation Studies Reader*，London & Routlege，2000，pp. 172—185。

1.1.1 开疆扩土，广开大门

霍姆斯在开篇引用英国社会学家迈克尔·马尔凯（Michael Mulkay）的话，“科学通过探索一些不为人所知的新领域而得以发展”（Holmes，2000：172）。这实际上是在开头就旗帜鲜明地表明，翻译研究应该去开辟一些处女地。新是相对老而言的。传统的翻译研究自然指着重于语言转换和分析的研究。而“这个新的学科领域是基于一批新的研究者，他们对一系列问题、方法和对象有新的共同兴趣”（同上）。霍姆斯希望通过“建立交流渠道和发展学科领域”来为这些学者和观点“争取合法性”（同上）。而这些学者有些是“从事语言学、语言哲学、文学等相近领域的学科研究。同时也有一些是从事较远学科领域研究的学者，如从事信息论、逻辑学、数学等研究的学者。每一位学者都有他们自己认为能解决这些新问题的研究范式、研究模式和研究方法”（同上：173）。霍姆斯在这一章节的最后清晰阐明了自己希望通过广开大门达到开疆扩土、建立学科的体系的目的和方法：

> It is clear that there is a need for other communication channels，cutting across the traditional disciplines to reach all scholars working in the field，from whatever background.
>
> （显然，有必要搭建其他交流渠道，跨越传统学科去了解在这个领域中耕耘的所有学者，无论他们是从什么背景出发进行研究。）①

“whatever”一词充分体现了霍姆斯希望扩大研究领域，吸引更多人从不同角度来研究翻译的急切心情。在这篇大会发言稿

① 本书中若无特别说明，所有国外书籍的引文均由笔者所译。

中，“whatever”也许只是一种语气强调，也许霍姆斯自己也说不清、说不全到底应该从哪些角度进行研究。因为从学术角度而言，“whatever”不是一种严谨的表达，而是一种不太讲道理的表达。后来的研究者也着实抓住了这个关键点，从各种角度对翻译过程和译本进行考察。这虽然极大地扩充了研究领域，但也导致了研究边界的模糊甚至消失。在接下来的三四十年中，翻译研究界的学者便主要以扩大研究领域为推进学科发展的主要方式，使一些本具有重要价值和核心地位的传统研究受到冷落。长此以往，也就难怪有学者要感叹“翻译研究也许是人文社会科学中唯一一个不关心自身理论问题的领域……翻译理论似乎要把自己建立在各种背景之上，而这些背景是无限拓展的，就如同萨鲁恺(Sarukkai，2002)[①] 给自己的书所起的名字那样”（Singh，2005：57）。

“whatever”虽为翻译研究提供了更多的研究对象、研究方法和理论视角，但也导致了另一个极端：任何人，只要他愿意，都可以对翻译发表观点。霍姆斯不管研究者是何背景，只要他们的研究与翻译相关，为翻译研究带来新的视角、新的方法即视其研究为翻译研究。他认为这些研究最终将汇集并形成学科。但后来的学者却提出恰恰相反的观点：“在2004年9月欧洲社会翻译研究会议上，丹尼尔·西蒙尼（Daniel Simeoni）问道：‘（在翻译中）有没有任何事，任何主题……是受其他学科训练出来的专家所不能研究，或者说研究不好的？’”（St-Pierre，2005：Ⅸ）这既是一个诘问，也是一种要求。要求我们的翻译研究者有自己独特的研究领域，并在立足于自己研究领域的前提下借鉴其他学科的成果以发展自己。霍姆斯及后来的推崇者为打开大门而奋

---

① 萨鲁凯的书指S. Sarukkai：*Translating the World：Science and Language*，Lanham：University Press of America，2002。

斗，而30年后，一批学者又为“修墙筑垒”（erect walls and construct fortresses）（同上：Ⅹ）而努力。“whatever”给译学界开辟了道路，但也必然形成所谓的内部研究和外部研究。两者看似矛盾，但出发点却一致，都想回答什么是翻译的问题，一方想通过囊括所有外延来确定翻译活动的本质，而另一方想坚持内涵来确定翻译活动的本质，于是又回到了翻译的概念这一问题上。《形式逻辑》告诉我们“概念的内涵与概念的外延是互相制约的。概念的内涵确定了，在一定条件下概念的外延也跟着确定了；同时，概念的外延确定了，在一定条件下概念的内涵也就跟着确定了”（金岳霖，2006：25）。霍姆斯在文中引用了美国社会学家哈格斯特龙（Hagstrom）对学科的观点，并称“哈格斯特龙所言的理想学科正在形成”（Holmes，2000：173），指的就是通过确定外延来确定内涵的方法。《形式逻辑》紧接着提醒我们注意“概念内涵的多少与概念外延的多少这两者之间的反比关系”（金岳霖，2006：25）。换言之，内涵越清晰越具体，外延就越小；外延越宽，内涵就越模糊。比如，当我们说“人”这个内涵时，所涉及的外延就相当广泛，包括男人、女人、好人、坏人等。但当我们把内涵具体化，比如将“人”具体化为男人、中国男人、中国成年男人等时，其外延就越来越小。所以单从外延或者内涵来确定翻译的基本属性和基本概念都是不合逻辑的。但笔者并非想要给出一种折中的解决方案，也并非说两者的争论无意义。争论是学科形成的必然过程。但随着学科趋向成熟，学科的定义在一定时间一定语境内会达到平衡，趋向稳定。从内涵出发的研究，虽可能会感觉视野局限，枯燥乏味，推进缓慢，但却有良好的学科自治性。从外延出发的研究，虽然视野开阔，新颖有趣，发展迅速，但并不一定就能如哈格斯特龙所想，如霍姆斯所愿，形成学科，因为学科并非大杂烩。辛格（Singh）在谈论翻译学科建设时就给我们举了一个这样的反例。辛格不承认对外英语教学（Teaching English to Speakers of Other Languages, TESOL）是一门学科，他争论说：

> 大多数美国高校都有对外英语教学（TESOL）系……但只能视其为各种学术研究问题的松散组合，而很难甚至不可能将其视为一个学科，虽然他们在一把行政保护伞下，这把行政保护伞显然是因政治经济原因形成的。我们可以把语言习得或者二语习得作为一个领域去分析，但我认为不可能把对外英语教学……作为一个研究领域。原因很简单：没有大量成熟研究领域的帮助，在这些假定的领域中，我们什么问题也回答不了。
>
> （Singh，2005：57）

同理，如果仅仅是扩大研究领域，翻译研究将面临同样的质疑。伦敦帝国理工学院等科研院校决定合并或撤销其翻译研究中心也许就是出于这一考虑。当文化研究有文化研究中心，语言研究有语言研究中心，文学研究有文学研究中心，翻译研究中心自然会地位尴尬。因此，我们鼓励扩大研究领域，但一定要在坚持翻译活动内涵的基础上。必须牢记内涵和外延相互制约才能构建起学科体系，才能解决翻译活动中的问题。

1.1.2　是翻译研究还是翻译学？

正所谓名正才言顺。霍姆斯在《名与实》第二章专门谈论学科的命名问题，他认为“术语的选择反映研究者的态度，方法或学科背景”（Holmes，2000：174）。霍姆斯通过扩大研究领域的方法来构建学科，自然也要创建他自己的学科名称术语。必须指出，霍姆斯的讨论是建立在英语的语境下，只把德语作为参照系，对其适用性进行描述，稍稍提及了法语。这个学科名称是否适用于中国语境，是需要探讨的问题。

在提出自己的见解前，霍姆斯主要分析了以往命名时存在的四个方面的问题：

第一，在“translate”后面加表示“学”的后缀，如“-ology”，组成“translatology”。霍姆斯提到法国学者戈芬（Goffin）就主张在英语中使用这个词。他在注释中引用了戈芬对它的定义，“translatology”指“在大学中对译者的特殊培训：反映了对一些方法论方面的思考和对翻译研究领域的科学研究”（Pour une formation universitaire “sui generis” du traducteur: Réflexions sur certain aspects méthodologiques et sur la recherché scientifique dans le domaine de la traduction）（Holmes，2000：184）。但霍姆斯的关注点并不在其概念所表达的意义上，而是在语言的纯洁性上。他不赞同的原因是这种合成词对力求纯洁的人（purists）来说是一种玷污（contamination），因为“-ology来自希腊语”而“不是来自古典拉丁语”（同上：174）。但在中国的语境中却没有这种顾虑。中国文字作为象形文字，没有词根、词缀，也不存在因文化交融而改变自己的文字的情况，所有的新表达仍然是用中国文字进行的，而不会混入其他语言的文字。正如勒费菲尔（Lefévere）指出的，“当中国人翻译由文化界限外的他者所写的文本时，他们翻译是为了替代文本，纯粹且简单”（Lefévere，2001：14）。因此，霍姆斯第一条关于命名问题的论述在中文表达中可忽略不计。当一个研究领域有需要回答的问题，有自己的研究范围、研究方法和研究成果时，中文就会在该领域后冠以“学”字。好懂，易接受。

第二，以“翻译理论”（translation theory）作为学科名。霍姆斯认为，这一命名明显的缺陷是“在这个学科中还有大量有价值的研究需要去做。严格来说，这些研究不属于理论形式的范畴”（Holmes，2000：174）。《牛津英语词典》对“理论”的解释是“艺术或技术科目的分支，这个分支存在于以事实为基础的知识、陈述、原则或方法中，与实践相区别”（That department of an art or technical subject which consists in the knowledge or statement of the facts on which it depends，or of its principles or methods，as distinguished from the practice of it）[①]。的确，只用理论来对学科进行命名是不完整的。众所周知，一门学科一定至少还有实践部分。而霍姆斯强调有些研究“不属于理论形式的范畴”，不仅仅涉及翻译实践，也为扩充描述翻译研究埋下伏笔。

第三，以“翻译学”（science of translation）作为学科名称。首先，霍姆斯承认，德语中的“Übersetzungswissenschaft”和法语中的“science de la traduction”都在本国得到认可，且特别添加注释强调在德语中它类似于英语中的“翻译理论”（translation theory）（同上：184）。但稍懂德语和法语者便会将之翻译成“翻译学”，且“Übersetzungswissenschaft”“是根据一些平行学科的术语名称构建的，如“Sprachwissenschaft”（语言学）、“Literaturwissenschaft”（文学），以及其他“wissenschoften”（学）（同上：174）。难道这些名称都应被翻译为“语言理论”“文学理论”或其他“理论”？在德语中，“wissenschoften”是一种较为统一的学科后缀。

众所周知，在英语中第一个使用“翻译学”（science of translation）这个概念的是奈达（Nida），但霍姆斯认为，奈达“并没有想要用这个词去命名整个学科领域”（同上：175）。霍姆斯在注释中专门引用了奈达的话进行佐证，“也许，更准确地说，是指对翻译过程的科学描述”（perhaps more accurately stated，the scientific description of the processes involved in translating）

① 参见 R. W. Burchfield：*Oxford English Dictionary*（Second Edition），London：Oxford University Press，2009。

（同上：184），并批评一批母语并非英语的人倡导用“翻译科学”来命名该学科。他特别对鲍施（Bausch）、科莱格拉芙（Klegraf）和威尔斯（Wills）[①] 倡导用该学科名“表示遗憾”（同上：175）。这里，霍姆斯一方面用奈达自己的话去驳斥“翻译学”这一命名，另一方面质疑了其他母语为非英语的学者以英文命名的资格。霍姆斯分析说，“问题并不是说这个学科不是一门‘wissenschaft’，而是说并非所有的‘wissenschaft’都能被称之为‘science’”（同上）。显然，霍姆斯认为的“science”就是科学，甚至是理工科。“我质疑我们是否能理所当然地为翻译和译本研究命名，把它置于数学、物理学、化学甚至生物学的集体之中，而不是把它归入社会学、历史学或者文学研究”（同上）？但这也许是霍姆斯的一种偏见。在威尔斯的《翻译学——问题与方法》（*The Science of Translation: Problems and Methods*）一书的前言中，威尔斯表示，这是自己的书 *Übersetzungswissenschaft: Probleme und Methoden* 的修订英文版，“它可以视作我在应用语言学口笔译系的教学与研究成果”（Wilss，2001：7）。“Übersetzungswissenschaft”是基于教学（实践）展开的研究，必然包括相关的技巧、方法、程序等问题。英语中的“science”也同样有“技术、技巧”（trained skill）之意。[②] 单就“science”而言，本身就有“学科”（a particular branch of knowledge or study）之意。[③] 如语文学（science of

---

① 三人均为德国学者，曾合著 *The Science of Translation: An Analytical Bibliography*（*1962—1969*）。

② 参见 R. W. Burchfield：*Oxford English Dictionary*（Second Edition），London：Oxford University Press，2009；陆谷孙：《英汉大词典（第 2 版）》，上海：上海译文出版社，2007 年。

③ 参见 R. W. Burchfield：*Oxford English Dictionary*（Second Edition），London：Oxford University Press，2009。

philology）、人文学科（liberal science）都是文科类。如果按霍姆斯的质疑，就都不能用“science”了。“science”是一个能指对应的两个中文所指。如果从开始便取学科之意，也就不会有翻译是科学还是艺术的争论。在中文表达中，学科和科学是两个能指对应两个所指，并无交叉。我们说学科时，也并不会联想到数学、物理等科学。在实际的中文表达中，甚至连“学”都常常被省略，只是在某些用单个字表达的学科后加上“学”字，如文学、化学，为的是语言表达的节奏和流畅度。

第四，以“翻译研究”（translation studies）作为学科名。霍姆斯对以上三种命名方式进行逐一批判，其目的是要引出“translation studies”作为学科名称。霍姆斯认为“对于在大学传统分类中被归为文学或者艺术，而非科学知识领域的学科来说，‘studies’之于英语就如同‘wissenschaft’之于德语一样常用”（Holmes，2000：175）。这句话再次证明了“wissenschaft”在德语中兼有英语中的“science”和“studies”之意。霍姆斯随后举了一些例子，如“Russian studies” “American studies” “Commonwealth studies”“population studies”“communication studies”。但如果我们试着将上述例子翻译成中文，按照中国现有的表达习惯，前三个我们会译为“俄罗斯研究”“美国研究”“联邦研究”。但“population studies”却被称为“人口学”，教科书普遍以此命名。而以“人口研究”命名的更多的是一些调研报告和学术专著，比如《人口研究》期刊。同样，“communication studies”在中国被称为“传播学”。“美国研究”等在中国已约定俗成，讲“人口学”或“人口研究”者兼而有之，但大家基本不会说“传播研究”。由此可知，在中文语境中，用“学”或“研究”更多的是一种约定俗成，都代表着一个学科领域。且当下，中文中用“翻译学”和“翻译研究”者皆有，还有把“学”和“研究”一起用的情况，如中国的“红学研究”。

霍姆斯说用“studies”有一个缺陷，就是“难以派生出一个形容词形式”（同上）。在中文中也不存在这种词性变化，无论“翻译研究”还是“翻译学”，要作为形容词，只用在后面加“的”即可。

通过对以上四种命名的分析，笔者认为，英文命名中存在的问题在中文中均算不上问题。但通过细读这些比较，我们可以学到研究方法，了解不同语言的差异，深入理解英语语境中该学科名称的起源和含义。同时，这些比较也是生动的例子，它们提醒着我们，“每个词在一个新的语境中都是一个新词”（Firth，1957：190）。但霍姆斯花费气力为学科命名还有一个更深层的含义，他提出“和许多新兴学科一样，我们对翻译研究本身缺乏元思考（meta-reflection）”（Holmes，2000：176）。这是一种明显的理论转向。其实不仅是翻译研究，同时代的其他学科，如比较文学也出现了相似的“理论热”（Bassnett，1993：5），关注的“是理论而非文学，是方法而非问题”（Berheimer，1995：5）。霍姆斯将自己的理论部分以“pure”（纯理论）命名，其原因大概于此。建立在理论和方法上的翻译研究蓝图经过后来研究者的发展，导致了今天理论与实践的分道扬镳。霍姆斯所说的元思考是借鉴科勒（Koller）的描述，“翻译研究可以理解为一个集合的、包容的名称，它包括所有以翻译过程和译本现象为基础或焦点的研究行为”（Holmes，2000：176）。以翻译过程和译本现象为焦点的研究发展成了今天所言的内部研究，而以翻译过程和译本现象为基础的研究则发展成了外部研究。

1.1.3 翻译研究图谱与当下的翻译研究

霍姆斯在完成了命名工作后，便为翻译研究规划了详细的学科研究领域，这段文字规划后来被图里（Toury）绘制成一张图：

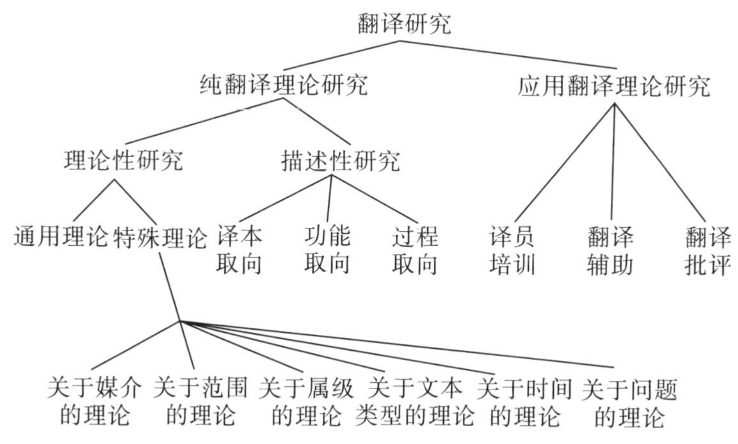

图 1－1　霍姆斯翻译研究“图谱”

（Toury，2001：10）

1.1.3.1　描述翻译研究

霍姆斯指出，“描述翻译研究，翻译理论研究和应用翻译研究是整个学科的三大主要分支”（Holmes，2000：183）。其中的描述翻译研究无疑是霍姆斯留给学科的一个最大贡献。“描述翻译研究根据其关注重点分为译本取向，功能取向和过程取向三个主要研究方向。”（同上：176）

霍姆斯口中的译本取向研究“是一个重要的传统学术研究领域”（同上），可以是对单个译本的描述，可以是对一部作品不同译本的对比描述；既可以是一种语言的描述，也可以是多种语言间的描述。从霍姆斯所言的“传统”和各种不同的描述来看，霍姆斯指的是语言学上的研究，包括“语言、文本或语篇类型”（同上：177）。霍姆斯在后来的研究中还提醒我们，“如果后来的翻译研究学者想要避免前人犯的错误，在他们希望创立描述翻译作品的相关方法前，必须发展一套适当的翻译过程模式”（同上：81－82）。这里的错误也是建立在原文的基础上。但后来的译本研究却并没有遵守这个“传统”，而是来了一个“文本转向”

(Malmkjær，2005：15)。其代表人物便是图里，他“放弃了对从原文本开始的翻译行为的关注，而更倾向于对目标文本的关注……因为翻译对等这种预想的关系，在目标文本和原文本之间以目标文本为标准的方法是达不到的”(Malmkjær，2013：33)。图里把译本视作一种目标语文化中的文化事实：

> 翻译是一种目标文化事实；这种特殊状态下的偶然事实，有时甚至构成自身可辨识的（子）系统，但无论如何都是属于目标语文化。
>
> (Toury，2001：29)

既然将译本作为一种文化事实，就不必再去纠缠那些“达不到的”对等，而应研究一个既成事实的译本在目标语文化中的生存状态以及翻译中应该遵守的规范。而“这些规范受社会文化的制约，特别受文化、社会和时间的制约” (Munday，2010：113)，所以后来的研究自然而然地转向关注文化、社会、历史等问题。

第二种是功能取向的描述翻译研究。霍姆斯说：“功能取向的描述翻译研究对描述译本本身并不感兴趣，而是描述其在接收者的社会文化环境中的功能：这是一种语境研究，而非文本研究。”(Holmes，2000：177) 这一典型代表是目的论。目的论“允许同一个文本依据其目标语文本不同的目的和给译者的任务被翻译成不同的译本”(Munday，2010：80)。译者根据目的的改变来进行翻译的选择，甚至给出不同的文本，乍看上去是合理的推论。但细想之，难道原文可能因译者的目的不同而产生许多不同的译本？如果是这样，哪个译本才是正确的译本？而且，难道译者的首要目的不应该是忠实地传达原文吗？我们的确能经常听到这样的例子，如某一译员为了促使一场商务谈判取得成功，改变信息发起者的原意，以保证谈判顺利进行。但笔者认为这是译者主体身份的杂糅性导致的。如果从身份杂糅的视角出发，我们有理由质疑译者是否在整个过程中都是在实施译者的行为，还是以其他身份实施了非译者行为。翻译作为一种人类活动，一定有目的。但笔者认为翻译活动从本质上应是为了达到“使相解”① 的目的。

第三种是过程取向的翻译研究。目的是研究翻译过程中大脑的活动。霍姆斯推荐用心理学成果去研究这一过程，发展成“翻译心理学或心理翻译研究”（Holmes，2000：177）。至今，科学界对人脑的运作仍所知不多。大脑这个“黑匣子”的运作机制也难以直接观察。我们可以通过某些手段进行分析，如通过有声思维（think aloud protocol）的方式，让译者记录自己的思维过程。再如通过眼动仪、脑电波等科技手段记录翻译过程中人脑的活动，但我们必须明确，研究翻译过程的目的是更好地服务翻译活动。从这一角度讲，并非所有的研究都有实用价值。如通过仪器研究在翻译过程中译者大脑中的哪些反射区域更加活跃也许的确是一个科学事实，但其结果无法对翻译活动带来实际意义。在翻译过程的描述中，我们更应注重描述译者运用了哪些知识，考虑了哪些因素。

1.1.3.2 翻译理论研究

霍姆斯对翻译理论研究做了如下概括，翻译理论研究“是借描述翻译研究的成果，结合相关领域和学科的有用知识来发展规律、理论和方法，这些规律、理论和方法将用于解释和预测翻译和译本是什么，将是什么”（同上：177-178）。霍姆斯在此明确指出了描述翻译研究和翻译理论之间的联系，说明了理论与实践

① “换易言语使相解。”语出《周礼·秋官·序官》贾公彦疏。

结合的关系是解释性和预测性的，最终目的仍然是发展规律、理论和方法。虽然霍姆斯没有提到理论与翻译活动的指导作用，但规律、理论和方法总会以规定性的方式出现。但后来的学者大都没有对霍姆斯的这句话给予足够的重视。

霍姆斯将翻译理论研究置于跨学科的背景下，威廉姆斯和切斯特曼也认为翻译研究有“跨学科属性”（interdisciplinary nature）（Williams & Chesterman，2004：1）。但也有学者提醒说，“我们必须知道我们处在翻译研究领域的哪一个位置，我们属于哪里，我们所言和所基于的特殊知识来自哪里”（Simon & St-Pierre，2000：13－14）。这是两位教授在从后殖民主义角度进行研究时说出的忠告，说明了两人进行跨学科研究时的审慎态度。霍姆斯认为翻译理论是“用于解释和预测翻译行为和译本研究领域内的所有现象，并将领域外的现象排除在外”（Holmes，2000：178）。换言之，翻译理论是用来识别研究对象和划分疆界的，而并非无限制扩展的。但普遍理论尚未建立，于是霍姆斯归纳出六种部分翻译理论①，用以描述翻译理论的全貌。霍姆斯的归纳却也可被看作一种建立普遍理论的方式，因为普遍理论并非是一个单一的理论，它可以由一个理论系统组成。在六种部分翻译理论中，笔者最关注的是关于范围的翻译理论。

关于范围的翻译理论讨论具体两种（或多种）语言或文化间的转换问题。这里的重点不在于转换，而是具体到两种（或多种）语言和文化间。霍姆斯以法语、德语、罗马语、南斯拉夫语

① 六种理论分别是：（1）关于媒介的翻译理论，讨论谁（什么）来译的问题；（2）关于范围的翻译理论，讨论的是具体两种语言或文化间转换的问题；（3）关于层级的翻译理论，讨论从字词到语篇的层次问题；（4）关于文本类型（或语篇类型）的翻译理论，讨论翻译特殊风格和类型的问题；（5）关于时间的翻译研究，讨论不同时期的文本翻译问题；（6）关于问题的翻译理论，讨论翻译中一些具体和特殊的问题。

言等为例，指出任何可行于两种语言和文化之间的理论，换作另一种语言，都可能行不通。本书以法语、英语、中文和日语进行举例来说明这个问题。当我们随意翻开任何一本法语教程，都能在文章中找到英文的影子，如这样一个法语句子：

Les trois villes les plus importantes de France sont Paris，Marseille et Lyon.①

稍懂英语和法语的人都能轻松将之翻译成：

The three most important villages of France are Paris，Marseille and Lyon.

即便是完全不懂这两门语言的人，对比这两句话，也能找到很多相似之处。但如果翻译成中文：

巴黎、马赛和里昂是法国最主要的三个城市。

所有的形式和结构不复存在，两种语言在形式上没有任何可比较之处。但如果我们将这句话翻译成日文：

パリ、マルセルとリオンはフランスの一番主な三大都市である。

再和中文进行对比，这种相似性又显现出来。日语主要由三种文字形式组成，第一是汉字，第二是假名，第三是罗马字。汉

① 见孙辉：《简明法语教程（上）》，北京：商务印书馆，2013年，第345页。

字是表意文字，而假名和罗马字是表音文字，就如英语、法语一样，一看便能读。由此，我们可以断定，相关理论是否成立，必须建立在具体一对或多对语言的基础上。文化的迁移也是同样的道理。英美文化差异较小，欧洲各国文化间有着千丝万缕的联系，但中英、中美、中欧文化差异却非常大。因此，在学习他人的理论时要清楚对方研究的语境，在进行自己的研究时，也应定义范围。而最好的方法也许是用案例说话，除了逻辑的推理外，还需有充分的论据。无论据的推理无论多严密都容易不自觉地限制、泛化甚至误解相关的理论。

1.1.3.3 应用翻译研究

霍姆斯将应用翻译研究分为四个部分：翻译教学、辅助翻译、翻译政策和翻译批评。

翻译教学有两个运用方向，一是作为二语习得的一种教学方法，二是作为译者培训。霍姆斯希望回答译者培训中诸如“教学模式、测试技巧、课程安排”（同上：181）等问题。但严格来说，这属于课程论的研究范畴，是将课程论与具体学科进行结合的研究。

在霍姆斯的年代，辅助翻译的形式还比较传统，如各类词典、百科全书、语法书等。但随着科技的发展，今天的辅助形式发生了深刻变化，各类词典、知识都电子化、网络化。大量的语料库得以建立。借助于海量的语料库，机器翻译在词句层面和一些文书翻译方面有了长足进步。这一研究与翻译理论中关于媒介的翻译有交叉。

翻译政策是霍姆斯提出的第三方面的应用研究，但有趣的是图里依据霍姆斯所画的图表中少了这一分支。霍姆斯想研究“在一个特定的社会文化中，应该翻译哪些作品，译者的社会和经济地位如何，又应该如何，以及翻译应该在教学和外语学习中起什么作用”（同上：182）。翻译政策对后来的研究有着深远影响，如埃文-佐哈的多元系统论中的中心文化和边缘文化也与翻译政策有密切联系；德国目的论对赞助人等问题的研究就属于翻译政策；翻译行业协会是研究和制定翻译政策的典型机构。

最后一个应用分支是翻译批评。霍姆斯说这是个“很特殊的领域”，“至今，批评的水平仍然很低”（同上：182）。这个“至今”恐怕在今天仍需保留。杨武能在接受熊辉教授访谈时说道：“实话实说，我们国家搞文学翻译的人成千上万，能称上翻译家的也数以百计，可是文学翻译批评家却少之又少。”（熊辉，2014）德国学者赖斯（Reiss）在其专著《翻译批评：潜力与制约》的开始就提出了一连串问题：

> 批评者的文学知识或在某个领域的专业化程度是否使其够资格完成这项任务？借路德的话说，他有很好的鉴别能力去鉴别译者一开始就清理掉的岩石土块吗？他能够区分原文不同于译文的地方吗？
>
> （Reiss，2004：2）

这些问题是考评批评者是否具备“比肩思维”（王贵明，2010）。翻译批评难在洞悉译者翻译取舍和抉择的原因，再根据批评者所处的语境①和目的去评判译作的优劣并预测译作将会取得的效果。对优劣的评价和对效果的预测的确仁者见仁智者见智，甚至大学者也有“失手”的时候②，但批评者所基于的批评对象却是一致的，藏在对象后的真相也是相同的，只不过大家对这个真相的看法可以因为语境的不同而不同，但我们必须首先看

① 这里的语境不仅仅指语言上的语境，还应包括文化语境、政治语境、历史语境、自身背景等。

② 如艾略特曾拒绝出版奥威尔的《动物庄园》。

到这个真相。当然翻译批评还有一种元批评，也就是霍姆斯说的“对翻译研究本身缺乏元思考”（Holmes，2000：176）。

《翻译研究的名与实》被认为是当代翻译研究的起点。无论我们持什么观点，都能从这篇文章中找到源头，无论我们想反对什么观点，也能从这篇文章中找到我们所认为的“错误”观点是从什么时候，基于什么而发展起来的。从描述现象，到根据现象总结理论，再将理论用于解释和预测实践，而实践又反过来提供更多的现象，与其说霍姆斯勾勒了翻译研究的宏伟蓝图，不如说他找到了一种内在的、可持续发展的生态系统。但同时，我们也必须看到，后来的不少研究虽借鉴了霍姆斯关于研究领域的思考，但实际的研究内容与霍姆斯当初划定的研究内容存在差异。这也许是因为霍姆斯也无法预料后来的学者会以什么视角、什么方法来看待这些问题。

1.2 埃文-佐哈与《翻译文学在文学多元系统中的地位》

以色列学者埃文-佐哈（Even-Zohar）的《翻译文学在文学多元系统中的地位》（“The Position of Translated Literature within the Literary Polysystem”）是一篇影响深远的文章。该文是埃文-佐哈向在比利时卢汶大学（University of Louvain）召开的翻译学术研讨会（1976 年）提交的一篇论文。卢汶会议也被视为文化学派形成的标志。[①] 可以将埃文-佐哈视为文化转向的起点。巴斯内特评价说，“很明显，埃文-佐哈的多元系统论

① 该会议与 1978 年在特拉维夫大学（University of Tel Aviv）举办的特拉维夫会议以及同年在安特卫普大学（University of Antwerp）举行的安特卫普会议，共同奠定了文化学派的基础。

对翻译有根本性的影响”（Bassnett，1993：142）。这个“根本性”用得毫不夸张，因为埃文-佐哈认为“翻译已经不是一种属性和范围都不变的行为，这一行为要基于一定文化系统中的各类关系”（Even-Zoohar，1990：51）。这是笔者能找到的最早对翻译性质和范围明确提出不同意见的学者。因此可以认为，埃文-佐哈的思想深刻影响了后来的翻译研究，开启了对翻译进行重新定义与定位的大门。但也有学者提醒我们“伊塔马·埃文-佐哈不是专门的翻译理论家，而是一位文化理论家”（Gentzler：2004：114）。从翻译研究上讲，最具代表性的是“研究新生文化和危机文化中的翻译”（同上）。因此本书主要集中于与翻译相关的多元系统论，而非整个文化意义上的多元系统论。而这些核心观点在《翻译文学在文学多元系统中的地位》这篇文章中都有具体体现。

1990年，埃文-佐哈对这篇文章进行修订时，在文章开头写道：“纪念詹姆斯·霍姆斯①——翻译界伟大的学者和亲密的朋友。”（Even-Zohar，2000：192）一方面，这是对友人去世的缅怀，另一方面，如果没有霍姆斯的开疆扩土，翻译研究也许还处于对文本转化和对译本感悟式批评的研究之中。是霍姆斯将所有与翻译相关的研究都纳入了翻译的研究范畴，并邀请不同学科背景的研究者带着自身的研究成果和研究范式来讨论翻译。否则，依据传统翻译研究的内容，埃文-佐哈作为文化理论家，其研究并不会被纳入翻译的研究范围。埃文-佐哈的翻译文学既不关心翻译的过程，也不对译本质量进行评价，而是将翻译文学视为一种客观存在的文学形式。他将之放在某一国的文学框架内，讨论其地位和对文学系统的影响。若对其研究进行分类，应归为文学史研究。

① 霍姆斯于1986年11月6日去世。

在开篇，埃文-佐哈就在为翻译文学寻找归宿：

你可能会发现人们偶然提及各个时代的文学译本，但他们很少以任何方式将其与历史联系在一起。其结果是，你很难意识到翻译文学对某一文学整体发挥了什么功能或者在这一文学整体中处于何种地位。甚至我们没有意识到翻译文学作为一种特殊的文学系统的存在。

（同上）

紧接着埃文-佐哈论述了翻译文学之间的两种关系：

第一，是目标语文学选择了原文本，其选择原则不可能与目标语文学本身所包含的各种文学系统毫无关系（这是最谨慎的说法）；第二，翻译文学采用特定的规范、行为和政策——简而言之，是利用文学形式库——这个库是翻译文学自身的关系与其他目标语文学本身所包含的各种文学系统共同形成的。

（同上：192—193）

埃文-佐哈叙述两者的关系是为了给翻译文学在目标语文学中找到一席之地，并认为“翻译文学不仅是任何文学多元系统中的组成部分，还是其中最活跃的部分”（同上：193）。埃文-佐哈首先设置了一个叫作文学多元系统（literary polysystem）的概念，然后再试图对翻译文学进行归类。翻译文学自然不会被收入原语国文学系统，但也没有被纳入译语国的文学系统。埃文-佐哈提倡将翻译文学纳入译语国的文学系统，并研究其与整体文学系统和整体系统下若干分系统之间的关系。但此处有一关键问题埃文-佐哈并没有深入说明，即翻译文学为何属于目标语文学系统，不属于原语语文学系统，而是理所当然地将之当作了目标语国的本土文学进行研究。中国有学者对这个问题进行过分析，认为文学分类的标准是“作家的国籍”（谢天振，2013：7），并据此推论，“翻译文学作品的作者是翻译家。而根据翻译家的国籍，我们也就不难判定翻译文学作品的国籍归属了”（同上）。但这里只考虑了本国译者将外国作品翻译进本国的情况，却并没有考虑外国译者主动将自己国家的作品外译的现象，比如杨宪益、戴乃迭翻译《红楼梦》，按上述归类标准，应仍归中国文学，而非英美文学。当下，在中国文化“走出去”战略的推动下，主动外译的现象屡见不鲜。因此，如果要将翻译文学纳入译入语文学系统，按照语言分类更为妥当。但即便理论界如此倡导，实际却并非如此。比如，我们很难说服大众，草婴译的《战争与和平》是中国文学而非俄罗斯文学。各国文学史也鲜见收录翻译文学作为本国文学史的一部分。再比如，哈佛汉学家史蒂芬·欧文（Stephen Owen）虽向英语国家译介了《杜甫全集》，但杜甫仍是中国诗人，杜甫的诗歌也仍是中国诗歌。的确，英美诗人可能受杜甫英译本的启发，为自己的创作添加新的元素，但却不宜将之作为英美文学史的一部分进行研究。因为，新的文学元素进入一国文学时，总是要被批判性接受，并最终反映在本国文学者自己的创作之中。本书认为，翻译史和文学史应属于平行的专门史研究，这也符合翻译研究作为一门独立学科发展的需要。

1.2.1　中心与边缘：翻译研究中的多元系统论

1.2.1.1　处于中心地位的翻译文学

埃文-佐哈分别从翻译文学在文学多元系统中所处的两种地位——中心地位与边缘地位进行论述。他认为三种情况会让翻译文学成为文学多元系统的中心：

> (1) 当一国的文学多元系统还未建成，即当一国文学还在建立之中，还是“初期”时；(2) 当一国文学处于“边缘”(在各国文学相互联系的大系统中)、“弱小”或两者兼有时；(3) 当一国文学处在转折点，危机期或文学真空期时。
>
> (Even-Zohar，2000：193－194)

在前文（1.1.3.2）中，笔者特别提到过关于范围的翻译理论，认为对翻译的讨论需要建立在一对或多对明确的语言与文化之间。如果我们把翻译研究的范围限定在中国和英美文学与文化，我们就无须过多关心埃文-佐哈提出的上述前两种情况，因为“西方的边缘文学往往等同于较小国家的文学”（ibid：194），而中、英、美都是文学文化系统成熟的大国。第三种情况的观点以逻辑推断是具有合理性的，但埃文-佐哈并没有拿出任何实例加以说明和论证。

这里，我们不妨回顾一下中国翻译文学和文学的发展史。“中国历史上出现过三次翻译高潮：东汉至唐宋的佛经翻译、明末清初的科技翻译和鸦片战争至‘五四’的西学翻译。”（马祖毅，1998：Ⅰ）而中国的文学，从汉代到唐宋可谓辉煌灿烂。汉代有汉赋，有汉诗，有建安文学，有昭明文选。唐诗和宋词一直是中国文学史上的骄傲。特别是唐代，“唐代可说是中国文学史的中心，可谓已达登峰造极之境”（钱穆、叶龙，2015：184）。而伟大的佛经翻译家玄奘也恰恰出现在唐朝，且是唐朝最鼎盛的贞观之年。玄奘取经译经并非是因为文学系统的变化，而是因为宗教、政治、社会等其他因素的需求，且汉译佛经典籍与唐诗并未发生文学系统上的冲突。在文学系统中，唐诗始终牢牢占据中心地位。明清时期的翻译以科技翻译为主，而在中国文学中，占据核心地位的是明清小说，并涌现出一大批如《老残游记》《儒林外史》《水浒传》《红楼梦》《三国演义》《西游记》等作品。中国的第二次翻译高潮似乎也和文学系统的变化没有太大关系。到了清末，由于侵略战争，中国文学的发展遭到极大破坏。林则徐、魏源等人抱着“师夷长技以制夷”的目的选择内容进行翻译。陈福康指出“救亡和启蒙，是近代的时代特征；中国近代的翻译理论，也是受这个时代的特征制约的”（2000：194）。这时的中国文学处在转折期，但也没有大量引进西方文学，毕竟动荡和战争对所有文学无疑都是毁灭性的。在翻译内容的选择上，大都追求实用。但在清末民初，中国出现了一位文学翻译家林纾，“他在近代文化史上最大而不可磨灭的贡献，是最多、最集中地介绍了西方文学作品”（同上：120）。虽然他译书的目的仍然是开启明智，但他认为“外国作家多以小说启发明智”（同上：122），因此他才将小说这一体裁的文学作品作为翻译对象。当然，也有学者质疑林纾，说他不是翻译家，因为他本人不通西文，全靠合译，别人口译，他笔述，且以今天看来，多有误译和任意创作之嫌。小说的翻译主要是人物和情节，这些内容毫无疑问都不是林纾从西文直接读来的，但由于那时候中国读者还完全没有接触过西方小说，因此，将小说的情节内容以国人所熟悉和能够接受的方式进行书写相当必要。从这一角度讲，他是基于原文（由他人协助），创造了对目标读者和目标与系统忠实的译本。林纾是最终译本的书写者，这一点毫无疑问。换言之，他参与了语言转换的工作，从这个角度说他仍应算作译者。这一结论是基于当时特殊的历史时期和所实施的行为做出的判断。我们在下任何结论时都不应抛开历史，毕竟对今天而言，至少掌握两门语言、了解两国文化是对译者的基本能力要求。

进入民国时期，中国文学更是迎来了翻译文学的春天，且这个时代有个特点，便是作家兼翻译。从新文化运动到五四时期，作家都是边写边译。我们可以列出如胡适、鲁迅、郭沫若、茅盾、郁达夫、傅东华、朱光潜、朱生豪等一批文坛巨匠。那是一个文化再造的时代，是文学的转折期。文学家们一方面通过翻译西方文学来影响中国文学，另一方面亲自动笔改造中国文学。正如周煦良在《西罗普郡少年》译者序中说，他翻译英国诗人霍恩曼（Housman）的作品是要“借译诗试图建立中国新诗的格律”（霍恩曼，1983：31）。也正如埃文-佐哈所言，“选择翻译什么作品是由该国当时多元系统的情况决定的：选择什么文本进行翻译，是看它与新文学方式的契合度以及是否能在译语文学中发挥创新作用”（Even-Zohar，2000：193）。

再反观埃文-佐哈的上述论断，针对大国文学（至少以中国为例），我们也许要对其部分理论做一定修正：

（1）当翻译文学在一国文学中占据核心地位时，该国文学一定出现了转折点、危机或文学真空，但反之不一定成立。

（2）翻译文学在一国出现转折、危机或真空时，并不会取代本国文学成为中心。本国文学家在进行翻译时，会同时进行创作，翻译文学和本国自发的文学创新会共同推动该国的文学转型，并最终以本国文学的姿态重新获得中心地位。

（3）基于（2）的判断，翻译文学会在某些特定时期对一国文学产生重要影响，但不会是“中心”。

这里有必要对推论（3）做进一步解释。理论上而言，我们要谈论文学中心就首先要定义文学中心。但在文学性都还没有统一认识的情况下，也就是说还没办法给文学下定义时，去定义文学中心则困难重重。因此我们只能从共时和历时的角度做这番描述：从共时角度来看，中心位置一般被认为是所谓的经典文学，它和处于边缘的其他文学形成静态平衡；但从历时角度看，这个中心的经典文学又常常处于被更具活力的新文学取代的趋势中。我们会发现各种冲突与变异，或者说看不出中心。在今天这样一个高度全球化的时代更是如此。对一个成熟的大国而言，其文学系统无论出现何种转折、危机或真空，在这个交替的过程中，最终形成另一个核心的仍然是一国的原创文学。在一定时期，翻译文学对原创文学的影响是不容置疑的。那些既翻译又创作的作家，以及读外国文学和翻译文学的作家，在他们的原创作品中一定或多或少会受到所译或所读外国作品的影响，主要体现在人物、情节、冲突、悬念、手法、语言等方面。另外，我们必须区分文学中心和流行中心。笔者认为，文学中心影响的是整个国家从作家到大众的写作方式和审美方式，在一定时期具有稳定性。而流行中心则是指某部或某类作品形式或内容在某一时期和一定范围内受特定读者群的追捧。比如，《哈利·波特》系列小说风靡全球十余年，并被翻译成了许多语言，但我们不能说《哈利·波特》系列和整个魔幻小说体裁的文学已成为世界各国文学的中心。

1.2.1.2 处于边缘地位的翻译文学

依据埃文-佐哈的观点，当一国文学处于强盛时期时，翻译文学无论从数量还是影响力上说，都处于边缘地位。他认为“在此状态下，翻译文学对文学发展的主要进程不产生影响，它以目标语文学中占主导地位的文学形式已经建立起来的规范为模式”（同上：195），并提出一个悖论，即“翻译本应向目标文学系统引入新观点、新内容、新特征，但却成了维护传统审美的方式”（同上）。简单说，就是一国文学处于强势时，一是翻译文学的数量会受到压制，二是翻译文学通常会采取归化的策略，以一种迎合的方式进入该国的文学系统。

美籍意大利学者韦努蒂在《译者的隐身》（*The Translator's Invisibility*）中就以实例说明了这两个问题。他用图表统计并列举了英美40年间（1950—1990）原创作品和译作的发行量。

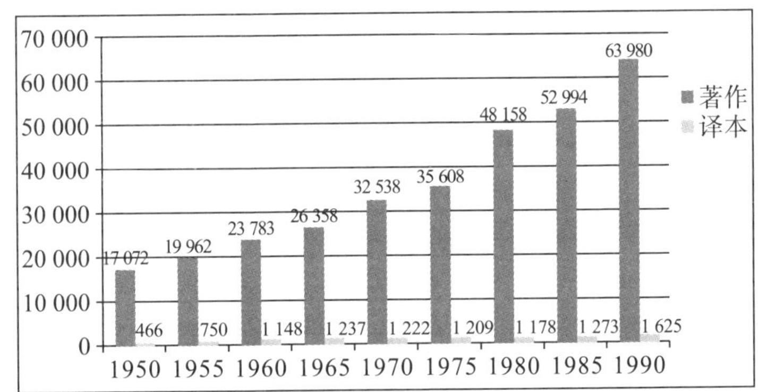

图 1－2　**英国出版：所有出版物与翻译出版物的数量对比**

（Venuti，2004：13）

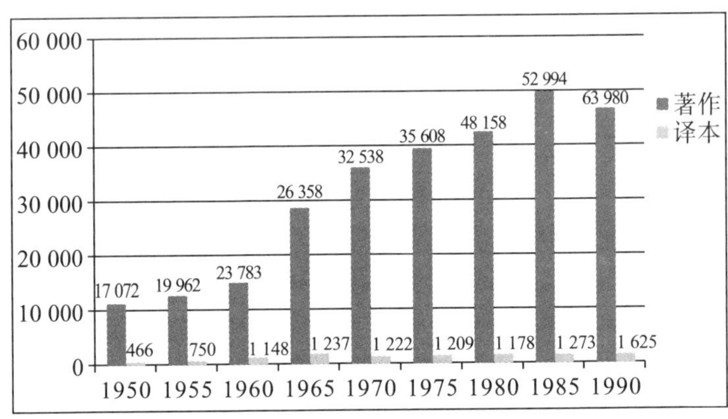

图 1－3　**美国出版：所有出版物与翻译出版物的数量对比**

（同上）

显然，这种明显的不均衡将决定翻译的策略。韦努蒂认为："通顺的翻译制造了一种错句，译者的隐身立刻产生，并且掩盖了对国外文本的潜在归化，以一种在英语中流行的透明话语对其进行改写，这些外国作品都是被精心挑选以服从于通顺的翻译。"（同上：17）正是基于这些现象，韦努蒂才站在弱势文化的角度，通过借用施莱尔马赫、德里达等人的学术观点，从差异性入手，反对这种译者的隐身地位，提出了抵抗式的翻译方式。而处于强势文学和文化中的学者会把归化当作一种理所当然，英国学者奈达就认为“一个动态对等的译本应以完全的自然的表达（naturalness of expression）为目标”（2004：159）。这里的“自然表达”实际上就是一种归化。

1.2.2　何为译本？

在文章的末尾，埃文－佐哈试图解构我们对翻译本质和研究范围的固有认识：

> 不仅翻译的社会文学地位是由其在多元系统中的地位决定的，翻译实践也坚定地服从于这个地位。甚至，对于什么是译本这个问题，我们也不能在一种丢开历史和语境的理想状态下进行推理作答，而必须要依据控制多元系统论的机制来决定。依照这个观点，翻译不再是一种本质和研究范围都一成不变的现象，而是依赖于某个文化系统中各种关系的活动。
>
> （Even-Zohar，2000：197）

埃文－佐哈提出了译本概念的问题，但他并没有解答这个问题。因此，我们不得不追问，何为译本？

中国传统译论认为“译者言易也”（赞宁《译经篇》），即翻译就是语言转换。雅各布森的翻译三分法（语内翻译、语际翻译和符际翻译）曾被广泛接受。依这两个传统的翻译概念，译本就是“翻译成另一种文字的本子”①。换言之，译本就是两种语言

① 见中国社会科学院语言研究所词典编辑室：《现代汉语词典（第6版）》，北京：商务印书馆，2014年，第1544页。

进行转换后的结果。豪斯（House）认为："译本可以被定义为一种语言文本活动的结果，在这个活动中，用一种语言写成的文本以另一种语言在新的语境中被重构。"（2015：2）但依照埃文-佐哈的观点，这些定义显然是丢开了历史和语境的，甚至所有对译本和翻译的规定性定义都是脱离历史和语境的。

赫曼斯在《系统中的翻译——描写和系统理论解说》（*Translation in Systems: Descriptive and System-oriented Approaches Explained*）一书中提到一个例子①。

1814年，法国一名叫邦贝（Louis Alexandre César Bombet）的作者出版了一本名为《海顿、莫扎特与梅塔斯塔斯的生平》（*Vies de Haydn, de Mozart et de Métastase*）的集子。作者声称自己见过海顿，该书中大部分内容由22篇对海顿生平和作品充满崇敬的轶事类信件组成，时间跨度从1808年4月5日至1809年8月22日。该书的第二版于1817年出版，无作者署名。在此前还出版了由无名氏翻译的英文版，在其序中还特别提到了新的法语版。而意大利作家卡帕尼（Giuseppe Carpani）在1815年宣称邦贝大部分关于海顿的法语信件都是剽窃她于1812年出版的《海顿》（*Haydine*）一书。但邦贝并不承认，其弟还要卡帕尼将他自己与邦贝的作品放在一起比较，观众自明。但这场争端无疾而终。卡帕尼的作品于1837年被一名叫蒙多（Domenico Mondo）的译者翻译成法语。后来，研究证明了卡帕尼的话。邦贝和他的弟弟并不存在。邦贝是亨利·贝尔（Henri Beyle）两百来个笔名中的一个，他最广为人知的笔名是司汤达（Stendhal）。1831年该部作品再次出版，作者名为司汤达，仍无

① 参见T. Hermans：*Translation in Systems: Descriptive and System-oriented Approaches Explained*，Shanghai：Shanghai Foreign Language Education Press，pp. 46—47。

卡帕尼的名字。贝尔在去世前，委婉承认了这是一部译作，说这样做是因为在1815年，出版商告诉他在法国没有人会去读一本来自意大利的译作。他自己后来也懊悔地说道："无论如何，即便你是匿名，又怎么能剽窃呢?"《法国百科全书》并未将这部作品列为译作，而几乎穷尽了所有译本的《法国翻译百科全书（1810—1840）》也同样未将其列为译本。

这一事实的确动摇了我们对译本的认识。虽然该书大部分内容是译作无疑，但在当时情况下，为了拥有读者群，不能以译作的形式出现，而是一开始就以本国文学而非翻译文学的姿态直接进入本国文学系统中，并被广泛接受。因此法国人并不将之视为译本。这种认识与其是否是事实上的译本并无关系，而是一种先入为主的观念。同时，我们还可能遇到一种更为复杂的情况，关于《红楼梦》的翻译就是一例。

《红楼梦》是中国文学宝库中最璀璨的一颗明珠。翻译界常拿霍克斯（David Hawkes）和杨宪益夫妇的两个全译本进行对比，但《红楼梦》各种形式的译本还有很多。江帆在其博士论文《他乡的石头记：〈红楼梦〉百年英译史研究》中就开宗明义定义了何为"译"。他说："所谓'译'是指翻译，包括摘译、节译、全译。"（2007：2）但还有一种形式叫"编译"。编译是否能称作翻译呢？以笔者手边的两个《红楼梦》编译本为例。

一个译本为1985年纽约安克图书公司（Anchor Books）出版的美籍华人王际真的译作。据江帆考证，此版为同年王际真在纽约吐温出版社出版的节译本的简本。而吐温版又是王际真1929年于纽约达波德·多伦公司（Doubleday Dorn CO.）和伦敦路脱来奇公司（Routledge Ltd.）同时出版的节译本的补充（ibid：22）。相比1929年的译本，1985年版的译本并非是对原文进行了增删，而是对内容进行了改编（adapt）。书籍扉页上明确写道，"translated and adapted from the Chinese by Chi-Chen

Wang”（Tsao Hsueh-chen，1958）。江帆对比了多位译者的译本后评价说：“王际真1929年译本、王际真1958年译本以及麦克休译本，至今仍在书籍市场流通，在图书馆也保留着大量的馆藏，我们可以很清楚地看到这几种译本删改原文以适应英美普通读者的具体方法，并可通过具体文本分析发现这几种译本之间的异同，解释其原因。”（江帆，2007：55）这里的“删改”显然是考虑到目标语读者的接受程度和目标语文学系统的问题。删减是节译的表现，包含在江帆对“译”的定义中，但“改”和“编”却不在其定义的“译”的范畴中，哪怕我们仍然将之称为译本。经过与原文细读比较发现，王际真改编的幅度并不大，大部分译文仍能在原文中找到一一对应之处。但另一位译者的版本就已经找不到这种一一对应。

国内学者黄新渠于1994年在美国紫竹出版社（Purple Bamboo Publishing）出版过一个译本。全书共32章，285页。在前言中，黄新渠将自己的翻译目的、翻译方法和对照的版本说得非常清楚：

> 我想要提供一个更简洁的版本以满足那些没有太多时间和精力读厚厚的全译本的读者。
>
> 我删除和简化了次要和非核心情节，聚焦主人公的悲喜，贾宝玉、林黛玉和薛宝钗之间的爱情悲剧……我努力用现代英语让这部世界上伟大的著作有机会被更多的读者阅读。
>
> 在翻译中，我参考了北京人民文学出版社1982年出版的原文，开明出版社1935年出版的由中国著名作家茅盾删改的缩减本。我首先写出我的中文文本，然后将之翻译成英文。
>
> （Cao Xueqin & Gao E，1994：Ⅵ）

该书仍以曹雪芹和高鹗为作者，黄新渠为译者，并将其定义为节译本（abridged version）。依译者所言，这个版本是有原文的，只不过是译者参考了其他中文版后，自己写成的原文，然后再进行语言转换。从翻译角度讲的确是翻译。但如果说是曹雪芹和高鹗所著《红楼梦》的翻译，哪怕是节译，又似乎不妥。否则，我们不对照任何文本直接用英文给外国人讲中国的《司马光砸缸》《神笔马良》等故事也应算作翻译了。[①] 但当黄新渠的版本在美国出版时，美国的文化系统却将之定性为节译。

从以上亨利·贝尔和王际真、黄新渠的例子中我们发现，传统译论对译本的定义和现实中人们所认定的译本是有差别的。埃文－佐哈对译本概念的质疑对后来的翻译研究产生了巨大的影响。但我们也一定要清醒地认识到，埃文－佐哈是在对这一存在的现象进行客观陈述，大众的认识并不等于正确的认识。

1.2.3　多元系统论的影响

也许是《翻译史学在文学多元系统中的地位》这篇文章的标题中有“翻译文学”一词而使得它在翻译界备受重视，进而学者们对多元系统论做了很多解读。但埃文－佐哈本人在接受采访时说：

> 我从未想过将多元系统论专门作为一种翻译研究理论，虽然翻译研究对我们理解文化中各种异质性间的关系起到了很大的作用。当然，我很高兴翻译研究的学生用到了多元系统论，但在采纳该理论和该理论的适用性上需要很小心，至

① 国人在讲这些家喻户晓的传统故事时，大多数时候并不用对照任何书本。因为几乎每个人都清楚故事梗概，但讲述时具体表达和其中细节则各不相同。

少我不会对那些为了服务于翻译观点而对多元系统论做的各种阐释负责。

（黄德先，2006：57）

对埃文-佐哈而言，多元系统论是“作为一种规则，整个多元系统论的核心就是与最著名的、最备受推崇的所有文学要素保持一致”（As a rule，the center of the whole polysystem is identical with the most prestigious canonized repertoire）（转引自 Gillespie，1993：374）。它是“多样动态和复杂关系网络的理论”（theory of heterogeneous dynamics and complex networks of relations）（黄德先，2006：58）。

虽然埃文-佐哈不愿意为各种阐释负责，但的确是他首先对译本的概念发起了挑战。翻译研究者开始将研究的兴趣从译作与原作的关系转移到译作与译语文化的关系。而后便引起连锁反应，使得学者们对忠实提出质疑，最终影响了人们对翻译概念的认识。于是，埃文-佐哈的《翻译文学在文学多元系统中的地位》及其整个多元系统论想表达什么已不重要，重要的是，基于这篇文章所做出的阐释，该文让所有翻译研究者看到了一片处女地。无论埃文-佐哈是否认可这些阐释，大家都认为这就是他的思想，这一点很重要。根茨勒（Edwin Gentzler）在《当代翻译理论》（*Contemporary Translation Theories*）中将多元系统论作为五大翻译流派之一①，着重谈了埃文-佐哈、图里和西方20世纪80年代的翻译研究概况。芒迪（Jeremy Munday）在《翻译研究入门：理论与应用》（*Introducing Translation Studies: Theories and Application*）一书中同样将系统理论（Systems

① 根茨勒所归纳的五大翻译流派分别是：（1）北美翻译工作坊；（2）翻译“科学”；（3）早期翻译研究；（4）多元系统论；（5）解构。

theories）单列为一章，以多元系统论开始，重点谈到了埃文-佐哈、图里、切斯特曼、兰伯特（José Lambert）、范·戈普（Hendrik van Gorp）以及调控学派（Manipulation School）。还有学者指出，“文化学派的核心研究范式是‘描写/系统/操纵范式’”（谢天振，2008：198）。似乎可以说，多元系统论是整个文化转向的开端。

在埃文-佐哈的几位同事中，受其影响并做出巨大贡献的首推图里。图里以描述翻译学驰名翻译界。他从霍姆斯霍姆斯的描述翻译研究中受到启发，对文学翻译进行描述。而在一开始，图里也是从译本这个概念入手的。

> 当一个人要对所处环境中的文学翻译进行描述研究时，最开始的问题并非是否一个文本是译本（根据一些不在系统研究范围内的一些设想标准），而是在目标文学多元系统中，它是否被认为是译本。
>
> （Toury，1980：43）

这一观点显然继承于埃文-佐哈。图里说：“翻译只能是一个系统中的事实——目标系统。”（Toury，2014：19）他对译本下过这样一个定义：“以描述研究为目的，一个‘译本’可以是任何目标话语，只要这些话语在目标文化中被介绍为或被认为是译本，无论是基于什么。”（同上：20）赫曼斯对此批评说，这个定义就好像“一个4岁小女孩问爸爸：‘爸爸，什么是斑马？’爸爸回答说：‘斑马？斑马就是我们叫斑马的东西。’小女孩是不会满足的”（Hermans，2004：49）。赫曼斯是想指出图里的定义项和被定义项相同，犯了循环定义的逻辑错误。他认为“这个说法很脆弱，仅仅‘介绍’一个文本为译本可能不足以让其他人也认为这是一个译本”（Hermans，2013：78）。换言之，图里是首先强势地提出一种研究基础，然后在此基础上进行后续研究，而不管这一基础是否得到其他人的认可。有学者在评价埃文-佐哈时就提出“特拉维夫学派（Tel Aviv School）[①] 热衷于建立规则，推出理论假说，进行实际验证，然后再试图在学术界求得共识，可是这种研究方法及其范式品格却只有在佐哈尔本人所划定的范围以内才能生效”（邵璐，2004：58）。图里作为特拉维夫学派的一员，这一批评对他也同样适用。基于对翻译文学的认识和研究，图里提出了三个规范的概念[②]：

第一，初始规范（initial norm）。初始规范分为两类：当译者服从原作规范时，就是充分的翻译（adequate translation）；当译者服从于目标语文化规范时，则为可接受的翻译（acceptable translation）。

第二，预先规范（preliminary norms）。预先规范由两个方面组成：一是翻译政策（translation policy），即选择译本的政策；二是翻译的直接性（directness of translation），即是否通过中间语言进行转译。

第三，操作规范（operational norms）。操作规范也分为两种：一是矩阵规范（matricial norms），即目标语文本的完整性；二是文本语言规范（textual-linguistic norms），即对目标文本字词及风格的选择。

基于多元系统论，切斯特曼也提出了两种规范：一是专业规范（professional norms），即在特定文化下“翻译普遍接受的方法与策略” （Chesterman，1993：8）；二是期待规范（expectancy norms），即“目标语读者认为翻译应是什么样子，译本与本族语

① 特拉维夫学派指以特拉维夫大学（Tel Aviv University）为核心的一群研究者，以埃文-佐哈、图里为代表。

② See G. Toury：*Descriptive Translation Studies and Beyond*，Shanghai：Shanghai Foreign Language Education Press，2001，pp. 56—59.

相比应具有什么特点”（同上：9）。

埃文-佐哈不仅使后来的学者不断提出各种规范，还影响了研究方法和研究模式。芒迪指出，“多元系统论和描述翻译学有着很强的联系，而调控学派在‘理论模式和实际案例研究两者不断的相互影响’中前行”（Munday，2010：120）。有学者提出，图里和埃文-佐哈都没有考虑“经济因素”（economic policy/facts）（Milton，2008：164）。很明显，提出这类问题的学者将多元系统视为了一个无所不包的大口袋，什么都想装进去，也似乎只有这样，这个系统才显得更加完善。比如，调控学派代表人物勒菲弗尔并未将系统局限在文学和诗学层面，而是扩大到了意识形态、赞助人等方面，实际上是将对翻译文学产生影响的所有内容都考虑在内，而不再限于文学，从而形成了一个更大的社会系统。从霍姆斯、埃文-佐哈到图里，他们为翻译研究的新时代打下了坚实的基础，而以勒菲弗尔、巴斯内特为代表的一批学者便在此基础上开创了翻译研究中的文化转向。

1.3 勒菲弗尔、巴斯内特与《翻译研究中的“文化转向”》

勒菲弗尔与巴斯内特合作的这篇文章全名为《导言：普鲁斯特祖母与〈一千零一夜〉：翻译研究中的“文化转向”》（“Introduction: Proust's Grandmother and the *Thousand and One Nights*: The ‘Cultural Turn’ in Translation Studies”），是二人为他们1990年合编的论文集《翻译、历史与文化》（*Translation, History and Culture*）所写的序。该书由十二位作者的十二篇论文组成，“所有文章都从不同方面论述了‘文化转向’，这些文章全都是阐释本书核心概念的个案研究”（Lefévere & Bassnett，1990：4）。1996年，勒菲弗尔英年早逝，两年后，巴斯内特将二人各四篇研究成果结集出版，即《建构文化：文学翻译论集》（*Constructing Cultures: Essays on Literary Translation*）。中国内地于2001年引进版权并出版。在此书最后一篇文章中，巴斯内特坦言，她与勒菲弗尔八年前的那篇序是“有意将之作为我们认为的翻译研究中重大转向的一份宣言”（Bassnett，2001：123）。巴斯内特和勒菲弗尔都是比较文学学者，也都是译者，从文学角度谈翻译可谓名正言顺。《翻译研究中的“文化转向”》是二人的一种观点阐述。在分析这些观点前，我们有必要先了解他们是从哪个角度在谈翻译。1993年，也就是该文发表三年后，巴斯内特出了一本书，《比较文学批评导论》（*Comparative Literature: A Critical Introduction*）。该书最后一章名为“从比较文学到翻译研究”，给我们解释了两个重要问题：（1）巴斯内特及一批具有比较文学背景的学者为什么要进行翻译研究；（2）翻译研究走过了哪些阶段。

第一个问题，关于比较文学学者为何要投身翻译研究，巴斯内特开篇就进行了客观的回应。学者们转向翻译研究是因为“近年来，‘比较文学’衰弱。但相比之下，翻译研究发展迅速”（Bassnett，1993：138）。而给予巴斯内特等人灵感的正是上一节讨论的埃文-佐哈。巴斯内特说，“20世纪70年代，一批学者开始对翻译研究提出一些不一样的视角。最初是由特拉维夫学者伊塔玛·埃文-佐哈提出，这群学者把他们的研究对象称之为‘翻译研究’”（同上：139）。然后一路从翻译的忠实问题、译本的地位问题、翻译的操纵问题，到女性主义翻译、后殖民主义翻译、女性主义翻译，一一进行了分析和介绍。最后号召大家重新考虑比较文学与翻译研究的关系：

> 写作不是在真空中发生的，写作一定有其语境。将文本从一个文化系统翻译到另一个文化系统，也不是一种中立、

单纯、透明的活动……在文化的变化中，翻译起着重要的作用。

比较文学作为一门学科的鼎盛期已经过去。女性研究、后殖民理论和文化研究中的跨文化研究已经逐步改变了文学研究的面貌。从现在起，我们应该将翻译看作一个主干学科，而把比较文学看作翻译研究中一个有价值的分支领域。

（同上：160—161）

很明显，巴斯内特研究翻译，是将翻译研究作为比较文学研究的一种更有发展潜力的替代品，并且她特别赞同勒菲弗尔的改写理论，认为“翻译应当被视作一种重要的文学策略，在改写的框架内研究翻译，能揭示某个文学系统在接受上的转变模式”（同上：148）。这便模糊了翻译研究和比较文学研究的界限，即便不能说翻译研究等于比较文学研究，也至少可以说翻译研究约等于比较文学研究，或者说翻译研究是比较文学研究的升级，因为比较文学研究出现了学科危机。

而关于第二个问题，针对翻译研究的发展阶段，巴斯内特也为我们做了明确的总结。她把翻译研究分为三个发展阶段：

第一阶段深受多元系统论影响，翻译中已经建立起来的话语受到了直接挑战。一方面，语言学中脱离语境的研究备受争议；另一方面，从文学研究入手的一些不系统的评价性研究也受到质疑（同上：145）。

第二阶段的翻译研究超越了对传统话语的批评，将重点放在定位和追溯特定时期翻译活动的模式上……翻译研究已经摆脱多元系统论的结构主义特征，向后结构主义前行（同上：146）。

第三阶段可被称作后结构主义阶段，这一阶段将翻译视

> 为一系列文本操纵过程中的一种，多元的概念取代了忠实的信条，原文的概念受到各方面的挑战（同上：147）。

在对以上两个问题进行描述后，我们再回头对《翻译研究的“文化转向”》进行分析时，应从比较文学的视角切入，借助多元系统论的相关概念，把翻译视为一种文学策略。而该文主要从三个方面解读了作者的观点：第一，对第三参照物进行了批判；第二，对产生文本的历史与译本的功能进行了研究；第三，提出“文化内翻译”和“文化间翻译”这对概念，倡导将翻译单位从字、词、篇章转变为文化。

1.3.1 第三参照物

当尤利西斯变成俄底修斯，当弥涅瓦变成雅典娜，当《一千零一夜》变成《天方夜谭》，当我们熟悉的名字全都变得陌生时，我们会喜欢并承认新译吗？这是《翻译研究的“文化转向”》中，勒菲弗尔和巴斯内特一开头借一位外祖母会如何看待新译作的故事向大家提出的问题。作者并不追问旧译和新译的译本质量问题，而是从读者的接受来谈这一问题。因为外祖母读不懂原文，自然也就无法评价译文的优劣，所以她“对译本一开始的态度可以说具有某些实用主义性质：既然这些译本存在，那就读吧”（Lefévere & Bassnett，1990：2）。这种实用主义正好印证了上一节中图里对译本的看法。只要外祖母认为它是译本它就是译本。而“外祖母并不是真的喜欢或不喜欢某个译本，信任或不信任某个译者。对她而言，谁的译作让她有亲切感，谁就是忠实的译者”（同上）。忠实对象从传统的原文变成了读者，译本对读者而言也就成了“信不信由你的一面之词”（余光中，2014：72）。因此，作者追问：“标准本身并不总是置身任何可能的变化之外，这一点难道不重要吗？”（Lefévere & Bassnett，1990：3）显然，作者认为标准并非是原文，而是随着译入语的文学系统和读者的变化而变化的，由此开始解构传统的忠实观，并将矛头对准以第三参照物（tertium comparationis）为基础的对等。对等是翻译研究中的一个核心问题，无论赞成与否，所有研究都绕不开它。因为其重要性和复杂性，本书将在后面另辟章节（第二章）讨论。本节集中讨论对等的基础——第三参照物。

作者对第三参照物提出批评，主要是因为它并不真实存在，而是一种"空想"（chimerical）（同上）。但几乎所有从语言学角度展开研究的翻译研究者都不约而同地有类似第三参照物的提法。比如，乔姆斯基提出以转换生成模式来分析句子对语言学界影响深远，他的核心思想可简要表述为：

> 1. 词语结构规则生成一种潜在或深层结构
>
> 2. 深层结构根据从一个潜在结构到另一个潜在结构（比如从主动到被动）的转换规则进行转换
>
> 3. 生成最后的表层结构，该表层结构隶属于音位规则和构词规则。
>
> （转引自 Munday，2010：39）

奈达和泰伯（Taber）将乔姆斯基的理论运用于翻译研究，并形成了翻译模式：

图 1—4　奈达与泰伯的翻译模式

（Nida & Taber，2004：33）

A代表原文，通过对原文的分析得到原语的深层结构X，将原语深层结构X转换成译语的深层解构Y，然后根据Y重构成译本B。乔姆斯基、奈达和泰伯共同的理论前提在于都“假设所有表层结构之下的深层结构的存在”（刘军平，1996：31）。这里的深层结构就是第三参照物。后来的一些学者也有类似的表达，波波维奇（Popovich）的不变内核、威尔士（Wills）的经验内核，以及下一节将谈到的本雅明（Benjamin）的纯语言都是这样一种参照物。

但勒菲弗尔和巴斯内特认为，这种“研究的焦点，在很长时间里，都把翻译单位集中在词的层面。后来的语言学家们把翻译单位从单词拓展到文本，但没有实质突破”（Lefévere & Bassnett，1990：4）。他们不满语言学派翻译研究者长期不关注文学，并把文学作为“一种特殊情况”（同上）的现象。巴斯内特的不满当然有理由，索绪尔的《普通语言学》和乔姆斯基的《句法结构》都以一种普遍理论（general theory）面向世界。普遍理论的确不应该将文学语言排除在外。但我们又必须追问一个问题，即什么是文学语言，或者说什么使一段语言文字成为文学。除美国新批评和俄国形式主义对这个问题有过严肃讨论外，其他文学理论似乎都跳过了这个问题，只要他们的文学系统默认一个文本是文学文本，便将其当作文学文本来研究。“新批评关注特殊的文本词语顺序，强调文本的一种非概念化的本质：一首诗歌的复杂性体现了对生命的一种微妙的反映，它不能被简化为一些逻辑的表述和解释。”（Selden，Widdowson & Brooker，2004：29）形式主义认为，“人所拥有的各类东西（情绪、观念和一般意义上的真实）本身都没有文学的意义，而仅仅是为文学‘策略’的功能提供了一个语境”（同上：29－30）。虽然形式主义和新批评对什么是文学的看法并不完全一致，但他们都认为文学性不是文本本身的信息内容，“文学语言区别于日常话语的语言，因为它的规则要求产生一些区别性特征”（Abrams & Harpham，2010：127）。无疑，日常语言的目的是进行交流，包含的是信息。但根据新批评和形式主义的说法，无论从形式还是内容上，文学语言都应让读者感受到一些除信息以外的东西，从形式上产生一种陌生化（defamiliarize）。陌生化指“通过打破日常语言的语言模式，文学对世界的日常感知‘制造陌生的东西’，以此重新唤醒读者所失去的感知新鲜感的能力”（同上：127），其目的是延长审美的体验，从内容上让读者感受到某些隐喻。

由此，我们可以做出以下推断：从“第三参照物”出发的学者更关注的是从一种语言到另一种语言能指的转换，并希望通过构建这种模式来进行科学化的翻译理论。而勒菲弗尔、巴斯内特等学者认为这是一种“乌托邦式的幻想”（Lefévere & Bassnett，1990：5）。他们提倡斯内尔-霍恩比（Snell-Hornby）提出的文化转向。斯内尔-霍恩比提出了四点新的理论转变：

> 第一，转向文化转换，而不是语言转换；
>
> 第二，将翻译视作一种交际行为，而非语码转换的过程；
>
> 第三，转向目标文本的功能（前瞻式翻译），而不是原文本的指示（后瞻式翻译）；
>
> 第四，将文本视为世界整体的一部分，而不是视为一种孤立的语言样本。
>
> （Snell-Hornby，1990：81-82）

她提出以上四个转变的基础是以维梅尔（Hans J. Vermeer）、瑞斯（Katharina Reiss）等为代表的德国功能学派翻译理论，也可称为目的论（skopos theory）。从斯内尔-霍恩比的原文，特别是其标注的斜体部分，我们能看到她研究的视角，甚至能隐约看到后来她的“综合法”（integral approach）形成的基础。而勒菲弗尔和巴斯内特是从比较文学的角度出发，部分借用了斯内尔-霍恩比的观点，他们认为，“比较文学涉及跨文化的文本研究，它具有跨学科性，且关注跨越时间和空间的文学之间的联系模式”（Bassnett，1993：1）。但巴斯内特与斯内尔-霍恩比的观点并非完全一致。前文谈到，巴斯内特是把翻译研究作为比较文学研究的替代品，她实际上是把翻译研究视为一种文化行为（或曰文化策略），而非交际行为，这一点和斯内尔-霍恩比有明显不同。巴斯内特认为：“翻译不仅仅包含两种语言间词汇和语法的转换……但只要译者抛开紧密的语言对等，决定具体对等层次为目标的本质问题就会出现。”（Bassnett，2004：32）而她所言的本质问题，指的是时代，或称历史。

1.3.2 历史与文本功能

勒菲弗尔和巴斯内特认为，时代，或称历史，是促使文化转向“不可避免的唯一要素”（Leféverе & Bassnett，1990：5）。紧接着便用引约尔特（Ann Mette Hjort）的观点作为论据进行说明，他们说约尔特“反对实证主义者假设的衡量译作的绝对标准，由于这种标准太绝对，因此任何译本都达不到这个标准”（同上）。约尔特被收入论文集的文章题目是《翻译与怀疑论的重要性》（“Translation and the Consequences of Scepticism”）。约尔特的论述围绕奎因（Willard van Orman Quine）的原始翻译（radical translation）展开。原始翻译指对“迄今从未接触过的土著语言的翻译。这种翻译是一种极端情况，实际上并不存在”（Quine，1960：28）。奎因以兔子举例。“当一只兔子跑过，土著人说‘Gavagai’，语言学家便记下‘Rabbit’或‘Lo，a rabbit’作为一种尝试性翻译，以待在未来实例中进行检验。”

（同上：29）但奎恩所举的例子，是语言学家在两种陌生语言间建立联系的工作，不是传统意义上的翻译工作。语言学家不得不以发音和眼前环境中所发生的一切来推断意义。这种意义要不断地在场景中去印证，找到刺激土著人说这个词的条件。在这个过程中，语言学家总是要怀疑自己的正确性，并在实际场景中去试错。但约尔特混淆了翻译工作和语言工作，所以才问："作为一个译者，你如何知道，当你用 X 替换他（她）的 Y 时，你和作者表达的是同一个意思？"（Hjort，1990：41）依据约尔特的思路，当我们看到兔子，刺激意义就会说出"Gavagai"，但我们说这个词时，和语言学家观察到土著人说这个词的场合已经完全不同。因此，即便能建立刺激意义上的对等，也无法建立场合上的对等，这个场合上的意义仍然是不确定的。因此翻译的"正确性是由译本与社会规范和谐共生决定的，而不是由原文本和译本间的意义对等决定的"（同上：42），而"意义是一种漂浮物"（同上：44）。但我们必须注意，"奎恩的研究重点是意义哲学……不是要介绍一种具体的翻译程序"（Shuttleworth & Cowie，2004：136－137）。然而约尔特将奎恩本用于哲学意义的刺激意义、场合句等概念运用到了对译本的实际评价和分析中，认为依据不同的规范会产生不同的译本，而无好坏之分。勒菲弗尔和巴斯内特在此基础上进一步认为，"不同时代的译本并不是对绝对标准的'背叛'，而是纯粹就没有那种标准。这是译本产生和研究的一些基本事实"（Lefévere & Bassnett，1990：5）。这一认识显然是一系列扭曲和误读造成的结果。如果奎恩还活着，相信他一定会和埃文－佐哈一样，宣称不会为这些阐释负责（参见 1.2.3）。

紧接着，勒菲弗尔和巴斯内特对勒非弗尔在该书中的一篇文章进行了简评。勒菲弗尔在该论文集中的文章是《翻译的西方谱系》（"Translation：Its Genealogy in the West"）。相比较，约尔特谈的仍然是一些较为模糊的规则和条件，并通过这些因素说明译本的不确定性。而勒菲弗尔则更加具体，他将这些规范集中在“权力”上，“权力”也赋予了译本除表达原作以外的功能——作为“文化创造”（production of culture）（同上）的一部分。在对《七十子希腊文本》的翻译进行简要梳理后，勒菲弗尔总结出了对翻译历史产生影响的四个因素：权力（authority）、专业知识（expertise）、信任（trust）和形象（image）。

权力是其中最重要的概念，解释了译本以某种方式出现在我们面前的所有原因。权力包括：（1）赞助人的权力，赞助人可以是机构也可以是个人；（2）译本在原语文化中的权威性；（3）原作者的权威性；（4）接纳译本的目标语文化的权力。专业知识是译本质量的基础，是检验译本所必需的。信任是指不懂原文的读者对译本的信任，这种信任也导致了质量低下译本的存在。形象是指译本创建的形象，包括原文、原作者、原语文学和原语文化形象（Lefévere，1990：15）。

如果一部作品不符合某种权力要求而不允许被翻译，自身又不愿意迎合目标语的中心文学系统该如何呢？勒菲弗尔的答案是不翻译，由专家去阐释和解读。这种方式仍然可以产生意象。因此

> 翻译，只是制造另一个文本“意象”的其中一种文本形式。其他形式可以是批评，史料，评论和选集……它们不应该排除在 translation studies 之外。由于检验的可能性更加有限，读者将给予这些专家比译者更深的信任。
>
> （同上）

勒菲弗尔实际上是把只要能在一国文学中产生另一国文学意象的文本形式都纳入“translation studies”。笔者之所以在此不直接用中文表达“translation studies”，是因为它似乎已经不太适合

翻译成“翻译研究”，而应翻译成“形象研究”。而“形象研究”是比较文学学者所津津乐道的。“形象研究在文学研究中由来已久……它的研究不再局限于国别文学的范围之内，而是在事实联系的基础上所进行的跨语言、跨文化甚至跨学科研究。而比较文学研究的特色就在于它的跨越性，所以形象学很早就成为比较文学的研究领域，它几乎是与比较文学这个学科同时发生的。”（杨乃乔，2014：262）在比较文学中，涉及翻译文学的研究通常是从媒介学的角度出发，而在中国，我们把这种研究称为“译介学”。

> 它关心的不是语言层面上出发语与目的语之间如何转换的具体问题，它关心的是原文在这种外语和本族语转换过程中原语信息的失落、变形、增添、扩伸等问题，它关心的是翻译（主要是文学翻译）作为人类一种跨文化交流的实际活动所具有的独特价值和意义。
>
> （谢天振，2013：1）

但译介学在国际上没有一个固定的英文术语。“在西方比较文学界和当今的西方翻译研究界，在谈到与我们所说的译介学相似或相近的内容时，我们经常接触到的是一个意义相当宽泛的术语——翻译研究（translation studies 或 translation study）。”（同上）而勒菲弗尔所说的形象，就包括译介学所说的“失落、变形、增添、扩伸”等问题。

勒菲弗尔在《翻译的西方谱系》中将 19 世纪作为一个时间分割点。他的理由是，这之前的翻译活动主要有两个特点：一是翻译《七十子希腊文本》，对《圣经》的理解当然是以教会的理解为重，这也体现了权力的主导；二是那时候的欧洲但凡受过训练的读者、作者、学者都是“双语，甚至多语”（Lefévere，1990：16）。他们以拉丁文和法语为主。而贝尔曼（Antoine

Berman）认为："在古拉丁语中表示翻译的词 *translatare* 可以被简单地解释为所指的转换。"（转引自同上：17）这一时代的人许多都不是因为看不懂原文而看翻译，只是觉得拉丁文和法文更加高贵、神圣。往往是一个作者用两种语言表达同一思想。但 19 世纪之后，随着社会的发展和民族语言的觉醒，语言的使用变得多样化。如 18 至 19 世纪的英国工业革命让英国成为强国，"英语渐渐占据了'语言权力'的地位"（同上：17）。这时便有了越来越多的单语读者，他们自然只熟悉和了解本国语言和文化。这时，译入语背后的文学和文化系统与原语背后的文学和文化系统便容易产生冲突。译者在调和这种冲突时，一些意象必然发生改变。勒菲弗尔借施莱尔马赫（Schleiermacher）的思想，认为语言的所指不是中立的，而是"不可避免地和不同的语言绑在一起"（同上：19）。依据埃文-佐哈的多元系统论，译本要么服从，要么影响和改变译入语的文学中心，这一过程必然涉及意识形态（ideology）和诗学（poetics）等问题。所以，勒菲弗尔认为"语言不是问题"（同上：26），问题是权力，是意识形态，是诗学，是文化。

在多元系统的背景下，权力、意识形态、诗学最终都为一国文学在另一国文学中的形象服务。

> 译本（Translation）[①] 是我们拥有的最显著的制造和操纵形象的形式之一……在很大程度上，译本对作品形象、作

① 原文直接以"translation"作主语，无任何冠词或限定词，那么应将其理解为"翻译"（translation process）还是"译本"（translation product）呢？根据上下文，"translation"是一种"形式"，并与"历史、选集"并列，是一种"媒介"，有"颠覆/保守性"，是一种"形象"。且勒菲弗尔的操纵论与多元系统论有着紧密联系，多元系统论研究的是翻译文学，也就是译本。因此此处的"translation"应理解为"译本"。

> 家形象和文化形象起作用。与历史、选集和批评一道，译本包含在世界文学的标准中。译本为一国文学引入了新方法。译本是一国文学影响另一国文学的主要媒介。译本可以是颠覆的，也可以是保守的。译本能告诉我们在一国文化中特定时间内我们的自我形象，以及这个自我形象在异国文化中的变化历程。译本能告诉我们特定时间内一种诗学和/或一种意识形态的力量。
>
> （同上：26—27）

因此我们可以断定，勒菲弗尔的《翻译的西方谱系》倡导的实际上是形象研究。这一思想在《翻译中的“文化转向”》中也得到继承和延展。

《翻译中的“文化转向”》还列举了从女性主义、殖民主义、大众传媒、市场、自译等角度谈翻译的学者和他们的文章。总体而言，都是从历史、权力、意识形态、诗学等角度阐明文化对翻译的编写、修改、删减、调整，并由此认为这是为了体现翻译的“功能”与“忠实”的关系。勒菲弗尔和巴斯内特认为：

> “忠实”，不会总以文字和文本间的“对等”名义参与翻译。如果真要忠实，忠实的名义是使译文在目标语文化中的功能与原文在原语文化中所实现的功能相同。因此译作不是传统层面上的“忠实”——由于要实现“功能对等”，译者也许不得不改写原文。
>
> （Lefévere & Bassnett，1990：8）

笔者认为，功能对等是对译本的一种评价方式，而非翻译行为。即便作为一种评价方式也难以把握，因为在实际中，我们很难搜集大量材料证明译本在译语文化中是否和原文在原语文化中功能对等。大多数情况是，译者在实施翻译活动时，是以个人的学识和才情进行翻译。[①] 译者当然会照顾权力、意识形态、诗学等方面的文化因素，但这些因素也要受到译者自身视野的局限。在社会中，文化规范本就是多元的、差异的。针对一个问题，译者、评论者和读者往往可能会根据不同的社会规范去解读，哪怕他们同属一个大的社会文化。况且，女性主义、殖民主义等翻译观，并不是为了达到功能对等，而是要打破原文本并强加他们希望的文本功能。从这一点来看，文化转向的内部也有矛盾和分歧。另外，勒菲弗尔和巴斯内特倡导翻译中的文化转向是因为他们认为传统的“对等”是无法实现的。但将忠实放到历史中，放到多元系统中去寻求功能对等同样是难以实现的。

1.3.3 文化内翻译与文化间翻译

在对历史和功能进行描述与分析后，勒菲弗尔和巴斯内特开始建构他们自己的理论体系。既然不承认“第三参照物”，认为文本受历史的影响，目的是要达到“功能对等”，那就要改变以原文的词语、文本为翻译单位的情况。勒菲弗尔和巴斯内特说：“如果翻译的操作‘单位’既不是词，也不是文本，而是文化，我们应该将文化翻译明智地分为‘文化内翻译’和‘文化间翻译’。”（同上：8）

两位学者在讲解“文化内翻译”的形式时，仍以《追忆似水年华》为例，认为对它的翻译、评论、文选、批注甚至根据它所

① 比如，当A国译者将B国文学作品翻译到A国时，其背景和专业知识也只能代表A国读者的感受，其本身首先就是一位读者。译者除了阅读一些评论外，几乎难以全面了解原语文本在原语国家不同背景、不同环境、不同阶层的读者那里实现了什么功能。即便了解，译者又应该照顾在哪种背景、哪种环境、哪种阶层中产生的功能呢？当A国译者将A国文学介绍进B国的时候，大多抱有一种介绍本国文学和文化的目的，但这种目的更容易与译入语文化发生冲突。

改编的电影都是“文化内翻译”，并建议“称其为‘改写’，同时还有一个附加条件，即一些从另一个文化翻译过来的文本（如《圣经》，列宁、莎士比亚作品）能被充分同化，目的是使它们和从一种文化内部所产生的文本一样，得到平等的‘文化内’的待遇”（同上：9）。在此，我们至少可以推断出三层意思：

第一，改写（文化内翻译）有多种形式，而翻译只是其中的一种。“这就是文化现实，这就是文学在今天，在这个时代发挥作用的方式。”（同上：9）这里的旨趣已不再是翻译本身，而是整个文学形式。而这些“改写”方式都是影响我们对一部国外作品“形象”认知的方式和途径。

第二，在“形象”塑造上，有一种特别的改写形式——电影。两位作者引用米勒[①]（Hillis Miller）的话，认为“我们的共同文化已经越来越不是一种书本文化，而越来越成为一种影视和流行音乐文化”（转引自同上）。但根据雅各布森对翻译三种形式的划分，电影、音乐属于符际翻译。“符际翻译发生在，比如，当一个书写文本被转换成音乐、电影或绘画时。”（Munday，2010：5）而传统上，从语际翻译出发进行翻译研究的学者很难认同，甚至首先就会将之排除在研究对象之外。两位作者在提出“文化内翻译”和“文化外翻译”时，有雅各布森对翻译分类的影子，但在具体问题上又模糊了三种分类的界限。

第三，希望在一国文学之中为翻译文学争取与本国文学同等的地位。但这似乎不是学术问题本身，而是一种对话语权的呼吁和渴望。勒菲弗尔和巴斯内特认为：

> 对处于一种文化中的成员影响最大的是作品的文学“形

① J. Hillis Miller（希利斯·米勒），美国学者，加州大学欧文分校英语与比较文学系著名教授。

象”，而非“实体”，不是只有在文学系才神圣不可侵犯的文本。所以最重要的是把文学“形象”和构成文学形象的作品与作品的实体放在一起研究。我们认为，这才是“translation studies”的未来方向。

(Lefévere & Bassnett，1990：9—10)

至此，我们不得不谨慎对待“translation studies”这个术语，因为它已经既不是霍姆斯在提倡用这个术语作为学科名称时反复谈及的翻译过程（translating）和译本（translations），也不满足于如埃文-佐哈那般对翻译文学进行系统描写，更不像传统的比较文学学者那样轻视翻译，认为“优秀的比较文学家应该阅读原文”（Bassnett，1993：139），而是将翻译作为一种手段和策略。从中国的语境来说，直接将之命名为“翻译研究”也会引起纷争。无论如何，在中国语境下，基于一部文学作品而创造的电影、歌曲、绘画都不会被视为翻译，同时也很难将评论、批注、文集视为一种哪怕宽泛意义上的翻译。其根本在于英语的“translate”及其派生名词不仅能对应中文的“翻译”，还可以对应“措辞”“转换”“解释”“调动”“转移”等。所以勒菲弗尔和巴斯内特将译本（翻译）、文选评注（解释）、电影（转换）等形式统称为“translation studies”并不为过。只是我们要明确他们的研究对象到底是什么。同时，我们在做翻译研究时，也要界定我们的研究对象。否则，在这样一个复杂的学科名下，不同人口中和笔下的翻译研究的所指对象都可能不一样。在一种不对称的平台上进行研究、讨论甚至争辩，既无意义，也不可能有结果。

奇怪的是，在后文中，我们找不到作者对“文化间翻译”的明确解释和例证。笔者只能通过上下文进行推测。勒菲弗尔和巴斯内特认为“既然语言表现的是文化，译者就应该具有双文化能力，而不仅仅具有双语能力……既然文本在两种文化中都有一席之地，翻译作为一种行为就总是离不开双语境”（Lefévere & Bassnett，1990：11）。所以“文化间翻译”应该指的就是“考虑文本在双边语境中的相关功能”（同上：12）。也许勒菲弗尔和巴斯内特也知道这是一种理想状态，且因两种文化难以兼顾，操作性不强，因此对语言学方法的批判多少表现出一种缓和，认为“翻译研究既可以运用语言学的方法，又能够超越那种方法”（同上）。但他们始终要回避翻译是否可教这个问题，仍然要终结对等，认为“‘好与坏’‘忠实与否’这些旧的评价标准在消失”（同上）。这样等于把翻译教学和翻译批评排除在翻译研究之外。笔者以为霍姆斯显然不会同意，所有翻译研究的学者也不可能同意。因此，我们不应把勒费弗尔和巴斯内特笔下的“translation studies”当作翻译研究的方向，而应把其视为翻译研究的一个部分、一种方法，以弥补传统翻译研究中的缺位。

1.4　本雅明与《译者的任务》

德国学者本雅明（Benjamin）的《译者的任务》（“Die Aufgabe des Übersetzers”）虽是一篇大器晚成的文章，但对当代翻译研究有很大的影响力。有学者说它是“解构主义翻译理路的发轫之作”（李满红，2001），也有学者认为斯坦纳的译学思想也源于本雅明（徐朝友，2008）。总之，“本雅明的《译者的任务》近年来被学界奉为翻译研究的《圣经》”（曹明伦，2013：131），“如果你还没对这篇文章发表过见解，那么在该领域就你就什么都算不上”（de Man，1985：25）。因此，本书也不能免俗，需要对此文进行一番评说。

众所周知，《译者的任务》是本雅明德文译作《巴黎风貌》的译序，写成于1923年，比霍姆斯发表《翻译研究的名与实》早了近50年，但没有受到足够重视。直到20世纪60年代，因汉娜·阿伦特出版《启迪》一书，这篇译序才重回人们的视野，后又因解构主义代表人物德里达（Derrida）、德曼（de Man）等人的分析而闻名于世，以至于后来的许多学者都从中找寻灵感。至今，讨论它的时间已然不短，参与的人数可谓众多，哪怕刚踏入翻译研究还未读过此文的学生，也已耳闻这篇因晦涩难懂而“声名狼藉”的文章。为何一篇晦涩的文章如此受追捧？到底这篇文章讲了什么？本书小心翼翼地紧扣文本，并结合相关评论，尝试做出一番描述和理解。

遗憾的是笔者不通德文，无法直接阅读原文，只能选择英、汉两个译本进行比较阅读。英文译本选择哈里·佐恩（Harry Zohn）译，史蒂芬·伦德尔（Steven Rendall）注解的“The Task of the Translator”。[①] 由于佐恩对这篇文章拥有翻译的版权，因此后来的学者大都只能进行评价或者做注。而在国内流传比较广泛的中译本有六个，按时间顺序分别是乔向东（1999）[②]、陈永国（1999）[③]、张旭东（2000）[④]、曹明伦（2007）[⑤]、陈浪

① 见 W. Benjamin: “The Task of the Translator: An Introduction to the Translation of Baudelaire's Tableaux Parisiens”, H. Zohn trans., in L. Venuti: *Translation Studies Reader*, London & New York: Routledge, 2000, pp. 15-25.

② 见本雅明：《译者的任务》，乔向东译，载《中国比较文学》，1999 年第 1 期，第 71-83 页。

③ 见本雅明：《译者的任务》，陈永国译，载陈永国、马海良：《本雅明文选》，北京：中国社会科学出版社，1999 年，第 279-290 页。

④ 见本雅明：《译者的任务》，张旭东译，载陈德鸿、张南峰：《西方翻译理论精选》，香港：香港城市大学出版社，2000 年，第 199-210 页。

⑤ 见本雅明：《译者的任务》，曹明伦译，载曹明伦：《英汉翻译实践与评析》，成都：四川人民出版社，2007 年，第 379-394 页。

(2008)[1]、胡功泽（2009）[2] 和周晔[3]的译本。六位译者的背景各有特色，乔向东是首译，“第一”的价值永远存在。陈永国是西方文论领域的知名学者。张旭东对本雅明有较深研究，出版过多部本雅明的译作。曹明伦是翻译家、翻译理论家，在翻译理论与实践上均有卓越的成就。陈浪对解构主义有深入研究，翻译过多篇解构主义的代表文章。胡功泽直接从德语进行翻译。周晔的博士论文专门从事本雅明翻译思想研究。以上六位译者应都算得上本雅明所说的“称职的译者”(Benjamin，2000：16)。但也有学者批评，大多数译者的“译本均译自佐氏的错误译本”(魏健刚、孙迎春，2013：75)。虽然佐恩的译本的确是有些问题甚至错误，但认真的译者不会忽略伦德尔对佐译的注解。也有学者评论乔向东、陈永国、张旭东的译本说“三种中文译本有许多相似的特点，但也有各自的特色，在具体词句的处理上表现出一定的差异。大体来说，陈译采用了句法复制法，张译则尽量采用归化译法，乔译兼用了这两种译法”(韩子满，2008)。但该文不是文学作品，对一篇文献而言，手法并非一个重要的考察项。对不能阅读德语原文而不得不求助于译本的读者而言，我们最想知道的是到底本雅明说了什么。这种期待也许就是霍姆斯所说的六种部分翻译理论之一的文本类型翻译理论（Text-type Restricted）提出的，根据文本类型不同，“译本读者的期待标准”（Holmes，2000：185）就有不同。经过比对，本书选择曹明伦的译本作为细读对象：首先，通过阅读，笔者认为该文本是翻译最流畅的一

① 见本雅明：《译者的任务》，陈浪译，载谢天振：《当代外国翻译理论导读》，天津：南开大学出版社，2008 年，第 321－332 页。

② 见胡功泽：《班雅明〈译者天职〉中文译文比较研究》，载编译论丛，2009 年第 1 期，第 189－247 页。

③ 见本雅明：《译者的任务》，周晔译，载周晔：《本雅明翻译思想研究》，上海：上海译文出版社，2011 年。

个版本；其次，该译本特别指出，对个别段落和字句，译者请了法兰克福大学博士吴越教授依据德文原版提供了参考译文。而“吴越教授在校阅拙译的同时，实际上据德文把《译者的任务》又翻译了一遍，并对其译文作了三点说明”（曹明伦，2007：393)。这三点说明也对理解原文有启发作用。较其他大多数译者（除胡功泽外）从英语转译而言，曹译有一位精通德语的教授予以校阅，相当于既有德语原文意义的参考，又有英文理解的参考，再翻译成中文，似乎离原文更近，可信度更高。曹明伦本人也认为“追求‘忠实’首先是译者的自律准则，同时也不失为批评家评判译文的标准”（曹明伦，2013：153)。这与笔者的阅读期待相吻合。

1.4.1 可译性与理想的译本

无论本雅明的行文、内容和表现手法如何晦涩难懂，首先我们要问一个问题：本雅明到底为何写《译者的任务》？有人说《译者的任务》“对翻译研究产生的启示绝非其本意”，而是“要在批判摧毁现行社会秩序的基础上，重新回归到人类堕落以前的快乐生活，也就是他说的人类的救赎”（魏健刚、孙迎春，2013)；有人说“本雅明是借翻译之名，讨论他一直关注的‘纯语言’问题”（曹丹红，2012)；也有人说“本雅明的翻译思想植根于他的文学批评理论……揭示出本雅明翻译思想的寓言化本质及其具有的社会批判性”（高乾、钟守满，2012)。如果说上述评论都有道理的话，那么我们可以确认一件事，即对本雅明而言，翻译只是一个道具，其研究目的绝不是解决翻译问题。那无论这篇文章被哪方面的学者关注，都似乎不应该是翻译界学者关注的重点。若它真如德里达对《译者的任务》的概括，“翻译一不为读者，二不为达意，三不为再现原文”（转引自袁伟，2007)，我们势必会遇到尴尬：佐恩的英文本是什么？上千年的翻译活动历史又是什么？本书无意从神学、哲学、文学批评、文论、社会学、语言学等方面去分析，因为那些可以，也应该交给神学家、哲学家、文学家、文论家、社会学家、语言学家。本书要将之当作翻译理论来看待。既然是翻译理论，那暂且不看本雅明说了什么，我们先单纯地思考一个问题，译者的任务是什么？当然是翻译出高质量的译本。那本雅明心中理想的译本是什么呢？

与其他大多数文献一样，作者的结论在最后。无论中间的演绎过程多么神秘、复杂和难懂，本雅明最后的结论是清晰的。他说“译作能在多大程度上保持翻译的本质，这客观上取决于原作的可译性”（Benjamin，2000：23；本雅明，2007：392）。在此，翻译的本质指一种模式，这个模式就是原文的可译性。而后本雅明又说，“译作被证明不宜翻译，不是因为种种固有的困难，而是因为意义对译作的依附非常松散”（Benjamin，2000：23；本雅明，2007：392—393）。换言之，本雅明口中的可译性不是把一种语言转换成另一种语言的技术上的可行性，而是该文被翻译的特征。他认为：

> 原作的品质越低，特征越不明显，它作为信息的程度就越大，就越不能为译作提供养分，结果它占绝对优势的内容不仅无助于译作保持翻译的本质，反而使其变得不可能。原作的品质越高，其可译性就越大，虽然译者只可能在一瞬间接触到它的含义。这当然只是对原创作品而言。
>
> （Benjamin，2000：23；本雅明，2007：392）

本雅明的这两句话可做以下更合逻辑和连贯的梳理：（1）信息程度和特征成反比；（2）特征能给译作提供养分；（3）这种养分才是翻译的本质（模式）；（4）译者要体会到这种养分，虽然可能只有一瞬间。这便是译者的任务。有学者将这种养分称为

“灵韵”（aura）（蔡新乐，2011）。以笔者的理解，就是那些让文本经典的东西，那些造就了文本名望（fame）的东西，那些被分析和批评家津津乐道的东西。因此“此文所突出的不过是一种翻译的终结论，与译者现实或现世的‘职责’或‘任务’并无多大关系”（同上）。按照本雅明的思路，他自己写的这篇文章都应该是不可译的或曰拒绝翻译的。本雅明的不可译可以被理解为没有被翻译的价值和必要。也许有人会生疑，如果没有翻译的必要，又如何让不懂德语的读者了解他的思想内容呢？其实这是两个层面的价值问题，本雅明所考虑的是被翻译作品本身的艺术价值，而后面的设问讨论的是社会交流和传播的价值。我们只需要回到本雅明的语境中，就不难辨别。

本雅明翻译的是诗，是为译诗写的序。如果将他的见地限定在诗歌翻译的王国，本雅明的观点的确是针织桌面。因为诗无达诂，如果我们在译诗时注重的是信息的传递和交流，便会失去诗歌的审美效果。本雅明就是要译者能超越词句诠释的范围，进入一种审美状态，捕捉诗人写诗时的意象和境界，并将其在译文中体现出来。而提出这种诗歌翻译要求的其实古今中外并非本雅明一人。德曼在评述该文时说，

> 该文是一篇诗学文论，是关于诗歌语言的理论，那么本雅明为什么没有讨论诗人呢？……众所周知，本雅明的这篇文章是为他自己翻译的波德莱尔的《巴黎风貌》所作的序，所以，选择翻译者作为示范人物可能出于一种狂妄自大。但情况并非如此。他之所以选择翻译者而非诗人的理由之一，是从定义上说译作是失败者。译作永远不能像原作一样。与原作相比，任何翻译都是次要的。
>
> （de Man，1985：33）

德曼的分析向我们传递了一个重要信息，即在本雅明的心中，译本永远是次要的，是无法超越原作的。那么他一定会反对超越原文、反抗原文之类的观点。我们在谈到解构主义翻译观或一些带有后现代思想的翻译观（如女性主义翻译思想、后殖民主义翻译思想）时，常常会把本雅明的这篇文章作为重要文献之一，但本雅明对译本地位的看法却与这些翻译观截然相反。

另外，虽然本雅明没有从技术层面谈论译本的可译性问题，但实际情况是诗歌翻译中的文化意向、表现手法、音韵节奏等都是译者要面对的技术性难题。也正因如此，对技术层面可译性问题的讨论也主要集中在诗歌翻译和特殊的文化信息上，而鲜见于一般的小说、散文、戏剧、非文学文本等类型的翻译。

本雅明以诗歌翻译为对象，清楚地提出了译者的任务，但这项任务难以完成。这种欠债感逼迫本雅明必须去寻找一种完美的译本作为标准，才能去比较和衬托他的译文价值。本雅明把这篇文章作为译序一定与他的翻译相关。译序的功能无外乎三种：第一，针对文本内容进行一番内容的介绍和评论；第二，介绍翻译的过程和经验；第三，介绍译文的原则和价值。本雅明的译序就属于第三种，且看：

本雅明能给出的理想译本便是《圣经》。他说："当一个文本本身就是真理或教义，当它无须意义转换就在所有字面上都被认为是'真实的语言'，那它就无条件地具备了可译性……语言与启示在那种原作中无须任何谐力便成一体……直译与意译融为一体。"（Benjamin，2000：23；本雅明，2007：393）因此，本雅明倡导一种极端的隔行翻译（interlinear translation）[①] 方法也是理所应当的。但毕竟宗教经典数量有限。本雅明能在尘世间找到的神圣文本，除《圣经》等宗教经典以外，也就只剩下诗了。从本雅明的内心和他所处的时代都“把诗歌看作是神圣精神的表达、神圣的语言，诗人是神圣的人物，这个观点在当时很流行”（de Man，1985：30），可以推断，在本雅明的所指中，涉及的是诗歌和诗语，而不是日常语言和用日常语言表达的文学体裁。搞清楚了本雅明的可译性和他的理想文本后，再来看本雅明的纯语言，便一样清晰明了。

1.4.2 纯语言与来世说

纯语言是本雅明在他的可译性和译本这两个概念基础上发展而来的。每当学者们论及本雅明，总是会津津乐道他那神秘的“纯语言”。什么是纯语言？本雅明说：

> 语言间超越历史渊源的全部亲缘关系，存在于作为一个整体而潜藏在每种语言中的一种意向——但任何一门语言都不可能单独实现这种意向，它的实现只能靠所有语言的意象互补之总和——这种意向互补之总合就是纯语言。
>
> （Benjamin，2000：18；本雅明，2007：384－385）

如果我们仅就这段话去分析本雅明到底说了什么，可能会产生许多阐释。但我们不能忘记，纯语言是本雅明在他的可译性和

① “隔行翻译是一种极端的字面翻译类型，这种翻译的目标词语隔行出现在它们所对应的原文本书字的下面（或上面）……隔行翻译的目的是使那些语言技能不足的人能够阅读某种文本——虽然不全是，但这种文本往往是一种经书。”参见 M. Shuttleworth & M. Cowie：*Dictionary of Translation Studies*，Shanghai：Shanghai Foreign Language Education Press，2004，pp. 81－82。

好译本这两个概念基础上发展而来的。本雅明在此提到的语言仍然是诗语，所谈论的仍然是诗学问题。凭借他对《圣经》可译性的高度评价，笔者断定，本雅明的纯语言就是指他认为最可译的东西，因为只有这些东西在他眼中才是真实的语言，也只有这些东西才会超越语言间历史渊源的全部亲缘关系。而对这些问题的研究显然已经不是翻译活动的研究，而是由翻译引申出来的语言问题研究。德里达就曾质问："翻译——对这个文本来说是唯一的主题吗？甚至是主要的议题吗？"（la traduction，est-ce seulement un thème pour ce texte，et surtout son premier thème?）（Derrida，1985：219）

纯语言的概念是为了展现语言之间的亲缘关系，其本身的实体并不存在，需要通过不同的语言进行折射才能得以窥探。因此，要了解一首诗的真正意义，自然是要把其用各种语言所展现出来的意向集合到一起。这一思考方式和后来霍姆斯建立翻译学科，以及埃文-佐哈提出多元系统论的方法一样——当一个对象还不明确时，就把所有能从侧面反映这个对象的东西全部集中在一起，以求明确该对象。也就是为何本雅明把各种语言比喻为元语言破碎的花瓶。笔者再次强调，这里的语言不是普通的语言，而是包含可译性、充满意象的诗语。为了进一步说明元语言，本雅明还提到另外一对概念：意指对象（intended object）和意向方式（mode of intention）。

意指对象类似于语言学中所说的所指，也可理解为想说的东西。而意向方式类似于能指，也可理解为实际说的方式。两者是能指和所指的关系，想说和实际说的关系。本雅明举了德语"Brot"（面包）和法语"Pain"（面包）两个单词作为例子。"Brot"和"Pain"就是不同的意向方式。它们同时都指向一个意指对象——"面包"。但当对不懂法语的德国人说"Pain"和不通德语的法国人说"Brot"时，都不会引起他们想到"面包"

这个意指对象。通过翻译，“虽然这两个词中的意向方式有冲突，但其意向和意指对象却能对它们所属的两种元都进行补充，于是对象和意向互惠互补”（Benjamin，2000：18；本雅明，2007：385）。但必须注意，这里所说的翻译是本雅明文末所说的理想的翻译方式——隔行翻译。有学者评价说：

> 隔行翻译的译本本来就是要与原文联系起来阅读的。因此它目标明确，就是用作文本对照……很多学者推测过本雅明这句高深莫测的言论究竟何意，但有一点很清楚，它是指一种“理想的”隔行翻译，在这种翻译中，极端的字面翻译方式不仅没有使原文本的意义含糊不清，反而使意义更加清晰。
>
> （Shuttleworth & Cowie，2004：82）

但这种理想在现实中几乎不可能。笔者认为，本雅明实际上提出了比忠实、对等还要严苛的要求，要求译者能分毫不差地在译文中展现原文的全部意象，其目的是通过翻译诠释他对诗歌的认识。这便是本雅明赋予译者的任务。当然，这一目的不是译者实施翻译行为的文本目的，而是通过翻译实现其他目的的非文本目的。① 在本雅明的眼里，纯语言能跨越普通语言外衣的障碍，但实际上它变得不可洞察，它什么都是，也什么都不是。“它对理解它的人‘说’得很少。”（Benjamin，2000：15；本雅明，2007：380）这是一种脱离了形式的绝对理解。德曼批评说：“这样一种倒退实际上回归到了甚至康德、黑格尔和唯心主义哲学之

① 参见曹明伦：《文本目的：译者的根本目的——兼评德国功能派的目的论和意大利谚语“翻译者即背叛者”》，载《天津外国语学院学报》，2007 年第 4 期，第 1—5 页。

前的时代。”（de Man，1985：29）在绝对的理解下，语言作为一种载体就死亡了，原文也就死亡了，只留下了一堆灵魂般存在的意象，于是才有了来世说。

本雅明把译本视为原文生命的一种延续。他首先给人们植入了一个概念：“生命并不限于肉体存在。”（Benjamin，2000：16；本雅明，2007：382）而这个生命就是可译性，就是绝对理解，就是元语言。“原作的生命在译作中返老还童，焕发青春。”（Benjamin，2000：17；本雅明，2007：382）这里明显能感受到本雅明的一种宗教观。因为只有宗教才会将肉体和生命（精神）分开，但无论如何现代科学都不会承认生命能脱离肉体存在。有形之物不一定有生命，而有生命之物必然有形。本雅明自己也承认：

> 如果译作在本质上是要力求成为原作的翻译，那么任何译作都将成为不可能。因为原作在其生命的延续过程中，会经历一番变化（这个延续过程如果不是某种生物的新陈代谢，那它就不可能成为生命的延续），就连意义明确的字词也会经历一个成熟的过程。
>
> （Benjamin，2000：17；本雅明，2007：383－384）

因而译文也不可能完全复制原文。但成熟这个词似乎带有褒义，是表示一种进步。实体生命的延续也是处在不断进化中的。但让人感到矛盾的是，在上文中（1.4.1）笔者提到，本雅明是把译本放在从属于原文的地位上的。这里再引一段为证：

> 译作要表达比它自己的语言更为高雅的一种语言所表达的意思，所以面对外来的优势内容，它始终难以做到恰如其分……因为就作品内容的某一特定方面而论，产生于语言历

史某个特定阶段的某部作品一旦被翻译成任何另一种语言，就等于被翻译进了所有的其他语言。具有讽刺意味的是，译作会这样把原作移植进一个更确定的语言领域，因为它不可能在那里被第二次翻译移植。

(Benjamin，2000：19；本雅明，2007：383－384)

本雅明似乎在说，直接读原文，每个读者都会产生不太一样的感受，就如同我们常说一千个读者就有一千个哈姆雷特。但一旦被翻译，就是翻译了某一方面，其意义不再具备多重性，而是被固定下来。而本雅明一直强调的可译性的东西就丧失掉了，也就不能再进行翻译了。如果从这个角度再去理解其碎片说，已不言自明。

回头来看，虽然本雅明的语言较为难懂，无论是读英文译文还是中文译文，都不如读其他理论作品一样顺畅，但纯语言、来世说、碎片说等概念的意义并不神秘。有学者认为："本雅明的纯语言，就是荷尔德林的普世语，就是奈达的核心结构，就是威尔斯的深层解构或经验内核，甚至就是贺麟糅合了东西方哲学理念的'明道之意'的'道'。"（曹明伦，2013：142）虽然纯语言的全部意义不仅限于此，但从翻译活动的角度来说，却已总结得非常到位了。

1.4.3 翻译是一种模式

在理解了上述所有的关键词后，再让我们回头审视本雅明在开篇不久提到的"翻译是一种模式"（Benjamin，2000：16；本雅明，2007：380）。这里必须再次强调，严格来说，他的翻译指诗歌翻译。本雅明向我们展示的是这样一种诗歌翻译模式：由于诗歌充满意象，因此原文本身具有可译性。各种意象是诗歌的灵魂，因此它需要恰好有一位有能力的译者去完成翻译它的任务。

本雅明认为："连蹩脚的译者也会承认，那种高深玄妙、神秘莫测、'充满诗意'的本质性的东西，只有自己也是诗人的译者方能译出。"（Benjamin，2000：15；本雅明，2007：380）众所周知，诗歌绝不是以传达内容为目的的体裁形式。但到底什么是诗？《不列颠百科全书》用了近 2/3 页篇幅也没有给诗一个明确的定义，但引用了多位诗人描述性的定义[①]：

> 法国诗人瓦来里说，散文是行走的，诗是舞蹈的。
>
> 美国诗人弗罗斯特说，诗是散文言所未尽之处；人有所怀疑则用语言去解释，用散文解释之后，尚有待解释者则由诗来完成。
>
> 英国诗人蒲柏说，诗所表达的是往往想到而未能充分表达的东西。
>
> 英国诗人济慈也说，诗应该使读者感到，它表达他的最崇高的思想，似乎就是他所曾有过的想法的重现。

结合以上描述可推断，诗歌不是为了信息而存在的，而是为了引起某种共鸣，让读者和诗人走进同一个意境。这种共鸣或者说这种意境就是元语言。所以本雅明才在文章一开头就说"诗从来不是为读者而赋"（同上）。

首先，由于可译性的存在，被翻译的诉求永远存在，只是在等待一个知音。其次，对于一个知音，并非要原作去讲述那种意境，而是在触碰的一瞬间就能心灵相通，所以其本质不是交流。最后，读者所感受的意境不是诗人给的，借上述济慈的话说，是

① 参见中国大百科全书出版社《不列颠百科全书》国际中文版编辑部：《不列颠百科全书》国际中文版（修订版）第 13 卷，北京：中国大百科全书出版社，2007 年，第 386 页。Also see J. E. Safra & J. Aguilar-Cauz: *The New Encyclopedia Britannica* Vol. 23，Chicago：Encyclopedia Britannica，Inc.，1989，pp. 95，97.

读者自己曾有过的想法的重现，是读者和作者的共情而非强加。这便是本雅明心中合格的读者。

而理解是翻译的前提。译者要把感受到的意境移植到译作之中，使合格的目标语读者通过译作也能体会到类似的意境，这便是本雅明的回声说。这类人便是本雅明心中合格的译者。据此推断，本雅明心中合格的译者是能再现这种意境，而非语言形式和内容的译者。作为一篇译序，笔者不得不猜想，也许本雅明认为自己的译作就体现了波德莱尔诗歌中的意境，自己就是一个合格的译者。

本雅明最终还是想告诉我们一条翻译诗歌的原则，即诗歌翻译必须以保留原诗的意境为核心，这便是本雅明在进行翻译时忠实的对象。那些“有眼却看不清，有耳却听不见”（马可福音 8：18）的译者，是无法完成翻译诗歌的任务的。笔者认为这便是本雅明想对我们说的。但与此同时，笔者又想起了纽马克。在分析诗歌翻译时，纽马克同样提醒我们：“如果原文中存在美学因素，在译文中就必须保留。”（Newmark，2001a：65）但同时，他也告诫我们：“译者必须珍惜原作的形式……如果形式被扭曲了，思想也就扭曲了。”（同上：64）因此，当本雅明过分强调诗意，将之上升到元语言，置于所有语言之外时，其结果也许只会与他的理想背道而驰。

1.4.4　本雅明的影响

通常，如果梳理解构学派翻译理论，会将《译者的任务》作为源头。但实际上并非本雅明影响了后来的德里达、韦努蒂等人。解构学派的核心观点是：

> 解构学派把以消解性为主要特征的解构主义哲学引入翻译理论研究领域，否认原文文本终极意义的存在，颠覆原作

> 者至高无上的权威地位，废除作者与译者、原文与译文之分，宣称译者是创作主体，译文语言是新生的语言。
>
> （李红满，2001）

但这似乎与前文的分析相矛盾。无论是纯语言和普通语言、花瓶和碎片的比喻，还是对《圣经》的崇敬，都没有丝毫解构和颠覆之意，相反，译者的任务是要通过翻译去实现那些至高无上的东西。德里达提醒我们："从标题来看——姑且讲一讲这个标题，本雅明认为这个问题是译者的问题，即摆在译者面前的一项任务，而不是翻译的问题。本雅明没有说翻译的任务或问题。"（Derrida，1985：223）换言之，德里达认为对本雅明而言，翻译只是手段，是达到某种目的的手段。

因为翻译模式的存在，可译性导致原文被"强烈要求，授权、委托、规定、分配任务"（同上：225）给译者。但"翻译得再好的译作也不可能具有和原作一样的重要性"（Benjamin，2000：16；本雅明，2007：381）。换言之，是译者欠债了。但德里达不这么认为，他认为"如果原文自身要求翻译，那就定下了这样一条规则，即原文一开始就负债于翻译者了"。这便是德里达的惯用手法——解构策略，即从一个点引出两种不同的理解，以得出和传统理解完全不同甚至颠覆性的结果。所以把本雅明归为解构学派有失偏颇，但本雅明观点的部分内容确实为解构学派所用，引申出了一系列有趣的观点。

其实不止解构学派，阐释学派也被认为与本雅明有关。有学者专门研究了斯坦纳译学的本雅明渊源（徐朝友，2008），但主要引介了本雅明其他作品中的论述进行论证。德曼在其著名讲稿《"结论"：瓦尔特·本雅明的"译者的任务"》（"'Conclusions'：Walter Benjamin's 'The Task of the Translator'"）的开篇就用伽达默尔的《现代性面面观》作为引子展开分析，但他也并非说是本雅明影响了阐释学和阐释学派的翻译观，只是将本雅明置于现代性的框架之下。

我们倒是能从以巴斯内特为代表的文化学派中看到本雅明的影子。文化学派将翻译单位从词句和篇章扩大到文化，以文化作为翻译的单位以及种子移植等概念都与纯语言有暗通之处。在《移植种子：诗歌与翻译》（“Transplanting the Seed：Poetry and Translation”）中，巴斯内特的“种子”和本雅明的“本质”看上去那么相似，且二人都是在谈诗歌翻译。文章也确实引用了本雅明的观点，虽然是一句间接引用——“正如本雅明指出，翻译确保文本的生存，文本总是能生存下来就是因为它被翻译”[①]。

我们到底应该如何看待翻译研究中的本雅明？除了这篇《译者的任务》外，本雅明并无其他关于翻译的理论作品和思想被翻译研究者高度关注和大量研究。自德曼、德里达等学者的分析解读之后，翻译研究的学者大多被困在对纯语言等概念的解读上。无论是德曼、德里达还是翻译界学者的研究，结果都和翻译活动相关性不高。笔者认为，这也许是学者们，特别是翻译研究的学者们将问题复杂化了。既然没有本雅明其他关于翻译的研究文章和论述，那就证明本雅明没有深入研究过翻译。此文又是一篇译序，我们应该认定它符合所有译序的写作目的——介绍文本内容或体现某种翻译的过程、方法或原则。通过倒序式地细读和分析，笔者认为，至少从翻译研究的角度来讲，本雅明其实是用一种哲学思考的方式在阐述诗歌翻译的原则。至于其他方面，最好交给熟悉其他某方面的学者进行研究。

---

① 原文：“Walter Benjamin points out，translation secures the survival of a text，and it often continues to exist only because it has been translated.” See S. Bassnett：“Transplanting the Seed：Poetry and Translation”，in S. Bassnett & A. Lefévere：*Constructing Cultures：Essays on Literary Translation*，Shanghai：Shanghai Foreign Language Education Press，2001，p. 59.

第二章　对等：翻译研究中的核心问题

上一章中，笔者对文化转向的四篇核心基础文献进行了解读和分析。一方面，包含对传统翻译研究（以语言转换和分析为主的研究）的反思；另一方面，体现了文化转向及以后的研究者在学术观点的继承和发展上表现出来的片面性、扭曲性和误读性。

翻译研究从语言转向文化，其中包含着研究范式的变化。更通俗地说，就是翻译的研究对象、核心问题、研究方法等一系列观念模式的集合产生了变化。从传统的语言学研究到文化研究，两者之间不是一种发展的关系，而是一种断裂的关系，即后者通过否定前者来寻求自我的发展。那么，这种转变是否增进了对翻译实践的指导、解释和预测作用？语言学研究和文化转向后的研究主要争论的焦点是什么？这些都是需要进行比较和梳理的问题。

众所周知，在研究方法上，翻译界通常把语言学派的研究概括为规定性研究（prescriptive），而把文化转向及以后的研究概括为描述性研究（descriptive）。规定性和描述性翻译研究的分界点在于前者以对等为目的来构建自己的研究体系，而后者则否认对等的先在性，以事实描述的结果来建设自己的理论框架。

毫无疑问，对等是一个备受争议的概念。有学者将之视为翻译原则中重要的组成部分，如卡特弗德、奈达、威尔士、科勒、皮姆、豪斯等。也有人反对它，如维梅尔、斯内尔－霍恩比、巴斯内特等。但辩证地看，无论赞成还是反对，他们都回避不了对等，甚至可以说都是基于对等在建立各自的学说。就这一点而言，对等过去是，现在是，未来也会是翻译研究中一个不变的主题。但对对等的肯定或否定会带来我们对翻译属性认知的变化。如果承认对等，我们的核心问题就仍然是语言问题。如果不承认对等，我们就“也许已经把翻译和对等的概念推向了我们学科的边缘”（Krein-Kiihle，2014：21），导致对翻译性质认识的变化，最终引发大家对翻译进行重新定义。因此，本章将对对等问题进行梳理和讨论。

《翻译研究词典》（*Dictionary of Translation Studies*）对“对等”给出了如下定义：对等是“许多学者为了描述原语和目标语文本或更小的语言单位之间的本质和程度关系而使用的术语”（Shuttleworth & Cowie，2004：49），同时指出“藏于该术语背后的种种问题十分复杂”（同上）。其实对对等的认识也经历了一个发展过程。我们可大致将这些认识归纳成以下三类：一是基于翻译实践的对等研究；二是系统—描写—文化学派的对等观；三是哲学家对翻译中对等的看法。

2.1 基于翻译实践的对等研究

从实践的角度看翻译，通常有两类研究：第一，对翻译过程的研究，这类研究也通常被用于翻译教学；第二，对译本的研究，通常是对译本的质量进行评价。而霍姆斯提醒我们还有两种形式：一是辅助翻译研究，如语料库翻译研究和机器翻译研究；二是政策翻译研究，如特定社会中，哪些译本应该被翻译，译者的社会经济地位等。但图里依据霍姆斯的思想所绘制的图表，将政策研究从应用翻译研究中剔除，也许是因为其有着和笔者相同的感受——翻译政策当然影响翻译活动，但不是直接的翻译活动。因此，本书也主要将“翻译实践”的范围划定在对翻译过程的研究、对译本质量的研究和对辅助翻译的研究。

暂时让我们抛开所有理论，想一想我们是如何认定翻译行为和译本的。当我们说我们在实施翻译行为，或者指认某个文本为译本时，其潜台词就是它有一个原版。上一章中我们谈到，勒菲弗尔和巴斯内特提出改写论，认为电影也是当下文学形象建立的手段，但这类电影的开头或结尾会明确告知观众“该片依据（同名）小说《×××》改编”。因此，我们必须承认，译本以及任何改写手段都是原文的派生物。无论是译者还是改写者都不会对原文进行评价，因为那是文学家、评论家的工作。于是原文就成了一种恒定的标准。区别只是我们要么完全依从于它，要么部分依从于它，要么完全背离它。但笔者想强调，即便是完全背离它，我们依然将之视为标准。以电影这种改写手段为例，当观众去看一部（同名）小说改编的电影，只要观众看过原著，他们就一定会自觉不自觉地拿电影内容去跟原著进行比较，且通常都是以原著作为标准来评论电影的长短。对等就是以原文作为标准而引发的概念。它从一开始就潜藏在翻译行为之中。值得一提的是，“对等”这个术语的使用时间并不长，而在之前，“忠实”这个术语的使用更为广泛。

2.1.1 20世纪50年代到80年代的对等研究

术语一定是因为实践的需要而被提炼的。克雷－基尔(Krein-Kiihle)[①] 从词源学角度对“equivalence”进行研究，认为“对等不意味着相同（sameness），而是一些相似的用法、功

① 德国学者，德国科隆应用科学大学（University of Applied Sciences）英语语言学与翻译研究教授。

能、体量、价值，或相同的效果”（Krein-Kiihle，2014：17）。同时克雷－基尔还告诉我们“equivalence 第一次出现大约在1955 年”（同上：18），且开始就用在了机器翻译的研究上。机器翻译是一种字对字、词对词的翻译方式。直到今天，计算机翻译也只能作为一种辅助翻译，且主要用于非文学文本翻译。这种数学般精确的对等不要说从文学、文化和社会学角度出发的翻译学者不能接受，就是从语言学角度出发的翻译学者也不会认为它能有效指导翻译实践，因为语言学家早已向我们展示了语言的多层次性。在更早的中西古代翻译研究中，先驱都已经告诉我们翻译不是一个一对一的过程。贺拉斯（Quintus Horatius Flaccus）认为“翻译必须坚持活译，摒弃直译”（谭载喜，2004：21）。哲罗姆（St. Jerome）也认为“翻译不能始终字当句对，而必须采取灵活的原则”（同上：26）。从佛经翻译的实践中，道安提出“五失本三不易”，玄奘提出“五种不翻”，这些都早已证明翻译中难有数学般的对等。后来的学者也一定熟读先贤的经验。因此我们更应像克雷－基尔那样去理解对等。事实上，在“equivalence”这个概念出现后，语言学派的学者也正是这样去做的。

语言学派最早把“对等”作为一个术语使用的是雅各布森。他在 1959 年发表的文章《语言学角度的翻译》（“On Linguistic Aspects of Translation”）中解释著名的翻译三分原则时，就用了三次“equivalence”。第一次是用于解释什么是语内翻译：

> 一个词的语内翻译要么用另一个或多或少同义的词，或者换一种委婉的说法。然而，作为一项规则，同义词不是完全的对等。
>
> （Jakobson，2004：114）

第二次使用是解释什么是语际翻译：

> 在语际翻译层面，在翻译单位之间通常没有完全的对等，而由信息来充当对外语翻译单位和信息的适当解释。
>
> （同上）

第三次使用是对语言学层面上对等的总结：

> 差异中的对等（equivalence in difference）是语言的主要问题，是语言学的关键问题。
>
> （同上）

雅各布森反复向我们强调，对等不是完全的，对等是建立在差异基础上的，“翻译包含了两种不同语码中两条对等的信息”（同上）。说明语言学家从一开始谈论翻译时，就没有认为原文和译本是一一对应关系。维纳（Jean-Paul Vinay）和达尔贝勒那（Jean Darbelnet）在1958年出版的《法语与英语的比较文体学：一种翻译方法》（*Comparative Stylistics of French and English: A Methodology for Translation*）中谈比较文体学与翻译的关系时就说：“翻译不可能从比较文体学中分离出来，因为每次比较都要基于对等的数据。而如何认识这些对等是翻译的主要问题之一。”（Vinay & Darbelnet，1995：5）文体学是研究文学作品的风格问题，二位学者认为“文本的对等取决于情景的对等”（同上），这里说的其实是风格对等的问题。他们将对等定义为“一种翻译过程，有时，这个过程的结果是用完全不同的措辞复制和原文相同的情景”（同上：342）。这再一次证明学者们清醒地认识到，对等有时不可能建立在语言的一一对应上，充分印证了雅各布森所说的差异中的对等。

这种对情景的关注被继承下来。奈达于1964年推出了著作《翻译科学探索》(*Toward a Science of Translation*)。虽然奈达受乔姆斯基转换生成语法的启发，但他并非停留在语言研究的层面，而是转向了语言的使用。奈达认为：

> 语言并非仅由符号的意义和符号的集合体组成，它是一套有作用的代码，换言之，是一套为一个或多个目的服务的代码。因此，我们必须从一种动态维度来分析信息的传递。这种分析对翻译至关重要，因为对等信息的结果是一种过程，不仅仅是匹配部分的表达，还是重新生成完全动态的交流特征。这两方面如果缺任何一方，在实际情况中，译本恐怕无法实现对等。
>
> (Nida，2004：120)

奈达知道对等不是两种语言的配对，还特别引用贝洛克(Belloc)的话说："严格来说，世界上没有什么东西是完全对等的"(Belloc，1931：37)，并认为"在翻译中，我们必须尽可能地寻找对等"(Nida，2004：159)。基于奈达说的两个方面，他提出了两个对等的概念——形式对等(formal equivalence)和动态对等(dynamic equivalence)。"形式对等关注信息本身，包括形式和内容……动态对等的目标是表达上的完全自然。"(同上)五年之后(1969年)，奈达与泰伯合著了《翻译理论与实践》，在书末的术语表中他们详细给出了这两个术语的定义，并把形式对等改成了形式对应(formal correspondence)。

> 形式对应：翻译的一种特性，在形式对应中，原文本的形式特征在接受语中被机械地再生。典型的例子是，形式对应扭曲了接受语的语法和风格模式，继而扭曲了信息，以至

> 于导致接受者误解或理解费力。
>
> （Nida & Taber，2004：203）
>
> 动态对等：翻译的一种特性，在动态对等中，原文本的信息被转换到接受语，接受者的反应基本上与原语读者一样。原文本的形式常常被改变，但由于这种转换遵循原语言中的逆转换原则、转换时的语境兼容原则和接受语中的转换原则，信息得以保留，翻译是忠实的。
>
> （同上：202）

虽然从雅各布森开始，研究者们就已说明对等不是数学上的一对一，但也许是为了进一步避免引起误会，奈达用了“对应”一词。赫曼斯认为“相比可能更常用的对等概念而言，对应常常表现为某种较弱的概念”（转引自 Shuttleworth & Cowie，2004：31）。但奈达和泰伯并非重动态对应而轻形式对等。一方面，奈达从开始就强调了双方的重要性；另一方面，奈达的理论来源于其《圣经》翻译的实践。而在圣经翻译上，学者们提出过这样一条原则：“20 世纪末期，由 30 名美国顶尖学者组成的《新修订版标准译本圣经》（New Revised Standard Version of Holy Bible，1989）译委会曾提出‘尽可能直译，必要时才意译（as literal as possible，only as free as necessary）’。”（曹明伦，2015：113）虽然这条原则的提出晚于奈达，但这种共识应该是长期实践形成的。奈达转向接受者的反映，其最终还是要达到“忠实”的目的，体现原语文本和目标语文本的关系。下面要介绍的这位和奈达同时代的学者就充分说明了文本和形式对等的重要性。

奈达出版《翻译科学探索》一年后，另一位翻译学者卡特福德（J. C. Catford）在 1965 年出版了《翻译的语言学理论》（*A Linguistic Theory of Translation*）。该书几乎将对等问题贯穿始终。卡特福德认为："翻译实践的核心问题是找寻目标语译本的对等。翻译理论的核心任务是定义翻译对等的本质和情况。"（Catford，1965：20）卡特福德从语言的不同层级和实际使用中的不同情况谈了对等问题，并总结出两类对等形式。

一是文本对等（textual equivalence）。"文本对等指在被认定的某一特定场合下，任何一个目标语文本或片段……与某一特定原语文本或片段对等。"（同上：27）卡特福德的"特定场合"与维纳和达尔贝勒那的"情景"并无不同，都是强调文本的对等需要在一定场景下发生。

二是形式对应（formal correspondence）。形式对应是从语言的层级结构上来讲的。"形式对应是任何目标语的分类（单位、词类、结构、解构要素等）能尽可能接近和经济地占据目标语文本，就如同原语的分类占据原语一样。"（同上：27）极端地说，就是能够名词对名词、动词对动词、从句对从句。但在实践中很难做到，我们经常会遇到词类转换、拆分句子结构等情况。卡特福德早已考虑到这个问题，因此用了"尽可能"和"经济"两个词进行修饰，表示在保证最佳表达的基础上尽力而为。卡特福德使用"对应"要早于奈达，即便奈达把形式对等修改成形式对应不是受到卡特福德的启发，也是英雄所见略同。以上提到的所有学者都在向我们反复明示或暗示，对等不是一个数学上的概念。

奈达转向文本的语用性和卡特福德的层级分类思想影响了后来的一批学者，纽马克（Peter Newmark）就是其中一位。纽马克于 1981 年出版著作《翻译问题探讨》（*Approaches to Translation*），他也从交际出发，但与奈达不同的是，纽马克放弃了转向读者，而是将视角从语用（pragmatic）交际转向语义（semantic）。纽马克说：

我认为"读者"表面上的成功是虚幻的。忠实的矛盾，原文和译文重点上的差距在翻译理论与实践上是一个始终存在的重要问题。但这种差距也许能缩小，如果之前的术语能进行如下改变：

交际翻译试图给其读者制造一种尽可能与原文读者一样的效果。语意翻译试图尽可能去生成第二种语言允许的语义和句法结构以及原文准确的语境意义。

（Newmark，2001a：39）

放弃读者，重回文本。纽马克的观点乍看是一种倒退，但如果我们真实地做过翻译，回忆实际翻译的过程，我们就会认为他的观点是有道理的。因为译者在翻译时，无论多么想实现效果上的对等，也不可能真的知道自己将面对哪些读者，译者心中的目标读者群是一种虚幻的想象，是否达到了某种效果也是译者的主观判断。在进行翻译的时候，“译者仍然不得不尊重原文，并在原文本的形式上进行翻译，原文是译者翻译过程中唯一的实质性基础”（同上）。

从20世纪六七十年代开始，对等在德国也有着重要影响。以卡德（Otto Kade）、纽伯特（Albrecht Neubert）等学者为首的莱比锡学派（Leipzig School），以及威尔士（Wolfram Wilss）、科勒（Werner Koller）等一大批学者，都从语言学角度出发论述了等值问题。因不通德语，笔者只能通过其他学者对他们的叙述和评价以及他们本人用英文撰写的著作和文章窥其一斑。如豪斯（Juliance House）评价卡德说：“潜在对等的选择不仅仅依据（情形和文化的）语境，还依据大量不同的因素，如文本类型、翻译的目的或功能以及假设的读者的种类。”（House，2015：7）纽伯特提出“符号分类”（semiotic category），其“主要贡献在于将文本作为一个层级，在这个层级上对等关系可进行最恰当的判断”（同上：6）。科勒在1969年提出“双语生成对等模式”（bilingual generative equivalence model），他集成了奈达的思想，并认为可以“将不同语言所表达的句子的表层结构简化成更简单的基本结构，这种基本结构是最深层的层面，表现为一种普遍语言（Lingua Universalis）”（转引自 Wilss，2001：157）。十年后，即 1979 年，科勒又吸收了语用学的观点，将原文和译文都放在各自的语境中，从语境中的文本层面谈论文本对等（textual equivalence）问题，归纳了五种形式的对等，分别是外延对等（denotative equivalence）、内涵对等（connotative equivalence）、文本规范对等（text-normative equivalence）、语用对等（pragmatic equivalence）和形式对等（formal equivalence）。[①] 不同层面的对等既说明译文与原文完全对等的不易，但同时也表明译文与原文至少在某些方面对等的必要性。威尔士于 1977 年出版《翻译学——问题与方法》（*The Science of Translation—Problems and Methods*），书中花了近 20 页篇幅梳理对等问题，认为在“翻译对等方面，需要一种综合的理论方法，包括语言对关系（language-pair-related）的描写和语言对关系的运用翻译研究”（同上）。威尔士坚定地从翻译实践出发，将综合的理论方法建立在“语言对”上，然后从描述与运用两个方面来思考对等问题，既保持了翻译是一个语言问题的传统，又吸纳了功能、目的、读者、文化等描述翻译研究的成果，算得上是对对等问题一次厥中的思考。这为威尔士于 70 年代末提出“综合法”（integrated approach）奠定了基础。在历时地梳理语

① 外延对等指文本语言外内容的对等；内涵对等指词汇选择，尤其是同义词之间的对等；文本规范对等指文本类型，不同类型的文本采取不同的方式；语用对等，或称交际对等，考虑文本或信息的接受者；形式对等指文本的形式和美学，包括文字游戏和原文本的独特风格特征。参见 J. Munday：*Introducing Translation Studies：Theories and Applications*，Shanghai：Shanghai Foreign Language Education Press，2010，p. 47。

言学派对对等问题探索的同时，我们也不能忽略共识的角度。在同一时期，埃文-佐哈、图里等学者在翻译研究界掀起了描述研究。综合法的诞生说明，从文学视角出发的学者对传统翻译研究尖锐的批判也促使着语言学视角的学者在反思和改进自己的观点。

2.1.2　20世纪80年代及以后的对等研究

从20世纪80年代进行时间切分，是因为在这段时期，语言学本身发生了一些变化。有学者称其受到"实用主义转向"（pragmatic turn）（Krein-Kiihle，2014：21）的影响。语言的实用主义的代表人物罗蒂（Richard Koterski Rorty）认为，语言的研究不仅仅是进行语言结构的分析，而且是要将语言作为一种人类活动的工具。他认为："提出一套范畴不是提供对某种非语言事实的描述，而是提供使工具得以完成的工具。"（Rorty，1962：313）换句话说，语言的意义就是其实践的功能，而实践的过程就是交际的过程，因此功能成为语言研究的重要方向。也有学者称，文化转向的兴起"几乎与语言学中的语境转向（contextual turn）同时发生。20世纪80年代中期，语言学家已经进入语篇的语境研究，并考虑语境转向对翻译研究可能具有潜在意义"（Hatim，2005：10—11）。这两种转向其实是同一方向上的不同层次。实用主义转向强调的语言研究的目标发生了变化，语篇语境则是具体的研究内容。"篇章语言学的中心任务是超越孤立的单句研究，从结构和功能来研究交际活动中的篇章……把大于句子的篇章作为研究对象，关心句子之间的关系，关心篇章的整体结构，关心语言使用者的交际意图以及语境对语篇形式和结构的影响。"（刘辰诞、赵凤秀，2011：4）。从研究方式上讲，"篇章语言学研究必然是一个具有跨学科性质的、全方位的立体工程，也正是因为如此，篇章语言学没有一个统一的理论和方法，研究取向和分析方法异彩纷呈、百花齐放"（同上：

5)。但进入语篇后，语言学内部就开始产生分歧，因为“一旦上升到句子层，或进入对话场景，情况就会发生无法控制的巨变”(赵一凡，2007：92)，更不用说超越句子，进入语篇。语言学角度的翻译研究也产生了分裂，一些在吸收最新成果的基础上调整自己的对等概念，另一些只在部分层面上承认对等的存在，而还有一些则拒绝对等这个概念。由于持三类观点的学者在同步进行研究，为防止混乱，本节将不沿用上节中依据时间顺序进行描述的方法，而以核心观点进行分类描述。

第一，对等是恰当翻译的主要因素。

奈达依然是对等理念的倡导者。80 年代后，奈达的翻译研究也借鉴了多学科的视角，并将其对等的理论发展成为功能对等(functional equivalence)。功能对等的确在奈达 1964 年的《翻译科学探索》中已经出现①，但它是奈达在叙述形式对等和动态对等时，动态对等的另一种表达，并没有对功能对等进行特别的定义，书后的索引中也没有收入动态对等这个词条。后来因为动态对等“被一些人误解为仅是一些有影响的东西。因此，许多人误认为如果一个译本被认为是有较大影响的，那么它就是动态对等的一个恰当的例子”（Nida，2001：91)。一方面为了消除这种误解，另一方面为了强调功能的概念，奈达决定用功能对等来取代动态对等。他是要“用‘功能对等’这个表达去描述一个恰当译本的程度”(同上)。功能对等被定义为：“译本的读者应该能了解译本到这样一种程度，他们能设想原文读者一定会如何理解和欣赏它。”(同上：87）但绝对的感受相同难以做到，所以奈达也事先言明“‘对等’不能被理解为一种数学意义上的同一，而仅是一些方面的近似（proximity)”(同上)。虽然奈达想极力证

---

① 参见 E. A. Nida：*Toward a Science of Translating*，Shanghai：Shanghai Foreign Language Education Press，2004，p. 171。

明其表述的正确性和科学性，但有些问题仍无法解决，比如，原文本在原语读者中实现的功能和译本将在译语读者中实现的功能都是作者的主观猜想；近似就表示和原文有距离，这个距离是多少，如何把控，都没有具体标准。

皮姆（Antony Pym）考虑到了译者的主观性，把对等分为自然对等（natural equivalence）和方向对等（directional equivalence）。自然对等又存在双重的含义，一是作为一种认识论，二是与方向对等一道作为一对对等的模式。作为认识论的自然对等不是要告诉我们一种特定的对等的方式，而是说只要译者从事翻译行为，自然对等就存在于他的行为之中。

> 自然对等是一个基础理论，所有其他模式的确立都是依据这个理论。
>
> …………
>
> 无论说“相同的价值”，“第三参照物”，或“脱离语言外壳”是多么幼稚或理想的概念，他们的操作功能都符合翻译是（或应该是）什么这样一些宽泛的概念。只有我们有一致的术语，我们才能真正展开讨论并测试其可行性。要做到这一点，自然对等也许是发展后来其他各种范式所需要的一个起点。
>
> （Pym，2010：19—20）

皮姆的这番话站在了翻译行为的起点。译者的行为就是为原文本制造一个平行文本。无论我们从字词角度、形式角度、语法结构角度还是功能文化角度，都是为了制造一个我们认为恰当的平行文本。所以译本和原文之间存在一种自然对等的关系，作为认识论的自然对等是翻译活动的本质要求。而平行文本在最极端的状况下，甚至可以达到互为译本的状态。如国际社会中用不同语言写成的各类双边或多边文件，它们具有完全相同的法律效应。

而自然对等与方向对等作为一对对等方式时，“最简单的测试就是回译”（同上：30）。能够回译到原文的译文就是自然对等，不能回译到原文的译文就是方向对等。但显然会出现这样一个问题，即在词和词组的层面，我们的翻译大部分都会是自然对等。这种对等可以在多种语言之间形成自然对等。如：一条狗—a dog—le chien。但在句子层面甚至篇章层面，我们的翻译大部分都会是方向对等。从译者的角度说，字词层面的翻译是一种类似于查询双语词典的对应，此时的字词都没有进入语境，是一种机械的一对一或一对多的关系。无论如何，译者也不会把一条狗译成“a cat”，否则就是错误的翻译。但当语言进入句子及以上层面，就成为一种交流工具，具备功能，这便与译者的固有认知和选择有关。因此皮姆说：“‘方向’和‘自然’在这里是用于描述由翻译理论阐述不同概念；他们不是由理论本身使用的词。”（同上）换言之，皮姆不是在讨论翻译中有没有对等、如何对等的问题，而是坚定地认为翻译中一定存在对等这样一个核心概念，而把翻译中基于现象总结出的理论分为了两类，一类是自然对等，另一类是方向对等。

第二，对等是恰当翻译的部分因素。

从奈达和皮姆我们都能看出翻译不再是对文本的研究。随着语用学与篇章语言学的发展，翻译研究早已不局限于文本语言和语言功能。译者的认知机制、语境中的语域等都是从语言学角度研究翻译的新方向。

译者的认知自然是与原文和译文两边的语境相关。认知与语境便构成了格特（Ernst-August Gutt）的翻译关联理论。译者大脑中的关联的过程可简单表达为“刺激（stimulus）—假设（assumptions）—解释（interpretation）”（Hatim & Munday，2010：59）。其目的和奈达、皮姆等学者的相关理论目的一样，是为了交流。但关联理论关心的并非交流行为，而是交流能力。关联理论“试图给出一个明确的解释，我们脑海中的信息加工能力是如何使我们能够与他人进行交流的”（Gutt，2004：21）。关联理论通常有以下两个原则：“首先要考虑的问题是并非从潜在语境中得出的假设在任何时刻都是同样可理解的……另一方面的优化是一种利益获取。”（同上：27－28）这两个原则都是从“刺激—假设”的层面上阐释。简单地说，第一个原则告诉我们同样的刺激在不同的时间所产生的假设不一定一样，第二个原则告诉我们人们总是按照自己希望和认为的方式在理解事物，这种理解会对自己有益。但要注意的是，这一切都是在纯粹客观地谈论关联理论，还没有涉及翻译。译者在受到来自两种语境的双重刺激下，这种信息加工和选择会更为复杂。将关联带入翻译后，格特仍然从原文信息的传递入手，从忠实、对等的角度，从语意和句法表达的角度进行分析。因此关联翻译理论的目的仍然是为原文制造一个恰当的译本，而这种恰当不仅仅局限于或基于过去语言、功能的对等，而是基于译者对文本和语境的认知。格特认为，这便“达成了翻译理论长久以来的一个尝试——发展一套能兼顾文本和语境双方的普遍实用的忠实概念”（同上：127）。格特将译者的交际能力纳入研究中，是翻译研究的一大进步。因为译文不会凭空出现，它是由译者创造的。既然格特在翻译研究中引入关联理论是为了“忠实”，我们有理由推断，与后来的文化操纵学派不同的是，格特眼中的译者并不试图因任何原因而刻意改变原文，而是依据所处的语境，通过复杂的认知加工，产生至少是译者自己认为最忠实的译文。格特的关联理论对翻译批评的构建也有启发，在译本评价时，我们需要充分挖掘译者是关联了哪些因素而得出译文，如此才能更客观、准确地评价译本质量的高低。虽然格特强调语境的重要作用，也举了很多例子，并说这种“考察不能穷尽所有”（同上：166－167），但语境是个宽泛的概念。对于到底是什么东西在刺激着译者，影响着交际中的语言变体，格特并没有探究。

面对各种不同的语言，哈蒂姆（Basil Hatim）和梅森（Ian Mason）也提出疑问："是什么在决定语言使用中的各种变化?"（Hatim & Mason，2001：38）借鉴韩礼德（Halliday）等人的研究，他们把语言变化的原因归为两类：

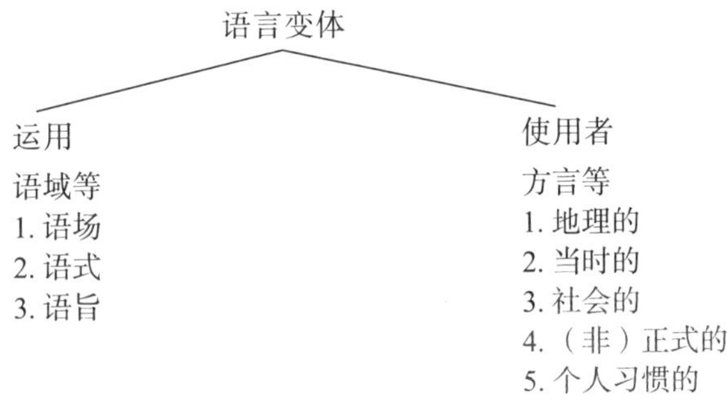

图 2—1　韩礼德对语言变体的分类

（同上：46）

右边是描述语言使用者的语言使用特征。而决定这些特征的正是左边的语域，包括语场、语式和语旨。语场（field of discourse）指语言发生的场合，如校园中的语言、家庭中的语言等，强调的是"文本的社会功能"（同上：48）。语式（mode of discourse）指"语言行为的方式"（同上：49），如书面语、口头语、对话、陈述等。语旨（tenor of discourse）反映"说话者和接收者之间的关系"（同上：50），如与老师说话会礼貌，和朋友说话会亲密。由以上三个方面共同组成的语域把笼统的语境（context）或情况（situation）具体化，并将之用于交际、语用、符号、互文、意象、文本类型、译者等对语篇的组织等问题的分析之中。哈蒂姆和梅森的目的是展示"在文本分析中产生的一种翻译过程……最重要的就是交际、语用和符号"（同上：236）。

译者不但是不同语言信息的传递者，也是“不同文化的传递者”（同上）。这两者最终都体现在一个恰当的译本之中。因此，哈蒂姆和梅森虽没有直言对等问题，但他们强调语域的目的也仍然是为了有效、恰当地交流。可以推断，在语域条件允许的情况下，他们并不反对对等。需要补充说明的是，与奈达一样，虽然他们都强调交际，强调功能，强调不同的文化，但两者的前提和理论来源迥异。这是因为他们所依据的语言观不同。奈达是基于乔姆斯的转换生成语法，而哈蒂姆和梅森是基于韩礼德的系统—功能语法。笔者将之称作“乔姆斯基－奈达”模式和“韩礼德－哈蒂姆、梅森模式”。虽然乔姆斯基和韩礼德都认为语言学的研究对象是实际使用的语言，但他们对语言的认识截然不同。乔姆斯基将语言视为一种“知识”方式，而韩礼德将之视为“‘做事’的一种方式……乔姆斯基的‘知识’是语言的心理学范畴，‘语言能力’是个人特性；韩礼德的‘做事’的方式属于语言的社会范畴，即语言与环境的关系”（刘润清，2002：230）。换言之，乔姆斯基将语言作为一种知识进行分析，揭示的是语言的普遍现象。而韩礼德将语言视为做事，即语言是在一定规则允许的范围内产生的。更简单地说，乔姆斯基揭示的是普遍规则，而韩礼德注重的是对具体语言发生情况的描写。运用到翻译中，虽然都是在分析翻译过程，但奈达的分析建构了一套翻译规则，而哈蒂姆和梅森的分析针对的是文本与语域的关系。但无论哪种方式都是为生成恰当的译本而服务的。

第三，对等不是恰当翻译考虑的因素。

在基于翻译实践的理论中，在笔者所了解的范围内，唯一一个宣称可以放弃对等的是德国功能学派理论（German school of functionalist translation theory）。功能学派由“卡塔琳娜·瑞斯（Katharina Reiss）的功能主义翻译批评、汉斯·J. 维梅尔（Hans J. Vermeer）的目的论和相关内容、贾斯塔·霍尔茨－

曼塔利（Justa Holz-Mänttäri）的翻译行为理论，以及一系列致力于以功能主义方法进行译员培训的理论”（Nord，2001：4）组成。与上文中提到的奈达、格特、哈蒂姆和梅森等学者不同，瑞斯和维梅尔不满足于将文本置于特定的语言功能和文化之中，而是认为“目的（skops or purpose）是翻译中的主要因素，包括对原作的感觉，翻译本身只是信息的提供方”（转引自 Krein-Kiihle，2014：16）。以上两句引文向我们展现了功能学派的一些背景信息：第一，它是服务于应用翻译研究的理论，如翻译批评、翻译教学；第二，功能学派只是将语言转换视为翻译中一种次要的角色，翻译必须为目的服务。因此“‘对等’要么被视为一种特殊形式的‘恰当’（adequacy），要么可以完全放弃”（同上），而这一思想是受到行为理论的影响产生的。翻译无疑是一种活动，维梅尔认为，“由于一种行动的行为被称为活动（for an act of behavior to be called an action），当人们实施它时必须（潜在）能解释为何他要如此行事”（Vermeer，2000：223）。反过来，这些原因也就导致了译者翻译过程中的选择和最终的译本。维梅尔向我们展示了翻译中常见的三种目的：“译者在翻译过程中关注的普遍目的（比如‘赚钱’），目标语环境中的目标文本关注的交际目的（比如‘指导读者’）以及特殊翻译技巧或翻译过程关注的目的（如用字面翻译去反映原语言的特殊结构）”（转引自 Nord，2001：28）。诺德（Christiane Nord）紧接着评价说：“目的论是指目标文本的目的。”（同上）还有些目的可能来自出版社、赞助人。好的翻译就是满足这些目的的翻译。但这里存在两个问题：

第一，将翻译要提供的一种社会服务与翻译要达到的交际行为混为一谈。借助把语言分为“语言内”和“语言外”的方式，翻译的目的实际也应分成“文本内目的”和“文本外目的”。文本内目的是目标文本所关注的交际目的，而文本外目的才是出版社、赞助人的目的。曹明伦将之概括为“文本目的”和“非文本目的”。[①] 而在实现文本内的目的时，我们的实际工作仍然是语言转换，仍然要用奈达、卡特福德、皮姆、科勒、格特、哈蒂姆、梅森等前文所讨论的学者们的理论去指导实践。那么文本外的目的呢？让我们来猜想文本外可能会有什么目的：一个出版商要出一个译本，以笔者所见和所了解的合同，出版商大都要求译者忠实准确地译出原文的内容和文体风格。有些会因市场需要，对读者群对象做一些规定，要求译者的内容和风格适合特定的读者群，但改动和删减并不会太大。因为如果要把一本完全在内容和风格上不符合的书通过翻译变得适合，还不如找一本本来就适合的书进行翻译或直接创作。今天，想翻译任何一本书，只要作者在世或作品在法律规定的版权保护期内，我们都需要得到原作者或其版权继承人的翻译许可授权。哪个作者或版权持有人不是因为信任译者会忠实地对待其著作才愿意把作品授权给译者呢？至于商业活动中的翻译（如说明书、文件等），绝大多数客户的要求更是要准确传达原意。换言之，客户、委托人将译本作为一个产品的使用目的和译者在翻译过程中进行文本加工的目的并不相同，而在绝大多数情况下，客户、委托人的目的只在宏观的使用对象上影响译者的表达，借哈蒂姆和梅森的概念就是圈定了语域。正如有学者批评目的论说：“众所周知，有意义的对等概念必须考虑语言外和文本外的因素，但当然不能仅仅依靠这些外部因素，比如目的。对翻译而言，以功能和目的为导向的方法显然将一些特殊的例子（比如改编）作为规范，而大多数专业的翻译作品都证实并非如此。”（Krein-Killhle，2014：21）

---

① 参见曹明伦：《文本目的：译者的根本目的——兼评德国功能派的目的论和意大利谚语“翻译者即背叛者”》，载《天津外国语学院学报》，2007 年第 4 期，第 1—5 页。

第二，作为一种指导和评价实践的方法论，在实际运用中，无论是译者培训还是文本评价，最终都要回到对等的概念。从译员培养（指导实践）的角度，目的论的实际原则是“翻译的目的证明翻译过程的正当性”（Nord，2001：124）。而在进行译本评价时，诺德更是直接提出四条对等要求：

> 阐释
>
> 对等要求 1：译者的阐释应该与作者的意图完全相同。
>
> 文本功能
>
> 对等要求 2：译者应该以某种方式传达作者的意图，即译本能在目标文化中实现与原文在原语文化中同样的功能。
>
> 文化差异
>
> 对等要求 3：目标语读者应像原语读者了解原文的文本世界一样了解译文的文本世界。
>
> 文本影响
>
> 对等要求 4：译文对目标语读者的影响应该与原文对原语读者的影响相同。
>
> （同上：89—90）

因此，用英语向世界全面介绍功能翻译理论的诺德，最终认为该理论的两个基点是“功能加忠实”（同上：126）。而忠实是比对等使用历史悠久得多的同义表达。瞧，对等又回来了。至此，语言学派的对等话题暂告段落。

2.2 系统—描写—文化学派的对等观

与从语言学角度出发的翻译学者相同，从文学角度出发的翻译学者也同样赞同从功能的角度来研究翻译。但由于他们对翻译实践过程并不感兴趣，而是集中于译本在目标语文学系统中的地位（参见1.2）和译本在目标语文化中的形象（参见1.3），因此他们对待对等的态度与语言学派的研究者截然不同。从翻译实践的角度讲，无论我们如何强调语言外的因素，一旦涉及具体的翻译过程和译本质量评估，我们仍然要回到语言，回到语言间的比较。只要有比较，就需要有标准，忠实、准确、对等概念自然生成。换言之，对等是在翻译之前就摆在译者和评估者面前的核心问题，区别只是对等的程度。但对文学研究背景的学者来说，他们心中不存在这种先在的标准。他们对翻译（更准确地说是译本）进行描写，而对等只是他们描写后发现的众多现象中的一种，和其他由文化、意识形态、诗学等各种因素所导致的现象一样，都只是现象。虽然语言学派的学者反复强调对等不是一种数学上一对一的概念，但这个词本身却难以消除人们对它的这种直观感受和偏见。这批学者几乎只研究翻译文学[①]。文学语言是日常语言的一种创造性运用，通过区别于日常语言而产生美感。在对这样的译本进行描述后，自然会发现那种完全的对等才是更稀有的现象，自然就极力反对对等的概念。图里说对等是“一种描述项，表示具体的目标——两种语言（和文学）间实际表达的真实关系——它隶属于直接的观察”（Toury，1980：39）。肯尼（Dorothy Kenny）对这句话如是评价：“这个定义是将对等视为一种经验的分类，这种分类只能在翻译事件完成以后才能建立。”（Kenny，2004：79）因此图里认为“对等本身并不重要”（Toury，2001：86）。

事实上，系统—描述—文化一脉的学者针对的不仅仅是对等问题，而且是建立在语言对比上的整个话语体系。而首先对这一话语体系提出挑战的是埃文-佐哈：

① 现实中，文学译本相比其他类型的译本而言，数量极少。

> 长久以来，我们不断地遭受着外行、老手或新手陈词滥调的折磨，说翻译不可能和原文对等，语言是千差万别的，文化“同样”参与翻译的过程，当要求译本“准确”，它便倾向于“直译”而失去原文的“精神”，文本的“意义”包括“内容”和“风格”，等等。也不要说方法，那些方法中总是或公开或隐晦地说诸如译本应该是什么样的，或者依据这样或那样的评价规则，译本应该被认为是怎样的。这种事只会在一些会议上发生，在会议上无知的、从来没有接触过当代知识的译者，总在重新发现一些历史悠久、令人惊异的老生常谈的问题。这种事儿在一些所谓的专家聚在一起时也会发生。显然，这部分是由于单纯无知，就如同医学、文学和儿童心理学一样，每个人都是专家，而不去怀疑是否有些东西应该去研究。
>
> （Even-Zohar，1981：1）

埃文-佐哈的这番话显得有点气势汹汹，他要颠覆原作至高无上的地位，将翻译带入两个文学系统间的研究。巴斯内特评价说，这种研究“将翻译研究的重点从无趣的忠实和对等转向考察译本在新语境下的角色。重要的是，它为日后的翻译史开辟了道路，也引领了对翻译重要性的重新评估，翻译是改变和革新文学史的一种重要力量”（Bassnett，2004：7）。不单单是巴斯内特如是评价，通过译本考察意识形态、赞助人、诗学、话语、翻译技巧和文化等问题的勒菲弗尔也说：“我们最终开始认识到，翻译应该在文化历史中占据一个更加主要的位置，而不是现在的位置。”（Lefévere，2004：Ⅻ）历史研究要问的不是一个事件或一种行为应不应该发生或应该怎样发生，而是描述其发生的过程和其后的影响与结果。这也是系统—描述—文化一脉学者共同的出发点。历史研究是一门学科必不可少的组成部分，但翻译文学的发展和影响只是翻译史的一部分。另外，虽然我们可以以史为鉴，通过历史总结规律，但历史所呈现的现象并不能直接成为或替代理论，就好像文学史并不能代替文学理论。而对于历史所呈现的现象，也应是一种单向推导，比如雨果（Victor Hugo）说："当你向一个民族提供一个译本，那个民族几乎总是视译本为一种对自身的扭曲（violence）行为。"（转引自同上：18）这是雨果读诗歌翻译后所看到并描述的一种现象，但反过来，并非说我们在翻译诗歌时就应该去扭曲原诗，甚至扩大到在翻译时应该去扭曲原文。图里把目标语系统作为研究对象，总结出了五类规范①，但它们仍然不是指导实践的方法。有学者评论说："在诸如描述翻译研究和纯翻译研究等其他方法中，对规范的理解更加中性，它是对某个译者、某一流派的译者或整个文化进行翻译实践所生成译本的一种反映。但无论采用什么方法，都可采取同一宽泛的定义来解释。"（Shuttleworth & Cowie，2004：113）这充分说明，规范是对一种或一类具体操作方法、技巧观念的归类，而并非实施方法。如果强行运用于实践，便会遇到很多无法解决的实际问题。笔者将以女性主义翻译观和后殖民主义翻译观为例，对此进行说明。

对原文绝对地位的颠覆，将翻译视为"不忠的美女"（les belles infidèles），给女性主义文学、文化研究者提供了新的研究材料和研究方法。译本对原文的忠实、准确、对等体现出译本第二性、次要的地位，而原文被喻为男权的象征，因此原文和对等正是他们要反抗的东西。在翻译实践上，持女性主义翻译观的译者会为了表现男女平等，突出女性的地位和权力而对相关内容进行改写和创作。弗罗托（Luise von Flotow）借莱文（Suzanne

① 包括初始规范（initial norm）、操作规范（operational norms）、矩阵规范（matricial norms）、文本规范（textual norms）、预先规范（preliminary norms）。

Jill Levine）对卡布雷拉（Cabrera）和其他拉丁美洲作者的作品分析指出：

> 作者自己认为翻译是“一种更加高级的高级阶段”使得她（莱文）能更加容易在生成英文译文时强加和扩展文字游戏和头韵，因为她（卡布雷拉）正是在这些方面“提升”她们的作品。作者（卡布雷拉）偏爱“颠覆的”多样性和开放性的文学风格指引她（莱文）去为女性是一种“颠覆的”因素这一女性主义观书写平行文本。换言之，她对这些作品的主观阅读是她主观对等翻译的基础。
>
> （Flotow，2004：36－37）

由于女性主义观排斥权威（男性），所以持女性主义翻译观的译者倡导译文不依附原文的平行文本。他们也有对等观，但这种对等不是对原文的内容对等，而是对原作者的思想观念对等。但这种理由会造成许多实际的翻译问题，比如，按此思路，我们如果要翻译韦努蒂的作品，就应该进行抵抗式翻译；我们如果要翻译勒菲弗尔的作品，就应该对其原文进行改写。更麻烦的是，如果我们要翻译本雅明的作品，该用什么语言来翻译呢？女性主义翻译观似乎还是证明了只要进行翻译实践，仍然需要对等，只是该理论的对等对象极为特殊。我们更应将女性主义翻译观视为争取政治权利和开展文化研究的一种工具，而非为了解决翻译实践中的问题。

后殖民主义翻译理论同样是建立在一种特殊的文化之中。在《后殖民语境中的翻译——爱尔兰早期文学英译》（*Translation in a Postcolonial Context: Early Irish Literature in English Translation*）中提莫志克（Maria Tymoczko）对爱尔兰史诗《库丘林》（Táin Bó Cúailnge）的英译做了历史回顾。19 世纪到

20世纪初，爱尔兰为摆脱英国的殖民统治，进行了一系列爱国运动和战争。殖民主义不仅仅是军事上的占领和经济上的掠夺，还是文化上的摧残和同化。“和许多被殖民的国家一样，爱尔兰的文化灭绝是殖民主义的一种产物。”（Tymoczko，2004：62）保护民族文化的途径之一，便是保护自己国家的文学，每个民族都有属于自己的史诗。“显然，将《库丘林》翻译成英语的历史变成了一个政治问题……《库丘林》的翻译史——更准确地说是它的不译和部分翻译——成为爱尔兰民族政治成功的一部分。”（同上：82—83）《库丘林》被翻译成英文的政治因素是为了寻求平等的政治地位，通过“翻译成欧洲主流语言，以要求和其他民族史诗一样的权力地位”（同上：93）。但这种民族口头文学的许多特征一旦进入其他文化中，并不能被人广泛接受，所以“把《库丘林》翻译成英语的译者，其任务是尽可能使作品在已经形成的西方史诗框架和文学中，特别是在英语诗歌和文学的框架中能被接受（其实是可与之媲美）”（同上：94）。那么译者要把大量诸如“词语重复、易变、冗长、内部变化”（同上：93）等特点通过各种方式，或删，或减，或改来符合主流文学框架和诗歌特点。但笔者自然联想到中国佛经翻译家道安提出的“五失本”：

> 译胡为秦，有五失本也：一者，胡语尽倒，而使从秦，一失本也。二者，胡经尚质，秦人好文，传可众心，非文不合，斯二失本也。三者，胡经委悉，至于叹咏，叮咛反复，或三或四，不嫌其烦，而今裁斥，三失本也。四者，胡有义说，正似乱辞，寻说向语，文无以异，或千五百，刈而不存，四失本也。五者，事已全成，将更傍及，以腾前辞，已乃后说，而悉除此，五失本也。
>
> （道安，2009：25）

《库丘林》属于向外翻译，而道安是向内翻译。虽翻译方向不同，但都涉及删改，符合译入语的文学框架，目的和手段近乎相同，但道安的翻译并没有服从于政治这个更为宏观的目的，且道安主要从语言比较的角度在谈这个问题。从另一方面说，假如抛开政治因素，将《库丘林》翻译给英语读者看，或者由英国译者主动翻译《库丘林》给本国读者看，他们也许仍然会采取相同的翻译策略。但提莫志克不认为这仅仅是个语言问题，她质问道："研究早期爱尔兰文学且接受过语言学训练的学者和持语言学倾向的译者如何处理早期爱尔兰文本中不熟悉的语言和困难?"（Tymoczko，2004：251）在很多问题上，提莫志克主张持语言学方法的学者都保持"沉默"。提莫志克并不认同维特根斯坦（Ludig Wittgenstein）的那句名言："凡能说的就一定能说清楚，凡不能说的就应该保持沉默。"（转引自同上：258）因为，这会让译者认为"凡能译的就一定能译清楚，凡不能译的就应该保持沉默"（同上：258—259）。她将长期霸占欧洲的语言学学科视为一种霸权。但有趣的是，当为达到政治地位的平等而将《库丘林》翻译成符合欧洲特别是英国文学的框架和诗歌特点时，又会导致"在文化身份塑造上的自我殖民现象"（张景华，2004：102）。另外，为达到反对霸权、为政治服务等目的，文本的内容也会遭到改动。提莫志克并不回避这个问题，她认为：

> 在早期爱尔兰语境中……真实既不是单一的，也不是明确的。在这个意义上，通过重新主张故事实质上的真实，现代文学作家和文学理论摆脱实证主义的阴影，回到了紧贴从大多数人类历史而来的人类传统的真实观念。这种观念与由语言学塑造的真实与准确的价值有很大区别。
>
> （Tymoczko，2004：262）

显然，她并不赞同语言学提出的对等观念，而把真实放在特定的历史语境——早期爱尔兰文学——中去观察，因此后殖民主义翻译理论是一种特殊语境下的特殊理论。对政治霸权的抵抗可以被视为一种特殊的目的，与目的论有暗通之处。诺德所谈及的目的论未来的发展方向，其中一个方向就是“功能翻译与民主”（Nord，2001：135），他认为“翻译情况的变化呼吁译者培养的变化”（同上）。其实后殖民不仅没有逃脱语境，反而将自身局限在历史和政治反抗这一个点上，但语境却不仅限于历史和政治。“从某种程度上说，这些后殖民理论首先关注的并非翻译本身，但它们却给传统的翻译观念带来极大的冲击。”（谢天振，2008：457）因此，我们应承认，在一定语境下翻译活动体现了一种为政治服务的特点，为在文化上争取民族平等起到一定作用，但在具体翻译实践中，仍然还是如《库丘林》的翻译那样，为译入语文化的读者提供一本可接受的译本。

2.3　基于哲学视角的对等研究

在第一章中，我们具体分析过本雅明，提到过奎因，在上节中，谈到了提莫志克反对维特根斯坦。除语言学家、文学家外，还有一类学者在谈论翻译，那便是哲学家。在翻译研究领域，本雅明、奎因、德里达等人都广为翻译研究者所知。不仅是他们，还有许多哲学家都谈论翻译。纵观翻译研究的各类著作，我们也经常能看到西塞罗、施莱尔马赫、叔本华、尼采、福柯等哲学家的名字。甚至当下的很多理论都是受到他们的启发才发展而来，比如韦努蒂的异化翻译的灵感来自施莱尔马赫，女性主义、后殖民主义都受到德里达解构主义的影响。20 世纪的哲学经历了“语言转向”，即通过语言来思考哲学问题。“翻译话题研究之所以成为‘语言转向’[1] 的一个重要组成部分，一个最简单的解释是，翻译是一种‘语言活动’。”（单继刚，2007：4）因此哲学家是从语言的角度来探讨翻译的。那么，哲学家如何看待文本？他们的思想对翻译研究以及翻译实践产生了哪些影响？

翻译的出现是因为说两种不同语言的人需要相互交流。无论是书面翻译还是现场口译，译者的任务就是将书面的或口头的意思传递给读者或听众。古希腊神话中有一位信使叫赫尔墨斯（Hermes），他专门负责为人类传递上帝的指示。这种传递就是翻译。今天的“hermeneutics”（解释学）这个英文单词就由此而来。因此伽达默尔（2003：476）认为：“每一篇翻译，甚至是所谓的直译也是一种解释。”但解释的前提条件是理解。所以所有的问题集中在理解何以可能这个问题上。从事实经验看，理解是可能的。毕竟每天人们都在交流，都在阅读，相信没有人会怀疑理解的可能性。但理解这个词本身和对等一样，让人自然地产生偏见。就好像翻译中不可能产生绝对的对等一样，理解也不可能是绝对的，毕竟，我们也常常误解他人的意思。所以哲学家从理解可不可能以及理解的程度展开了研究。对理解的研究从某种意义上讲就是对对等可能性的研究。[2] 而在理解的可能性问题上，本书将谈及三位代表人物：伽达默尔、德里达和巴特。

伽达默尔（2004b：498）指出：“在对某一文本进行翻译的时候，不管翻译者如何努力进入原作者的思想情感或是设身处地把自己想象为原作者，翻译都不可能纯粹是作者原始心理过程的重新唤起，而是对文本的再创造，而这种再创造受对文本内容理解的指导，这一点是完全清楚的。”从这一点上，伽达默尔事实

① 指哲学的“语言转向”。

② 因为翻译中要达到对等需要经过两个步骤，一是理解，二是表达。理解从绝对可能到绝对不可能的过程实际上就是对等从绝对对等到绝对不对等的演变基础。

上否认了绝对的理解，也间接否认了绝对对等的可能性。但这一点并不意外。即便本国人读同一本本国文学作品都会产生不同的理解。这与我们的前理解相关，而前理解的形成关乎我们个人的成长背景、人生经历、过去的阅读情况、个人的审美观等复杂的因素。它类似于图里所说的初始规范（initial norm）。虽然图里是从生成译本的角度在谈论初始规范，但前理解和初始规范谈论的都是理解者和译者先在的主观意识。因此伽达默尔（2004a：257）说："我们只能从文本的整体去理解其个别，并且我们只能从文本的个别去理解其整体——应用于历史世界。"但伽达默尔（2004b：612）的意思并非说解释可以五花八门，他认为"在每一场真正的对话中，我们都要考虑到对方，让他的观点真正发挥作用，并把自己置身于他的观点中"。有学者对这句话的解读为："在理解和翻译中，译者绝不能将任何原文不存在的意义强加于文本，而是要找到最好的方式使在一种语言中表达的内容在另一种语言中得到表达。记住这一点很重要，解释者的任务是努力站在被解释者的总的方向内并在解释中继续朝着这个方向去努力。"（单继刚，2007：55）所谓"总方向"，应从两个方面进行理解：第一，没有绝对的理解，所谓的理解都是朝着一个大方向进行；第二，译者的前理解无法完全与文本相同，但能够，也需要在大方向上与文本一致，否则超出译者认知范围的内容就不能理解。而这一切的根本在于伽达默尔认为语言是有确定意义的整体。这样，翻译中对等的基础也就自然产生了。而我们要追求的就是在总方向上的对等。至此，我们似乎已经看到了伽达默尔与奈达、科勒、皮姆等人的暗通之处，但德里达反对这种语言意义的确定性。

虽然德里达并非翻译研究学者，但他的解构思想对翻译研究影响甚大，其本人的思想和后来者的研究成了翻译研究中的一个流派。德里达说："如果要我给'解构'下个定义的话，我可能会说'一种语言以上'。哪里有'一种语言以上'的体验，哪里就存在着解构。世界上存在着一种以上的语言，而一种语言内部也存在着一种以上的语言。这种语言的多样性正是解构专注与关切的东西。"（德里达，2001：23）这说明德里达研究的对象是语言的差异。所以他认为两种语言之间存在着不确定性，借此来批判形而上学。但从翻译学者已有的研究来看，他们把意义的不确定性作为抵抗甚至颠覆文本的理由和基础。但我们不得不思考一个问题，如果意义是不确定的，那我们如何确定德里达表达了"意义是不确定的"这个含义？德里达用法语书写，而大多数国内的翻译研究者是通过德里达的中译本和一些英译本了解德里达。戴维斯（Kathleen Davis）在《解构与翻译》（*Deconstruction and Translation*）中声称"主要关注德里达的作品"（Davis，2004：1）来讨论解构和翻译的问题，但翻看参考文献，我们发现引用的大部分德里达的作品都是被翻译过的英译本，不少中国学者的研究又是建立在这些被翻译过和被分析过的德里达之上。如果意义没有一个基本的稳定性，那我们不得不怀疑，我们是在研究德里达和解构吗？德里达的一句被广为引用的名言是"Il n'y a pas de hors-texte"，英语世界将其翻译为"there is nothing outside the text"，中文继而翻译为"文本之外别无他物"。戴维斯对"Il n'y a pas de hors-texte"这句话如是评价："这句话指出，意义——不仅仅指我们所说、所读、所写的意义，而指任何意义——是一个语境事件。意义不能在特殊语境之前或之外被抽取或存在。"（同上：9）换言之，意义是在语境中产生的。如果语境变了，意义就变得模糊了。时间和空间是不断持续变化的，也就是意义在发生的那一刻，周围的语境就开始发生变化，意义因此开始不在场。离那个语境渐行渐远的状态便是延异（différance）。延异状态持续的时间越长，意义就越难被重新放回发生时的语境中，因此对后来的读者和译者而言也就越模糊，越难以被确定。因此“德里达提醒说，延异不是一般意义上的一个概念或一个词；我们不能给它一个具体的‘意义’，因为对于意义来说它是一种可能的状态，它是自身运动和连接方式的效果”（同上：14—15）。因此，我们不应该说“德里达说意义是不确定的”，而应该说“德里达说，只有在其发生的时间和空间（或者说是发生的语境中）意义才能被确定”。也正如贝克（Baker）所言：“了解原语和译语语言在语义结构上的不同能使一个译者去评价词汇运用中一个词的价值，如果你知道其他词也适用于这个词汇使用的方式，并且了解作者如何比较这些被选用的词，你就能欣赏作者的选择，不仅能读懂它是什么，还能知道它不是什么。”（Baker，1992：19）我们常常误解德里达是因为我们把德里达所言的“文本”仅仅视为要被理解或被翻译的那个实实在在的文本。但德里达曾自我辩护说：

> 我所说的“文本”包括“真实文本”“经济文本”“历史文本”，以及社会制度结构，简单来说就是所有可能的指示物。再以另一个角度看“文本之外别无他物”，这句话的意思并不是全部所指对象都被悬隔，都被否定，或都被包含在书中，他们不仅天真地自己这么认为，而且还指责说我也这么认为。可我这句话的意思是：每一个所指对象，整体的真实，都具有由不同踪迹构成的结构，如果你不具有一种解读经验，你就不可能看到这个“真实”。
>
> （Davis，2004：24）

所以解构实际上是一种阅读方法。德里达所说的文本实际上可以被理解为语境，他本人后来也将他那句名言修改为“there is nothing outside context”（转引自同上：9）。德里达实际上想告诉我们，当我们拿到一个文本时，这个文本由于延异的关系，意义变得不那么确定了。原意虽会随时间的流逝和空间的变化变得模糊，但总会留下一些痕迹（trance)。“每个概念都刻在一条语迹链或一个系统之中，而在系统中，通过差异的系统联系，每个概念都指向其他一个又一个概念。”（同上：13）如果我们要关注语境，就要重新找到意义发生时的那个时空点。语境又可被我们分为文本内语境和文本外语境。文本本身的语境指上下文，文本外的语境指历史、政治、经济、文化等。无论在翻译实践中还是翻译研究中，对原文或某些研究材料不能理解或错误理解，是因为没有关照到相关语境。比如，一位学者为证明意义是难以确定的，就以《文心雕龙》中“文情难鉴，谁曰易分”（黄维樑，2014：66）来作为佐证。乍看是有理有据的，但实则不妥。回到《文心雕龙》中，此句出自第四十八章《知音》篇。“《知音》篇包括四个部分，主要论述鉴赏、批评之难和克服鉴赏、批评之难的途径和方法。”（刘勰，王志彬译注，2012：548）所以原作并非在说文本是“文情难鉴，谁曰易分”的，而是想说，虽然文情难鉴，分析起来不容易，但仍然有办法：“凡操千曲而后晓声，观千剑而后识器；故圆照之象，务先博观。”（同上：554）就是说要搞清真相必须多读。这条古训着实中肯而实用。原作是特定语境下的产物。当在文本之内无法确定其意义时，必然就要进入更大的文本，即所处的语境中去寻找答案。有时是通过作者的生平经历，有时是通过作者的其他文章，有时是通过作者同时代的其他作品，有时是通过作者所在社会的历史文化背景等。反过来，原文本也是这个大文本中的一部分，在这个大文本中与其他文本相互印证。这一点与伽达默尔确定意义的方式如出一辙——意义“在发生冲突的情况下，应该由更大的语境决定问题”（伽达默尔，2003：79）。因此，德里达是向我们提供了寻找意义对等的方式，让因时空久远而模糊不清的意义重新在场。对于那些时空离我们都不算远的现当代作品，确定其意义则应更加容易。

但人们对原文意义的颠覆不仅仅来自德里达，还来自另一位哲学家巴特（Roland Barthes）。有学者认为："在'作者已死''读者反应'备受重视的今天，我们不必寻回作者的原意；而的确已死的古代作者，我们也实在不知道他写作时的原意是什么。"（黄维樑，2014：66）这里的"作者已死""读者反应"正是巴特的观点。但巴特真的认为不用管原意吗？相比德里达，巴特并没有专门论述翻译，谈论的也不是语言问题，而是在论述文学的阅读和写作理论，这一点我们必须首先牢记在心。

> 不是要否认个人与语言或文本事件之间必要的联系，而是要否认在迄今为止西方话语中，"功能"或"角色"对单一独立、有目的的译者的有效性，译者被视为是"意识"或所有知识的源头；被视为一个发起者，目的的策划者，以及（基于他/她的意图的）文本形式和意义的决定者；被视为"中心"，或者传统文学批评和文学史中组织原则的重要因素。
>
> （Abrams & Harpham，2010：281）

因此"作者已死"并非不承认作者和文本的关系，而是认为作者不是文本意义最中心和唯一的因素。文本形成后，也自成一体，表达意义。我们在阅读文本时也是直接通过文本了解意义，而非在作者的指导下了解文本的意义。译者在翻译过程中忠实的对象是文本，对作者的忠实也是通过文本来实现的。有翻译家就说："我的目的还是要让不懂原文的读者通过我的译文知道、了解，甚至欣赏原文的思想内容及其文体风格。"（曹明伦，2013：128）同时，也有翻译家，如葛浩文称要忠实再现作者的意思，他本人就常与作者交流。[①] 且在版权保护的时代，只要作品在版权保护期内，译者就无法丢开作者和作者的意图。因此无论是通过文本来接近作者还是与作者直接交流，其目的都是确定其文本的意义。虽然前者难免会带有译者的主观性，但确定作者所作文本的意义这一大方面是不变的。因此，以“作者已死”来说明原文意义的不确定性似乎并不合理。

① 参见《翻译家葛浩文：莫言对译者很体贴》，载《东方早报》，http://news.163.com/13/1016/10/9BA4J32S00014AED.html。

第三章 文化、意识形态与权力：社会视角下的翻译研究

上一章，我们讨论了翻译研究的内涵问题——对等。本章我们将把视线放在翻译研究的外延问题上。当下的翻译研究已不再把翻译过程当作一个重点问题进行研究。研究者把重点"从主要的语言/符号观转向更加宽广的'语境化'的理解，不仅仅是翻译，而是所有的文本作品"（Simeoni，2005：5）。语境的概念可大可小。狭义的语境指一个文本中的上下文。广义的语境指整个社会中的政治、经济、历史、文化等，如系统—描述—文化派主要在文化的语境中开展研究，女性主义主要强调政治权利，后殖民主义注重历史研究。当然，这种划分并不绝对，广义语境中的各个因素往往你中有我，我中有你，相互影响。翻译研究从传统的语言对比研究，到狭义的语境和语言功能研究，到文化研究，再到今天进入广义的语境研究，产生了社会学视角。在翻译研究史上，社会翻译研究是霍姆斯提出来的，他笔下的社会翻译研究指"诸如在特定的时间和空间里，什么文本被翻译或不被翻译，何种因素对译本产生影响"（Holmes，2000：117）。而今天的社会学视角已经深入对翻译过程的制约。很难说翻译研究什么时候开始了社会学视角，它与描述翻译学几乎同时发生。当描述翻译学把翻译当作一种文化事实来看待时，翻译也就同时成了一种社会事实，因为社会是一个比文化更加宽泛的概念。当 A∈B 且 B∈C时，A∈C。这种概念的扩大并非毫无疑义。翻译是一种社

会行为，翻译研究归属人文社会科学，且越来越成为一门跨学科研究，为了最大限度和有效地使用各种理论、视角和研究范式，自然需要一个足够宽泛的领域来将它们囊括在内。而社会视角是最大的语境范围，可以把所有的人文科学都囊括其中，翻译研究在整个人文科学中，再也没有边界问题。学者不断向我们强调“任何人类活动都受到社会的关照”（Simeoni，2005：8）。但在切入社会视角之前，我们还必须区分社会视角和社会学。社会视角指所有人文科学，包括语言学、文学、历史学、人类学、人种学、社会地理学、政治学、经济学等，当然也包括社会学。而社会学是一个独立的学科，把整个人类的社会结构和活动作为研究对象，当然，它也与上述各门学科有交叉。本章将从文化、意识形态、权力、社会过滤器这四个社会视角中与翻译研究高度相关的几个方面来考察社会视角下的翻译研究。

3.1 文化与翻译

3.1.1 文化转向中文化的含义

当我们谈论翻译研究的文化转向时，即表示翻译研究中的研究内容发生了转变，由过去的语言研究转向文化研究。研究对象也由原来的翻译过程、翻译教学和译本质量评价转向翻译文学。其本质是从文化角度来研究文学，而翻译文学是文学中的一种。从文化视角研究文学不是件新鲜事，早在20世纪80年代初，就有学者说：“现在谈文化的人多，谈什么是文化的人少。文化似乎成了一个无所不包的大口袋，什么都可以往里面装。装是装进去了，可口袋也给胀破了。”（钱理群、黄子平、陈平原，1986：84）于是我们首先不得不面临一个问题，即“什么是文化”。美国人类学家克罗伯（A. L. Krober）和克拉克洪（Clyde

Kluckhohn）在 1952 年出版的《文化：对概念和定义的评论》（*Culture: A Critical Review of Concepts and Definitions*）中对文化有 160 余条定义。如此多的定义一方面说明文化的复杂性，另一方面给我们讨论什么是文化带来了很大的麻烦，因为研究者很难站在一个平台上对话。而对文化最普遍也最具概括性的解释是："文化是人类知识、信仰和行为的整体。文化包括语言、思想、信仰、风俗习惯、禁忌、法规、制度、工具、技术、艺术品、礼仪、仪式及其他有关成分。文化的发展依人类学习知识和将知识一代代传下去的能力而定。"①。基于这个定义，我们可以有以下两点推断：

第一，文化不是一种具体的现象，我们可以说水墨画属于中国文化，旗袍属于中国文化，中餐属于中国文化，古筝、二胡属于中国文化，但文化是个抽象的、概念化的东西。可以说，我们的任何行为和观念都是文化的体现。因此文学、语言、翻译都属于文化行为。所以我们批评语言学派翻译研究说其不重视文化因素，认为"语言概念上的翻译仅仅只是替代和转码"（Snell-Hornby，1990：85）是不正确的。他们的行为从来没有脱离过文化，语言学派的翻译学者对功能、语用、读者感受的关注更加凸显出他们对文化的重视。只不过在"'文化研究'中，历史文化本身的各种元素不再是论述文学意义的简单背景，它们各自都已成为研究、考察的对象"（李怡，2016：170）。当文化要素的地位从研究背景变为研究主体时，传统文本本身作为研究对象的分量和核心地位自然受到挤压。文本的概念也由原来的文学作品变为一种囊括了文化中各种因素的文本，或者说，整个社会因素

① 参见中国大百科全书出版社《不列颠百科全书》国际中文版编辑部：《不列颠百科全书》国际中文版（修订版）第 5 卷，北京：中国大百科全书出版社，2007 年，第 56 页。Also see J. E. Safra & J. Aguilar-Cauz: *The New Encyclopedia Britannica* Vol. 16, Chicago: Encyclopedia Britannica, Inc., 1989, p. 874.

都变成了一个大写的文本。这也是为何勒菲弗尔和巴斯内特对“语言学家把翻译单位从单词转移到文本”的努力不屑一顾，表示“仅此而已”（Lefévere & Bassnett，1990：4）。他们倡导把文化因素作为研究对象，将翻译的单位转向文化。

第二，文化的运用和发展与人本身的学习能力有关。虽然在翻译研究中，我们经常谈到译者，但更多的是从译者的身份、地位、主体性、伦理等方面进行研究，而几乎不涉及译者的能力问题。那么，翻译能力，尤其是文学翻译能力可教吗？这个问题将在后文辟专门章节进行讨论，但为讨论文化对翻译的影响，有必要在此简要说明。翻译是一种创造性活动，这已是一种共识。策德内斯（Jonas Zdanys）认为“创造性过程不可教”（Gentzler，2004：7），但理查兹“坚持认为由文本组成的翻译领域有一种基本的‘实体经验’（body of experience），有（少部分精英）读者能够认识到；通过特定的训练，可以达到一种一致，理解到那种感觉可能是什么”（同上：13）。笔者认为，从创造力和审美的角度说，译者的一部分能力是先天的。有些人天生对某些方面比常人更加敏感，如果这部分人受到良好的训练就能成为顶尖的译者。但天赋不可求，也无法量化研究。不过普通人经过培训也能有所提高。举个例子：

凯斯（Daniel Keyes）有一部经典科幻小说《献给阿尔金侬的花束》，讲述了人与人之间的各种情感和关系。大意是讲一个笨蛋通过一项手术变得很聪明，但有一个副作用是脑子会退化得很快。给他做手术的科学家要求他写报告，汇报自己的情况。当他还是笨蛋时他认为周围的人都很好，过得也很开心。但当他变聪明后，烦恼接踵而至，身边的人开始嫉妒他的聪明，而脑子的快速退化也让他的爱情亮起红灯。而当他又变回笨蛋回到原来的生活后，又得到了身边人的同情。最后，他带着几本书离开了生活的地方，希望有一天重获智力。如果西方读者读这部小说，他们也许会联想到《圣经》失乐园的故事。亚当、夏娃偷吃了禁果变得聪明，却被逐出乐园，失去了原来很多的美好，而人类也希望通过自己的努力最终得到救赎。科幻故事立刻变得富有文化意义。这便是文化联想。就如同中国诗词中的月亮代表思乡、茱萸代表思亲一样，西方读者读到或是观看《指环王》也许就会想起《尼伯龙根的指环》。这便是文化，它是由知识、信仰、行为所构成的整体。这部分内容在译者培养时当然可教，但笔者以为，我们所教授的不应是知识，而是方法。因为文化太复杂，太广博，随时在变化。即便是本民族文化下产生的文学作品，也要靠文学批评家的评注才能让大多数普通读者了解其深意。因此文化是需要习得的。假定一个译者有良好的双语能力，那么比拼的就是对原文文化和译文文化理解的多少和深浅。而理解文化的目的不是为了翻译文化，而是为了更好地理解和翻译原文。

总而言之，根据上文所引《不列颠百科全书》中的定义，文化是知识、信仰和行为的整体，具有可习得性。在翻译界没有对文化做出严格定义前，以权威工具书中的定义作为研究的基础是比较保险和可接受的方式，为下面文化翻译的讨论提供了一个基础。

3.1.2　文化翻译

既然巴斯内特倡导以文化作为翻译单位，那就必然存在“文化翻译”这个概念。许多研究者都在用这个概念撰写文章①和以

① 如谢建平.《文化翻译与文化“传真”》，载《中国翻译》，2001年第5期，第19—22页；杨蒙：《语境顺应与文化翻译》，载《外语教学》，2006年第3期，第87—89页；儒风：《〈论语〉的文化翻译策略研究》，载《中国翻译》，2008年第5期，第50—54页。

文化翻译为研究对象撰写博士论文①。但什么是文化翻译？首先我们来看看大家怎么说。

刘宓庆（1999：83）认为："文化翻译的任务不是翻译文化，而是翻译容载或含蕴着文化信息的意义。"谢建平（2001：19）说："文化翻译是指在文化研究的大语境下来考察翻译，对各民族间的文化以及语言的'表层'与'深层'结构的共性和个性进行研究，探讨文化与翻译的内在联系和客观规律。"蔡平（2005：77）在考察了一系列文献对文化翻译的理解后总结道："我国大多数文献在使用'文化翻译'这一术语时，其所指含义是'原文中特有文化内容/因素的翻译'"，并认为"翻译的基本原则是'信'（faithfulness），文化翻译（指文化内容/因素的翻译）作为翻译的一个次范畴，当然应该遵守翻译的基本原则。"

"严格来说，一切学术的真正起点应是对'问题'的发现和解决……尤其是不能简单地用西方的理念对中国学术进行抽象。"（李怡，2015：177）斯内尔－霍恩比在鼓励我们"放弃"（abandon）（Snell-Hornby，1990：85）语言转换转向文化后便无下文，勒菲弗尔和巴斯内特在倡导将文化作为翻译单位后，也没有给出具体操作的方法。从以上三位中国学者的定义和定义所在的文章、著作中，我们除了看到一遍遍强调文化对翻译很重要，看到一条条规则和策略外，并没有看到对文化翻译的统一认识，也没有看到对文化翻译实例的充分描述和文化翻译操作实践的具体方法。

上一节中，我们对什么是文化进行了定义，同时，文化学派强调翻译单位应该超越语言。确定何为翻译单位，自然就是将什么作为翻译的对象。根据这个思路，由知识、信仰和行为组成的文化就是翻译的对象。但上文所引的刘宓庆却说文化翻译不是翻

① 如蔡平：《文化翻译研究》，长沙：湖南师范大学，2006 年；迟庆立：《文化翻译策略的多样性与多译本互补研究》，上海：上海外国语大学，2007 年。

译文化，谢建平把文化翻译看作一个大语境，蔡平把文化当作翻译的一个次要范畴。这一切都说明学者们仍然把文化当作翻译的背景，而非研究的主体和中心。的确，文化作为一个抽象的概念，是隐藏在语言或其他承载形式背后的，文化转向以后的各门各派也都是通过研究译本来凸显文化因素。因此，从实践层面上讲，文化不可能成为一个翻译的单位，而仍然是一个大语境、一个次范畴、一些文字或其他载体中表现出来的信息。这便是文化翻译的本质。

讨论完本质，便应概括其研究方法。王秉钦（2007：10）认为，文化翻译“应当从文化的全方位，即从复杂而又处于动态多变过程中的整个文化场中考察语言翻译，发掘翻译中一切文化因素，并从翻译中反观文化。它的研究范围有多大，又怎样做出界定，最终只能依靠探索和实践来解决”。不难看出，文化翻译的核心对象仍然是语言翻译。这也再次说明语言和文化是不分家的。没有没有语言的文化，也没有没有文化的语言，但文化必须通过语言这个载体才能表现出来。正如有学者指出的那样，“真正懂得某种语言就是充分了解那种文化”（Cronin，2006：54）。语言在翻译中的核心地位并不因为文化翻译而动摇。当然我们的确在相关理论中听到要颠覆原文、改写原文，甚至对原文施加暴力。但有学者批评说：

> 翻译是一种文化活动，即文化的存在方式……但在这一历程中，也出现了不应有的现象——无论政界将其作为政治工具，还是学界的翻译研究，翻译的演变均存在激烈的话语权争夺问题：一方树立并延续自己的话语霸权，另一方为打破这种话语霸权而抗争。解构学派的兴起，女性翻译学派的诞生，后殖民主义学派的出现，均说明了这一事实。
>
> （付黎旭等，2015：83）

因此，我们需要区分到底是以翻译活动作为研究对象，还是借翻译实现其他目的。不仅仅是翻译，任何活动都属于一种文化活动，也都是文化的存在方式，因为文化的概念中本来就包括人类行为。所以任何活动也反过来受到文化的影响。而文化对于语言来讲，是通过象征的方式来表现的。“怀特[①]认为，文化起源于我们祖先获得了使用象征符号的能力，也就是说，发明或者赋予一种物品或事件某种意义，并且相应地掌握和欣赏这种意义的能力……象征通常是语言的。”（康拉德·菲利普·科塔克，2001：929－293）我们通常所说的翻译也是语言的，翻译和文化的关系是象征关系。所以，笔者不赞同将文化视为翻译单位，也不建议使用由此而来的文化翻译。因为翻译界对到底什么是文化还没有清晰的定义，对延伸出来的文化翻译也没有统一的认识。但如果把文化翻译这个术语看作已经存在的事实，笔者认为应作如下定义：文化翻译指当原文本有文化象征意义时，译文文本也应表现相应的文化象征，通过翻译产生目标语读者可接受的象征意义，达到文化传播的目的。

这里所说的文本是个多层次的概念，小到词句，大到篇章。原文文化和译文文化如果相差较大，往往很难找到相同的象征，所以译文中的文化象征与原文中的文化象征之间的对应主要应考虑功能对应。同时，文化并非一个静态的现象，而是一种动态的系统，其中任何一个因素的改变都可能引起整个文化形态的改变。因此，对译者而言，除了具备良好的双语能力，还要具备良好的跨文化交际能力。双语能力是文化象征有效传达的保证，而跨文化交际能力不仅仅是了解两种语言背后的文化，还涉及进行文化迁移，解决文化冲突，让原文所表达的象征意义能够被目标语读者接受。如果只考虑传达而不考虑接受等方面，以翻译进行

① Leslie White（莱斯利·怀特），美国著名人类学家。

文化宣传和推广时，便会遭遇失败。

3.1.3　文化翻译的实践探析

3.1.3.1　文化缺省与文化补偿

文化缺省（cultural default）和文化补偿（cultural compensation）是文化翻译中常见的一对现象。语言的象征意义是由所在的文化造成的，因此，每种象征都深深扎根于自己的文化系统之中。不同文化之间越疏远，语言的亲缘关系也就越远，所负载的象征意义也就差别越大。原文作者的读者群都是本国读者或学习过该国语言文化的人，作者和读者共享着同样的文化语境，包括共同的神话、民间传说、信仰、社会规则等。因此，“原作者为了提高交际效率或增加审美效果而省略了一些文化信息”（曹明伦，2012a：119）。由于文化联想的存在，原文读者并不会对这种省略感到不解。但经过翻译后，原作者和译文读者之间失去了共同的文化语境，仅仅通过语言的转换无法让译语读者得到与原语读者相同的文化联想。这时就要进行文化补偿，“以恢复译文和原文之间的平衡”（Steiner，2001：417）。而补偿的过程常常涉及改编（adaption）。奈达和泰伯就曾对文化翻译产生的译本有过这样的描述：“在这种译本中，信息的内容被改变，以在某种程度上满足接受者的文化需要，并且/或者使原文中没有以语言表达的信息在译本中被表达出来。”（Nida & Taber，2004：201）奈达和泰伯事实上为我们进行文化补偿提供了两种方式。

第一种方式是用目标语读者可接受的方式，适当修改文本内容。它类似于赫维（Sándor Hervey）和希金斯（Ian Higgins）提出的交际翻译（communicative translation）和文化移植（cultural transplantation）。交际翻译指“在目标语中用符合语境/情景的文化对等表达来替代原文表达”（Hervey & Higgins，

1992：248）。文化移植“是一种极端的文化置换。原文的内容被译文本土的内容取代，不是一种字面对等，而是一种文化内涵的相似”（同上：29）。这两种文化补偿的目的，都是让译本更靠近译语读者，让译本的语言文化陌生感降到最低。例如，当我们教育孩子不要随便说谎时，我们可能这么说：“那个‘烽火戏诸侯’故事中大王的遭遇让我们认识到常说谎的人即使所言属实，也无人会信。”从小熟悉“烽火戏诸侯”这个传统故事的中国学生，马上就能联想到整个故事情节，并对上面这句说教产生共鸣。但如果是翻译成英语给外国人看，无论我们如何翻译“烽火戏诸侯”，不了解这个中国传统故事的外国读者都无法明白在讲什么。翻译中，把整个故事全部讲一遍显然不合适。因此，也许译者会把这句话换成“那个爱开玩笑的牧人让我们认识到常说谎的人即使所言属实，也无人会信”。英语世界的读者也大多听着《伊索寓言》长大，他们都知道那个牧人戏弄村民，喊“狼来了”，最后等狼真的来了，需要求助时，没有人再相信他。但无论是奈达和泰伯还是赫维和希金斯都不将这种现象视为忠实的翻译，而是一种“改编”（Nida & Taber，2004：134；Hervey & Higgins，1992：30）。笔者以为，将这种现象从忠实翻译的范畴剔除并不恰当。作为文化补偿的一种方式，这种“改编”是为了保证整本书在大的文化语境和功能上的对等以及跨文化交际的成功。但笔者并非说文化翻译就是，或者就需要改编。这种补偿的方式应以必要为限。

第二种方式是将原文没有以语言表达的信息在译文中用语言进行表述，实际上就是增量翻译（thick translation），或曰深度翻译。阿皮尔（Kwame Anthony Appiah）将深度翻译定义为“以脚注和附属注释把文本置于丰富的文化和语言语境中”（Appiah，2000：427）。曹明伦进一步把深度翻译分为显性深度翻译和隐性深度翻译。显性深度翻译与阿皮尔的深度翻译相同，主要采取加注的方式进行。而隐性深度翻译指“在正确判断译文读者认知语境的前提下，在译文正文中增加原文有其意而无其词的说明性文字，从而使译文更接近原文，或者说使译文对译文读者的影响方式和程度更接近原文对原文读者的影响方式和程度”（曹明伦，2014：112）。而无论是采取显性还是隐性深度翻译，都取决于译者对目标语读者群的判断。例如，也许今天我们翻译“香榭丽舍大街”就不用采取隐性深度翻译译作“法国巴黎的香榭丽舍大街”，我们谈及“牛顿”也不会再加注释，说明他是英国物理学家，发现了万有引力。但反过来，国外读者读中国文学时“相当于我们当年严复、林纾那个时代的读者水平”（曹明伦、谢天振，2015：13）。谢天振提出“时间差”（同上）这一概念。当两种不同的文化经过一定时间的交流，最终能相互了解对方的文化和语言文化中的象征，那么这种深度翻译就会慢慢消失。

无论是改编还是深度翻译，作为文化缺省和文化补偿的两种方式，都是为了实现一种归化策略，帮助目标语读者越过文化鸿沟，进行无障碍的阅读和理解。但有时，我们能做到让读者无障碍阅读，却无法做到文化补偿。2016 年里约奥运会上，中国游泳运动员傅园慧的一句“洪荒之力”便引起了网友对翻译的讨论。记者问刚参加完比赛的傅园慧“今天是否有所保留”，傅园慧回答“没有，我已经使出了洪荒之力了”。这句话把许多中国观众，特别是一群年轻的中国观众逗乐了。但如何翻译“洪荒之力”呢？中国地震台网在微博上向网民科普，说“洪荒”是指地球形成以后的早期状态，地壳运动、大气逐渐形成等说明了洪荒之力的强大。因此中央电视台将之翻译为“prehistorical powers”，而英国广播公司（BBC）将“洪荒之力”翻译成“powers strong enough to change the universe”。无论是中央电视台的翻译还是英国广播公司的翻译，最多让外国观众认为她是一个开朗、享受奥运的运动员，但无法体会到中国观众为什么被逗乐。从文化翻译的角度，以上两种翻译都是失败的。“洪荒之力”从何而来，为何会突然成为一个流行词？其原因不是傅园慧说了这句话，她也只是借用。在傅园慧说出这句话不久前，中国刚刚热播完一部仙侠青春偶像剧《花千骨》。“洪荒之力”在该剧中指一种“妖力”，一旦被释放，将毁灭世界。在电视剧热播期间和之后，就有大量影迷开始使用“洪荒之力”这个词，该词成为网络热词。傅园慧作为20岁的年轻女孩，想必也追过这部剧，才会使用“洪荒之力”。“洪荒之力”受电视剧的影响成为一个文化符号，看过它的观众在听到傅园慧的采访回答后，产生联想，引发趣味性。而英国广播公司实际上是把洪荒之力作为了一种夸张的修辞，中央电视台则是将之作为一种知识进行翻译。对于新闻报道，我们无法加注，后面拖着一整部电视剧的文化联想也无法进行隐性深度翻译。因此，文化词的翻译常常会带有一种遗憾。但退而求其次比较英国广播公司和中央电视台的翻译，英国广播公司的译文也许更佳，因为抓住了这个文化词的核心“改变世界的力量”，而中央电视台的“史前力量”对于想要了解的听众而言，还需费时去查询什么是史前力量。

3.1.3.2　抵抗式翻译

施莱尔马赫（Friedrich Daniel Ernst Schleiermacher）指出：“只有两种翻译方式。要么译者让作者不动，尽可能让读者向作者靠拢；要么译者让读者不动，尽可能让作者向读者靠拢。”（转引自 Venuti，2004：19－20）上一节中的文化补偿就属于后一种情况。而前一种情况则是接下来要谈到的抵抗式翻译（resistant translation）。抵抗式翻译也称作异化翻译（foreignizing translation），是韦努蒂提出的一种翻译方式。韦努蒂反对一种透明的归化翻译。透明的翻译反映出两个问题：一是语言和文化的霸权主义，如西方的英语；二是译者长期的隐身地位。韦努蒂认为：“‘异’在异化翻译中不是外国文本中本质的一种透明的表达，也不是文本本身的价值，而是一种策略性的构建，它的价值在目标语语境中依情况而定。异化翻译表明国外文本的不同，然而，只是通过打破在目标语中流行的文化语码来实现。”（同上：20）

因此我们很清楚地看到，异化不是一种文本上的目的，而是一种文化上的目的，是为了打破一种文化霸权。“通过提示读者翻译过程中的得与失和两种文化间不可逾越的鸿沟，一个译本应该处在不同文化出现的地方，处在读者瞥见文化他者的地方，抵抗作为一种翻译方式建立在不连贯性的美学基础上，可以最大限度保留差异和他者。”（同上：306）以上引文均出自《译者的隐身——一部翻译史》（*The Translator's Invisibility: A History of Translation*）。从书名就能看出，韦努蒂做的是历史研究，从历史现象中看到译者身份的问题和语言文化的霸权问题，因此反过来提出了异化的概念。这是一种理论和逻辑上的反思，但留给我们的问题是如何去做。

当我们进行异化和抵抗时，通常应该有个参照系或者目标。比如我们看到高鼻子、蓝眼睛的人，便会说这是外国人，因为显然他与我们不同。但翻译中并非如此。原语读者读原文时，是没有一种文化陌生感的。而一名合格的译者必然对两边的语言和文化都较为了解，他们可以感觉到文化差异，但同样不会有强烈的文化陌生感。所谓异化或抵抗是译者在两种文化进行权衡后，所保留的原语文化中的那部分让目标语读者产生异化感的东西。目标语读者读到译文后，所获得的感受与原文读者并不相同。但这种异化感并不能保证一定会对译语读者具有吸引力，它也有可能使译文受到读者排斥。韦努蒂写《译者的隐身——一部翻译史》，部分原因也是他翻译的卡图卢斯（catullus）的诗歌没有得到英语世界的认可。另外，相比原语读者，译语读者多了一份陌生感，这会导致读者对原文和原作者理解的偏差。这也是一种必然结果，因为“对于译者而言，异化翻译实践作为一种写作实践其价值总是在文学术语中反映出来”（同上：310）。异化翻译是保留原作的风格情调。但事实上，异化翻译会因刻意抵抗译入语文化而把转换任务变成一种写作任务，最终导致事与愿违。同时，异化翻译在实践中并不能如韦努蒂所愿让译者显身。对不懂原文的读者而言，如果他们相信一个译本是合格的，那么无论里面表现出什么样的异化感，通常都会认为原作本就如此。除了会带来对原作认识的偏差外，读者很难想到这是译者写作的结果。有没有实施抵抗翻译，除非进行专门的文本对比阅读，光凭阅读译文，读者很难判断。译者想显现在读者面前，和原作者享有同等的地位和声誉实难做到。

此外，笔者还自然联想到谢天振的“创造性叛逆”这个概念。无论是抵抗式翻译还是创造性叛逆，从名称上都给人一种为了文化因素要颠覆原文的感觉。但谢天振指出：

> “创造性叛逆”并不是一个用来指导如何进行翻译的方法和手段……就译者而言，尤其是一个认真、负责的译者，他主观上确实是在努力追求尽可能百分之百地忠实原文，尽可能百分之百地把原文的信息体现在译文中，然而事实上这是做不到的，译文与原文之间必定存在着差距。这个差距也就注定了翻译中必定存在着创造性叛逆这个事实。
>
> （谢天振，2013：162）

但学者们似乎都选择性忽略了谢天振的解释，并从“创造性叛逆”这个概念阐释出各种颠覆论。于是谢天振不得不再次站出来解释说：“整个‘创造性叛逆’就是一个中性词，就是要给翻译本质一个描述，一个揭示……我从来没有要求你翻译的时候去创造性叛逆。”（曹明伦、谢天振，2015：13）

借谢天振对创造性叛逆的澄清，我们能不能也对抵抗式翻译做一个反观？能否也将抵抗式或异化翻译看作是译者在处理文化问题时的一种现象，而非一种指导翻译行为的手段？和上一节的文化补偿一样，异化也是一种现象，而对原文内容采取有限度的改编和深度翻译才是文化补偿的具体方法。在翻译实践中，也确有保持原文风格、手法、文化事物等处理翻译中文化因素的方式。赫维和希金斯就提出过异国情调（exoticism）、文化借用（cultural borrowing）、仿造（calque）等方法。

异国情调指“译本总是把原语中的语言和文化特征以最小的改动引进译本中”（Hervey & Higgins，1992：30）。异国情调的保存取决于对原文改动的幅度，最佳的异国情调甚至可以是零翻译，如玄奘翻译佛经时提出五种“不翻”。虽然玄奘“不翻”（音译）不是因为情调，但客观上让所有读者都知道这是外来作品。文化借用指“把原文表达直接转换到目标语中”（同上：31）。比如中文中的“拜拜”就是英文单词“bye bye”的文化借用。再比如英语国家的人说“c'est la vie”，代表“that's life”，这是从法语借用到英语。这种借用在最初表现为一种文化借用，但随着时间的推移，慢慢被本族语言吸收。而仿造指“由目标语词汇组成，符合目标语句法的表达，但在目标语中不符合语言习惯，因为它是以原文结构的模式进行表达的”（同上：33）。这种异化的情况最为常见，比如道安在佛经翻译时讲“五失本”，第一条便谈到胡语的语序和汉语是颠倒的。只不过道安强调要改从汉语语法，而异化翻译者则会保留其颠倒的句式。这三种方式都是尽量采取直接翻译之法，强调与原文的形式尽量保持一致，以求得文化象征在译文中的显现。

其实，这三个术语和上一节中的交际翻译与文化移植共同构成了赫维与希金斯的五种文化置换（cultural transposition）。文化置换指“译者在把原文内容转移到目标语文化语境的过程中，可能会对字面翻译进行不同程度的偏离”（同上：28）。二人将这五种置换方式以对原文的改动程度从小到大排成一列：

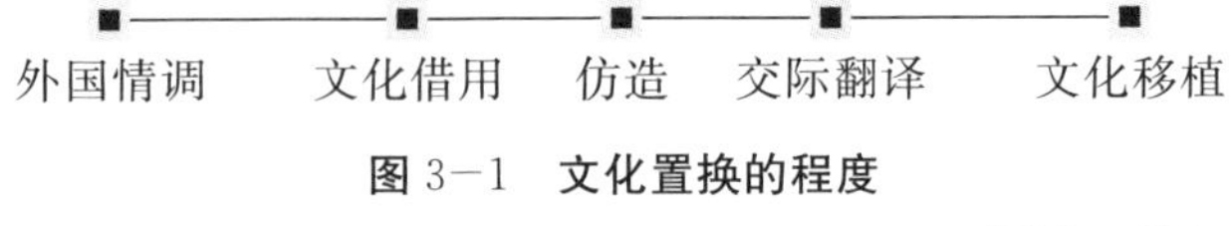

图 3—1　文化置换的程度

（同上：28）

我们不妨将文化置换直接定义为文化翻译。同时我们不难发现，文化翻译是进行异化还是进行文化补偿使其归化与采用直译还是意译有关，再加上原文有其意而无其词的深度翻译，整个文化翻译实践可用图 3—2 表示：

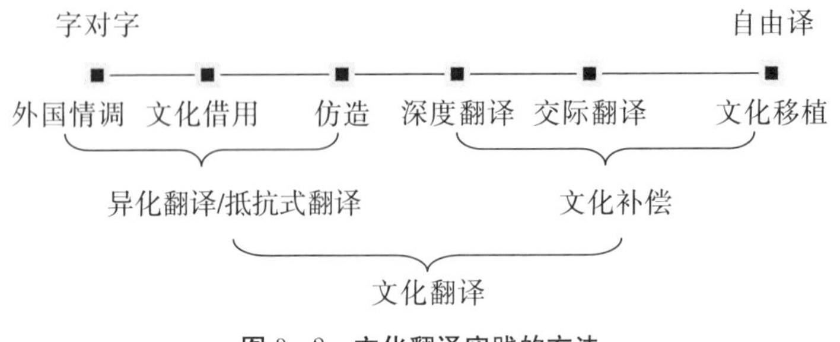

图 3—2　文化翻译实践的方法

图 3—2 并非说字对字翻译是就是异化翻译，或自由译就是文化补充，只是表示异化翻译对原文改动少，而考虑译入语读者而采用的文化补偿则会采取归化的策略，对译文进行更大胆的改编，以表现语言和文化之间的关系。“一旦你采取归化，就会意识到你不能止步于字词。”（Lefévere，2004：6）无论从字对字到自由译，还是从外国情调到文化移植，文化翻译的目的都是建立原文和译文对等的关系，只不过对等的层级和对象各不相同。在进行理论研究时，我们可以大谈差异，但在实践层面上，仍然是尽可能地找共性。我们也可以把图 3—2 倒过来看，文化翻译最终的归属还是语言。所以在翻译研究中，我们应该跨出语言，但还要能够回到语言。有学者曾经对文学界有这样的批评：“‘文

化研究’将产生两大结果，一是以理论的新锐代替了对实际问题的发现，二是以论述对象的磅礴掩盖了对文学自身的考察。”（李怡，2016：117－118）翻译研究中的文化研究也应该警醒和反思，无论多么前沿和丰富的文化研究最终都应服务于翻译活动。

3.2　意识形态与翻译

3.2.1　翻译研究中意识形态的含义

在谈论翻译中的意识形态之前，让我们来问一个问题——何谓意识形态（ideology）？在中国的语境下，谈起意识形态，大家常常会将之与阶级斗争联系起来。但在马克思（Karl Marx）之前，意识形态最初并非是一个带政治色彩的词语。根据《不列颠百科全书》（又称《大英百科全书》）的记载，意识形态这个词是由法国哲学家特拉西（A. L. C. Destutt de Tracy）于1796年创造的，是他给自己“观念科学”（science of ideas）的命名。[①] 意识形态的法语单词写作“idéologie”。从词根角度说，“idé”表示“idée”（观念），“ologie”表示学科。因此这个新词体现了特拉西自己的一种学术观念。特拉西是希望对观念进行科学研究，使人们摆脱偏见，用理性来治理和统治社会。但理性必然带来对社会的批判和对政治的批判。一个集团的观念作为一个整体被看作意识形态，不同集团之间观念上的冲突就是今天所谓的意识形态的冲突。《不列颠百科全书》对意识形态做出如下定义：

① See J. E. Safra & J. Aguilar-Cauz: *The New Encyclopedia Britannica* Vol. 6, Chicago: Encyclopedia Britannica, Inc., 1989, p. 241.

> 从广义上说，意识形态可以表示任何一种注重实践的理论，或者根据一种观念系统从事政治的企图。从狭义上说，意识形态有五个特点：(1) 它包含一种关于人类经验和外部世界的解释性的综合理论；(2) 它以概括、抽象的措辞提出一种社会政治组织的纲领；(3) 它认定实现这个纲领需要斗争；(4) 它不仅要说服，而且要吸收忠实的信徒，还要求人们承担义务；(5) 它面向广大群众，但往往对知识分子授予某种特殊的领导任务。①

笔者认为，在上述狭义的五个特征中，第一条是意识形态的基本理论含义，后四条是意识形态在社会实践中的操作含义。因此，笔者建议，当在其他研究中使用“意识形态”时，应以其基本理论含义为基础和出发点。在文学中，意识形态指“通过人们的认知而形成的信仰、观念、思考方式和感觉，并且考察他们如何被解释，他们把什么视为真实”(Abrams & Harpham，2010：181)。很显然，文学在意识形态的理解上就是从意识形态的基本含义“观念学”出发，而不是一开始就把意识形态作为一种社会实践和政治对抗。而翻译研究也应借鉴文学对意识形态的定义，将意识形态视为信仰、观念、思考方式和感觉的一种综合体现。

在翻译研究中，第一个明确提出意识形态问题的是勒菲弗尔。勒菲弗尔引用詹姆士（Fredric Jameson）的话，认为“意识形态应该被视为一种格子的形式（grillwork of form），惯例和信仰决定着我们的行动”(转引自 Lefévere，2010：16)。这个对意

① 参见中国大百科全书出版社《不列颠百科全书》国际中文版编辑部：《不列颠百科全书》国际中文版（修订版）第 8 卷，北京：中国大百科全书出版社，2007 年，第 323 页。Also see J. E. Safra & J. Aguilar-Cauz: *The New Encyclopedia Britannica* Vol. 16, Chicago: Encyclopedia Britannica, Inc., 1989, p. 829.

识形态的解释实际上说明了意识形态的多样性。我们可以把惯例和信仰看作两条坐标轴：

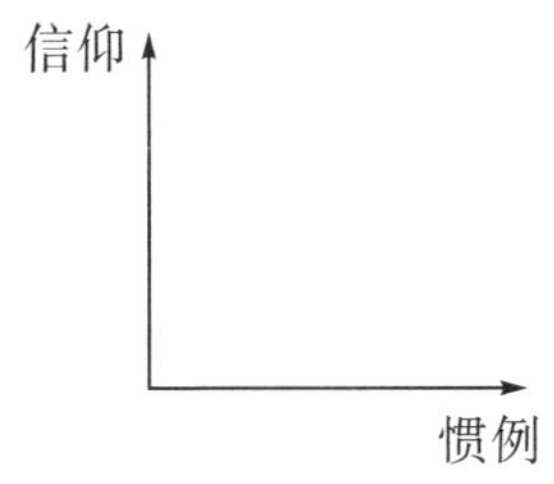

图 3—3 惯例与信仰的坐标轴

因为许多人都有不同的信仰，相同信仰的深浅也不一。而在社会总体惯例之下，还有个人的习惯。那么在这两条坐标上的任意一个点，都是一种意识形态。对整个社会而言，意识形态可以相对稳定，比如我们说东方人普遍含蓄，西方人普遍开放。但如果具体到个体，便是千差万别的。因此，我们找不到一种标准的意识形态来指导我们的实践，甚至对某些内容如何翻译，都是译者的一种潜意识和无意识行为。翻译家曹明伦说："我翻译了30年，译了几百万字，我就觉得我的翻译过程和选择过程中，起主要作用的是我的审美情趣，是我的语言文学素养，而不是意识形态。这当中肯定会有意识形态，看不见的手嘛，谁都回避不了，但你不能说主要是意识形态在操纵翻译，不能绝对化。"（曹明伦、谢天振，2015：5）出自翻译家的真实体会也再次说明意识形态并非一种指导实践的理论和方法。勒菲弗尔很清楚这一点，如果没有外力的干涉或特殊的目的，译者本身很少会让特殊的意识形态来操作翻译，如女性主义翻译、后殖民主义翻译等，所以他很明白地指出："意识形态常常是由下达翻译任务和出版译作的赞助人（个人或机构）所强加的。"（Lefévere，2004：14）而赞助人的意识形态也不尽相同，比如，有些出版社更愿意出畅销小说，有些出版社专注于学术类翻译作品；有时为了吸引读者，让书更有卖点，会要求译者直接翻译一些尖锐的观点和露骨的描写，而有时又会因国家的出版政策或一些其他的社会禁忌要求译者对这些内容进行弱化甚至删减。勒菲弗尔除了引用上文中詹姆士关于意识形态的观点外，并未直接给出意识形态的定义，而是通过不断举例，如细致描述和对比《安妮·弗兰克日记》的各个译本中的具体内容，告诉我们哪些表现是意识形态在起作用。[①]那么回到开始的问题，翻译中的意识形态指什么？

本书认为，翻译中的意识形态是由信仰和惯例等因素构成的一种动态的观念，它可以微观到个体，宏观到团体、政党和民族，具有较强的主观性。它通过三种方式影响翻译：（1）出于译者的潜意识和无意识；（2）出于译者的特殊目的；（3）出于来自译者以外因素的干预。

因此，意识形态既不宜作为一种指导实践的方法，也不宜作为检验实践的评价标准，它是译本所表现出的一种现象。通过这些现象我们可以倒推出译者翻译过程中的考量和当时的翻译环境，对解释译本为什么会存在以及为什么是以这种方式存在提供线索和依据。而这种研究和系统与描述翻译研究一样，都应归为翻译史的研究。

3.2.2 翻译的意识形态与意识形态的翻译

虽然意识形态是一种复杂的动态观念，但不表示我们的研究就陷入了相对主义和不可知论。相反，它能帮助我们研究译者行为和翻译行为的外部环境。哈蒂姆和梅森在1997年出版的《译者作为交际者》（*The Translator as Communicator*）中专辟一章

---

① See A. Lefévere: *Translation*, *Rewriting and the Manipulation of Literary Fame*, Shanghai: Shanghai Foreign Language Education Press, 2010, pp. 59—72.

讲意识形态，并把意识形态分为翻译的意识形态（the ideology of translating）和意识形态的翻译（the translation of ideology）。

3.2.2.1　翻译的意识形态

哈蒂姆和梅森没有说什么是翻译的意识形态，而是举了一些例子，如传统的直译与意译、奈达的形式对等和动态对等、纽马克的交际翻译和语义翻译、韦努蒂的归化与异化等。“这种选择暗含地表现为意识形态。”（Hatim & Mason，1997：120）那么翻译的意识形态简单地说就是译者在翻译实践中的翻译观。这里必须强调，哈蒂姆和梅森讲的是在“翻译实践中”。一方面，哈蒂姆和梅森用的是“translating”，强调的就是翻译过程；另一方面，如果不是在翻译实践中，如果仅谈翻译观，所有的理论都算一种翻译观，过于泛化不便于研究。日本杰出作家円仾文子曾将《源氏物语》翻译成现代日语。她在和我国翻译家林文月交流时说：“学者专家们总批评我的不是，但是去请教他们时，所得到的答复往往是一说如何如何，又说如何如何。我是在做翻译呀，不是在课堂上，或者写一篇论文；我不能犹豫徘徊，必须在白纸上写下一种自己的判断呀。”（林文月，2015：11）円仾文子的这段感慨侧面印证了我们谈翻译观，应该从翻译实践入手。而她所谓的“自己的判断”就是她的意识形态。而译者的意识形态可以具体到某一句话、某一个篇章的观念，也可以宏观到对整个翻译的看法。那么，我们就必须要多去听听翻译家们如何谈翻译。由于笔者所处的国内环境，读到的译家、译言大多都是中国译者及其声音，但笔者相信，中国翻译家的感受和国外翻译家的感受总体应该是相同的。

余光中（2015：2）在翻译王尔德的《不可儿戏》后谈道：“我做译者一向守一个原则：要译原意，不要译原文……最理想的翻译当然是既达原意，又存原文。退而求其次，如果难存原文，只好就径达原意，不顾原文表面的说法了。”余光中并非在说放弃原文，而是在说在达不到的情况下，退而求其次是无奈之举。

林文月（2015：11）认为："研究者可以对某一问题客观地胪列众多异说而加以批判，甚或可以对其保留悬而未决的结论；但翻译者却不可能在译文里留白，往往只能于众说纷纭之中作较主观的判断而下笔译出。"

高克毅（2015：54）认为："我总觉得文学的翻译，在语言修养的大前提下，是见仁见智、各有千秋的事。每个译者都有权抱持自己的主张，每个译者对原文的作者，都只能做到'他人有心，予忖度之'。"

杨绛（2015：59）认为翻译"是一项苦差，因为一切得听从主人，不能自作主张。而且一仆二主，同时伺候着两个主人：一是原著，二是译文的读者"。

杨宪益（2015：81）认为："总的原则，我认为是对原作的内容，不许增加或减少。"

叶君健（2015：98）认为："译本所能达到的水平，就是由他的理解程度和修养来决定的。"

以上六位翻译家有关翻译实践中各个方面的观念，也可以称作他们的意识形态，比如杨绛就认为翻译和原文是一种主仆关系，和现在的一些翻译观便算是形成意识形态冲突。从上述引文的夹注，大家也许能猜到，这几条引文都出自一本书——《因难见巧：名家翻译经验谈》，是北京外语教学与研究出版社近年来出版的一套丛书之一，丛书名为"译家之言"，不少译学专著都被纳入这个系列再版。限于本书篇幅，哪怕一本书之中，翻译家的经验之谈也无法穷尽。读多了西方的翻译理论，回头细嚼翻译家的经验之谈，会发现对许多今天我们还在争论的问题，他们都有很精辟的见解。如萧乾在《叛逆·开拓·创新：序〈尤利西斯〉中译本》[①] 中就谈到了赞助人的情况，对作者乔伊斯和《尤利西斯》做了详细的解读，这便是勒菲弗尔所谓“改写”的一种形式——评论。

本书没有对上述引文进行翻译观（或曰意识形态）的分类，因为上述每个翻译家都值得对其做专门的研究。同时，从书中还有傅雷、童元方、张其春、思果、许渊冲等一批翻译家从微观到宏观，在实践中形成的翻译观，均因篇幅有限，未能引用。在《中国翻译》杂志中，我们也能在“自学之友”栏目中看到曹明伦、蔡利坚、周领顺等一批翻译家的译作和赏析，让读者感受到翻译实践和翻译理论的关系，看到译者的有声思维，了解到其翻译观。

金圣华（2015：222－223）批评中国翻译学术界说：“学术界从早期之谈译作本身，只重文本分析，不涉其他背景资料的倾向，一变而为今时今日之只谈译作外围，不涉译作本身的潮流，不啻是从一极荡向另一极、矫枉过正的做法。”而今当我们谈到意识形态时，不应该继续停留在一种概念，把它当作颠覆原文、不忠实的依据。尤其是哈蒂姆和梅森提出“翻译的意识形态”后，给了我们把意识形态和实践结合的方向，去了解译者在实践中的翻译观。他们所列举的奈达、纽马克、韦努蒂也都是译者，其理论作品也都与自己的翻译实践有深刻的关系。当我们再谈到翻译的意识形态时，如果我们马上能清楚地知道它指译者进行翻译活动时的一种观念，而对抗、颠覆、政治考量、外部力量的干涉等都只是众多观念中的一种时，我们就能少一些对立和冲突，而是从译者的翻译实践和意识形态中吸取经验，总结规律，并运用到自己的实践中，逐步形成自己翻译的意识形态。反过来，我

① 见金圣华、黄国彬：《因难见巧：名家翻译经验谈》，北京：外语教育与研究出版社，2005 年，第 115－149 页。

们也能理解为何不同学者和译者所提出来的方法、理论，或曰意识形态有时是背道而驰的。这是由于受到翻译实践、阅读视野、理解程度、所处环境、生活经历等综合因素的影响，他们形成了不同的意识形态。

3.2.2.2 意识形态的翻译

上节中，我们谈到的是译者在翻译过程中所形成的翻译观。而在翻译过程中，由于两种文化的差异和译语读者的期待，译者往往要在一些内容上做出具体的调停（mediation），这便是意识形态的翻译。译者的具体行为（意识形态的翻译）是基于其整体的翻译观（翻译的意识形态）。译者进行意识形态的翻译时，不仅仅是在进行文字的转换工作，还在进行跨文化交际的工作。“简单地讲，译者，作为文本的处理者，依据自身的世界观/意识形态过滤着目标文本的文本世界，产出不同的结果。”（Hatim & Mason，1997：122）我们能清晰地看到哈蒂姆和梅森把意识形态等同于世界观，译者具有一种过滤器的作用，原文中的一些文化因素是否传达，传达到何种程度，这些都由译者的世界观来决定。翻译的过程实际上是一个不断处理各种矛盾的过程，德里达说：“‘好的’翻译总是存在欺骗（commit abuses）”（转引自Lewis，2000：269），刘易斯（Lewis）将这句话解释为：“‘好的’翻译总是要耍手段（play tricks）。”（同上）无论是“欺骗”还是“耍手段”，都说明译文从行文措辞到意义风格都可能产生一定偏离，无论这种偏离是译者有意为之还是无心之举。这种偏离被翻译学者作为一种重要的现象进行研究。

既然是偏离，便有程度（degree）之分。最低程度的偏离往往出现在一些圣典的翻译中，如西方的《圣经》翻译，中国的佛经翻译，都是以原文为绝对神圣之物，将圣典看作神圣之物就是一种意识形态。就如斐洛在谈及《七十子希腊文本》时说，“这样的译者就会像着魔了一样，在上帝的感召下，几个人翻译的结果并无差别，而是一词一句都相同，好比听写一样”（Robinson，1997：14），证明这些译者对《圣经》有完全统一的理解，毕竟，对这些教徒兼译者而言，上帝的语言是绝对的。而另一个极端则是改译（version）。沙特尔沃思和考伊将其定义为“在批评家眼中，一个目标语文本偏离原文太远，而不能被叫作翻译”（Shuttleworth & Cowie，2004：195）。这种文本往往带有特殊的目的。比如马克思对待自己作品的翻译时，“他最关心的与其说是忠实，倒不如说是如何尽可能地扩大无产阶级意识形态的影响。只要译文对上述目的有利，完全可以根据需要增加、删除、修改原文内容（当然，这是指在取得自己授权许可的情况下。如果是别的无产阶级作家的著作，马克思则鼓励作者和译者‘合谋’，共同对原文进行有针对性的改写）”（单继刚，2007：223）。这种文本大多集中在政治方面，还包括女性主义的翻译观、后殖民主义的翻译观，都是将社会改良和政治服务等意识形态作为指导翻译实践的方法。而我们应该认识到，无论是偏离程度最小的圣典翻译，还是为达到某种特殊目的而大幅度偏离的翻译，都属于两个极端。而大部分翻译，特别是文学翻译，仍然以保留原文的内容和风格为主，在部分维度上进行调整。

让我们回到勒菲弗尔向大家证明意识形态的材料——《安妮·弗兰克日记》（*Anne Frank's Diary*）[①]。根据勒菲弗尔的考证，这本日记用荷兰语写成，于 1947 年在荷兰以荷兰语出版。勒菲弗尔为这一章取的名称为“翻译：意识形态”。但在长达 14 页的文字中，有 6 页都是在讲 1947 年的这个版本是如何形成的，包括安妮本人对原文的改写、安妮父亲对原稿的修订。荷兰版就

① See A. Lefévere：*Translation*，*Rewriting and the Manipulation of Literary Fame*，Shanghai：Shanghai Foreign Language Education Press，2010，pp. 59—72.

是建立在安妮父亲修改稿的基础上。而勒菲弗尔还详解描述了出版过程中对原文的删改："有些修改出自个人原因，有些出自意识形态原因，而有些出自赞助人的原因。"（Lefévere，2010：61）但无论出自何种原因，这些都是原文形成的原因，而不是翻译要考虑的问题。但荷兰版事实上也不是后来众多版本的母本。由于安妮的父亲想同时在荷兰和德国出版，因此请了一位为躲避纳粹而移居荷兰的记者好友舒茨（Anneliese Schütz）将其译成德文。舒茨是直接根据安妮父亲的原稿，而非出版的荷兰版进行翻译的。但无论哪个版本，对翻译而言，只要有原稿，我们的翻译活动就有了起点。

但安妮父亲认为舒茨的"许多表达像一个女教师，而非一个年轻女孩的语气。她还误解了很多荷兰语表达"（同上：65）。而出版商仍然多次再版舒茨的书，因为他们关心的是好不好卖，且由于版权的问题，也没有新的译本。而该译本中，主要有三个方面勒菲弗尔认为受到了意识形态的影响：一是舒茨弱化了安妮的语气；二是舒茨对原文部分内容进行了删减；三是舒茨按照德国人心中一个年轻女孩恰当的语言和形象塑造了安妮。这样，读到德文本的读者都会觉得"在荷兰的犹太人的处境看起来不像他们实际的那么糟糕"（同上：66－67）。而这一切在勒菲弗尔看来都是意识形态的作用。这里的意识形态应该分两个方面：一方面，语气的弱化、部分内容的删减也许是政治意识形态在发生主导作用；而另一方面，舒茨毕竟是德国人，她心中女孩应有的样子就是德国女孩的样子，是一种长期形成的观念，她如此翻译也许并非出于任何政治考虑，而仅仅是一种世界观。

但令人奇怪的是，勒菲弗尔提到，安妮的父亲"做过一个德文版的打印稿材料寄给他在瑞士不懂荷兰语的母亲读。这份稿子后来显然遗失了"（同上：61），且他还指出了舒茨德文翻译中的很多问题，并在有些问题上与之交流。因此，对他而言，重新再做一份德文稿并不困难。那他为何要请人翻译？甚至在明知道翻译得不好的前提下，为何还给予版权，允许其出版？在讨论的最后，勒菲弗尔并没有分析舒茨这种意识形态的动机，而是反过来讲安妮，“一旦安妮·弗兰克决定改写并出版安妮·弗兰克过去写的东西，安妮·弗兰克这个人就分裂成她本人和一个作者，这个作者就开始以一种文学的方式改写这个人所写的东西”（同上：72）。在勒菲弗尔前面的叙述中，我们已经看到了安妮本人与她的父亲为出版荷兰版而受到来自他们自己的意识形态和赞助人的制约。那么勒菲弗尔这一章节“翻译：意识形态”到底是把安妮对自己日记的改写作为一种“翻译”看待，然后讨论其意识形态，还是在谈舒茨德译本中的意识形态问题？我们的确从舒茨的译本中看到了一些对原文风格和内容的处理，但看不出她是有意还是无意，出于什么动机。如果要猜测，也许是舒茨作为一名同样因纳粹而背井离乡的德国人，既要借翻译这部作品来抨击纳粹，又对自己的祖国充满眷恋，因此在语气、措辞和内容的选择上有些许弱化。同时，我们也确实看到了作者对其本人日记的有意处理，以及处理方式和处理动机。

如果勒菲弗尔是把作者对自己过去写的东西，无论出于什么目的而进行的修改作为一种翻译来看待，笔者不能表示认同。我们真正应该关注的是舒茨德译本中的现象。总结而言，意识形态的翻译主要在两个方面起作用：一是语言风格上的调整，如削弱或加强语气；二是对部分内容的删改。而如果我们要把这些归为意识形态的翻译，我们还需要深究译者的目的和动机。否则，我们无法区分译者对风格的变动和对内容的删改到底是有意为之，还是因其对文章风格把握不准，或者因无法理解原文而避重就轻。不能让意识形态成为翻译实践中译者随意更改原文文体风格和思想内容的借口。而译者一些无意识的偏离只能看作翻译的意识形态，也就是译者的世界观和翻译观，一种自然的潜意识，任何译者都无法避免，而这种偏离不会像意识形态的翻译那样明显而突出。

在勒菲弗尔的意识形态背后，一直潜藏着一个影子——权力。伴随着或影响意识形态的因素还有赞助人（patronage）、诗学（poetics）等。这些因素都直接或间接体现着社会和文化权力。

3.3 意识形态背后的权力

3.3.1 交织的社会与文化权力

“翻译工作者其实包括了三种人：翻译从业者、翻译教师、翻译理论家。”（罗进德，2016：i）只要从事与翻译相关工作的人都可以叫翻译从业者，但狭义上说，翻译从业者指在翻译职业化的今天，以做翻译为职业的人，包括政府和公司的翻译和翻译管理人员。这类人从事的往往是政治和商业方面的翻译。这类翻译在全世界时时刻刻都在发生。虽然这类翻译通常不是翻译研究学者讨论的对象，但对认识译者的身份大有帮助，本书将另辟章节讨论。而做文学翻译的译者和翻译理论研究者通常都是教师或教育行业的人。这类人通常都是“自由”（freelance）译者。他们做翻译，要么是出于对一部作品的喜爱，在版权不受限或者取得版权的前提下出版；要么是因为已有一定知名度，由出版社主动联系，被邀请进行翻译并出版。在一定时间内，一部作品甚至一个作家，在一种语言中都有一个或少数最著名的译者。他们的译著因为质量可靠，可读性高，而被反复出版。如谈到《莎士比亚十四行诗》，我们会想到屠岸；谈到叶芝，我们会想到袁可嘉；谈到弗罗斯特和爱伦·坡，我们会想到曹明伦；谈到雪莱，我们会想到江枫。特别是在版权日益规范的今天，文学翻译家对原创性翻译越来越重视，尽可能填补空白或朝着出版翻译全集而努力。要出版，就会涉及出版社，出版社便是赞助人的一个典型代表，它掌控着是否出版、何时出版、选择哪位译者出版等。国家新闻出版还掌控着内容的审查。就出版译著的角度而言，译者主要直接受到赞助人的制约，国家的内容审查权力是通过赞助人渗透给译者的。

但赞助人和国家意识形态只是两种看得见的显性权力。看似自由的译者还被一种叫"诗学"的东西影响。勒菲弗尔在分析诗学时，以英国诗人、翻译家菲茨杰拉德（Edward Fitzgerald）翻译阿拉伯文学作品《鲁拜集》为例，认为欧美文化对阿拉伯文学只有两种反应，"最激烈的反应是拒绝去了解阿拉伯文学。第二种反应是愿意去了解阿拉伯文学，但要严格从占支配地位的关系上去接受"（Lefévere，2010：75）。这里我们便看到了埃文-佐哈的翻译文学多元系统论在起作用。这种文学系统之争，实际上也是一种文化权力之争，而文化权力背后还可以涉及政治实力和军事实力之争。叶芝曾说："我们有文化运动，但它并不重要；它跟随着政治运动，但政治运动也不是很重要；最后一定要进行军事行动，那才是最重要的。"（转引自 Tymoczko，2004：82-83）因此，在一个发展稳定、独立自主的国家中，如果译者是把外语翻译成本民族语言，他们通常会受本国和本地区诗学的影响，采取归化策略。如果译者是在把本族文学翻译到国外去，他们通常会保留自身诗学特色，但外国诗学系统的强弱会决定他们是否接受这种文化输入。以诺贝尔文学奖获得者莫言的作品为例，如果葛浩文不进行一定的改编，莫言的作品也难以进入欧美国家被读者接受。但这并不一定是译者的本意，有学者在进行莫言作品的英译研究时，转引过莫言的这样一段评论：

中美编辑发挥的作用不同。中国的编辑相对作家而言，

> 地位较低，几乎等同于 copy editor，即只作内容审查而不作文字修改的编辑。美国编辑则不同，他们或凭借自己的文学修养，或从读者的角度出发，会对原作或译作进行大量的修改。所以，有时候译本和原作会有较大的出入，那可能并不是译者一厢情愿，而是编辑的改动使然。
>
> （安芳，2016：78）

这充分说明，最终的译本并不完全是翻译的结果，因此，当我们在讨论翻译（translating）问题时，不能把其他参与翻译之人的行为与译者的行为混为一谈。同时，这也说明，仅以描述翻译研究的方法对译本研究所得出的结论如果运用到翻译实践中是不严谨的。

这种诗学系统的权力抗衡主要是通过影响赞助人（出版商）来间接影响译者的行为。对于有没有读者群、能否被接受等问题，是出于经济效益考虑还是出于文化考虑，这些是赞助人要深入思考的问题。如若翻译出版合同中未出现特别的翻译要求，需要删减和改编哪些内容和风格，译者的目的“还是要让不懂原文的读者通过译文知道、了解，甚至欣赏原文的思想内容及其文体风格”（曹明伦，2013：128）。但勒菲弗尔研究翻译中赞助人、意识形态、诗学等问题，是要告诉我们这些译者在翻译时，有一系列复杂的权力在压制着译者。但通过刚才的分析，我们已经看到，这些权力大多是一些广义上的制约，在翻译实践中，除了和出版社有校订商量的活动外，其他方面，译者仍是按照自己对原文和文化的认知，以个人的文学和语言修养在进行文字工作。勒菲弗尔提出赞助人、意识形态、诗学等概念的最终目的是为其改写论服务，而改写论并不仅仅把权力视为一种制约，而是一种生产。谈到生产性就不得不谈到福柯。

3.3.2　勒菲弗尔与福柯：改写论背后的权力生产

福柯对20世纪后半叶及以后的文学界产生了深刻的影响。任何动物都有思维，但唯独人类有话语。有学者指出："事物的秩序只有进入话语的秩序，才能被整理、被思考，才能成为知识。"（单继刚，2007：270）而一般认为，福柯自1970年在法兰西学院做了就职演讲《话语的秩序》后，便把话语和权力联系在了一起。福柯关心历史与社会，关心知识是以何种方式建立。今天西方人文社会学科中都充斥着权力的影响，如"美国社会学家帕森斯定义的三大社会媒介：金钱、权力、语言"（赵一凡，2007：26），也说明了同样的道理。赵一凡据此进一步认为："专家和金钱联手，以时空重组为前提，建立了一种天网恢恢的变革机制：它向人提供无止境的期望神话，以及永恒的变革前景。"（同上：27）回头看看，我们今天谈的翻译研究中的文化、意识形态等内容，不也是专家给我们提供的学科期望和变革吗？而在他们不断强化个人和团体学说过程的背后，也同样有对学科话语权和学术资源的争夺。

勒菲弗尔对福柯的谈论并不多，但福柯对其思想的形成起到了关键性作用。他曾引用过福柯的这样一句话：

> 是什么让人对权力称赞，是什么让权力被接受，一个简单的事实是权力不仅仅压制我们对我们说不，它还铭刻和制造事物，它引起快乐，形成知识，制造话语。
>
> （转引自 Lefévere，2010：15）

如果我们把这句话当作一种思路和方法论，再回头看勒菲弗尔的《翻译、改写以及对文学名著的调控》（*Translation, Rewriting and the Manipulation of Literary Fame*），我们会发现，他在前面谈到赞助人、诗学、语篇全域等问题时，向人们展示了各种权力是如何对翻译过程中的种种问题说不的。但他也说："我的目的并非是要评价不同的译本。这也不是我的任务。评价仅能简单揭示隐藏的规定性假设，我也是用这些假设在接近文本。"（同上：109）他用了半本书作铺垫，只是为了证明"仅仅在语言层面，无法对翻译现象的复杂性做出公正评价"（同上）。而后半本书中，撰史、成集、批评、编辑等改写手段才是他要谈的重点。他认为，"读者并不能对照原文检查译文，所以很简单，译文就是原文"（同上）。译文在勒菲弗尔的眼里和原文并没有区别，我们是如何研究原文的，我们就如何研究译文。反过来我们再回到 3.2.2.2 中提出的问题，为何勒菲弗尔在分析完《安妮·弗兰克》日记后，不谈舒茨的译文问题，却反过来谈安妮自己为出版对日记的改写？现在我们似乎能给出解释，因为在勒菲弗尔看来，对读者而言，原文和译文并没有什么区别。

通常，文学学者对一部文学作品进行研究和评价时，他们要关注的并非文学作品每句话写了些什么，而是这部作品及其周边产品，包括文学史、文集、批评、编辑甚至改编成的绘本、影视共同对所在文化圈和读者群产生了哪些影响。因此有学者指出："所谓'翻译研究中的文化转向'是指翻译学者转向去研究史学家、评论家、文学教授和媒体记者对原著及其译本的选节、注释、评论、讲解等文化活动，去研究用影视和音乐等艺术手段对原著和译著的改变及其文化影响。"（曹明伦，2016：73）这便是勒菲弗尔受到福柯的权力说的启发，发现翻译行为中一些受权力影响的因素，然后进行知识和话语的再造。

福柯（2001：3）说："话语本身显得无足轻重此点不用过滤，因为围绕它的禁律会很快揭示它与欲望及权力的联系。"的确，作为一种社会行为，翻译行为受到权力的约束，但哪一种社会行为又是不受到权力约束的呢？福柯的理论并非专门的翻译理论，而是一种社会理论，权力的再生产性是建立在对过去一种权力的颠覆上。真理与意识形态及其背后的权力是一种矛盾。有学者说："不管人们愿意与否，这个概念同真理之间始终存在潜在的对立。然而，我认为，问题并不是要在话语中划分什么具有科学性和真实性，什么属于其他性质，而是如实地了解在本身非真非假的话语中，真理效应是如何产生的。"（转引自单继刚，2007：276）福柯实际上是用哲学语言向我们讲述了一个简单的道理，在社会知识中，没有绝对的真理，而是在何种权力话语下某知识为真。所以在意识形态、诗学、赞助人的权力下，在女性主义、后殖民主义的政治诉求下，翻译行为不能忠实于原文，只能忠实于权力和政治诉求。笔者认为这仍然是一种忠实/对等观。我们当然无须把我们以权力、政治诉求为忠实对象告诉我们的读者，但在理论总结时，必须明确这类忠实和对等是在何种框架下而言的，借福柯所言，这种"真理效应是如何产生的"。而后来的研究在将这些真理作为理论武器进行运用时，更应搞清楚它的来龙去脉，而不能反过来泛化理论，认为翻译就是改写，翻译就是颠覆，翻译就是解构。鉴于此，我们有必要对翻译知识进行有效的分类。

3.4　和翻译相关的研究与翻译的研究：对翻译知识的区分

霍姆斯向所有学科敞开了翻译研究的大门。今天来看，他的这一思想得到了很好的贯彻。但任何事物发展到一定程度，都会引起反思。有中国学者批评说："近年来，学术界似乎有种方兴未艾的趋势，认为研究翻译，凡与之有关的一切问题，都可以讨论，唯独译作本身，却恍如禁区，不可涉足。外国译论固然有其长处，足以借鉴，但倘若不加厘清，全盘照搬，却未必是正确的方向。”（金胜华，2015：222）西方也有许多学者，如皮姆、豪斯仍然坚持着翻译的传统本质。蒙特利尔大学（Université de Montréal）语言学教授拉舍德拉·辛格（Rajendra Singh）在其论文《在何种速度下是不安全的？对翻译研究中“文化转向”的一些未尽的思考》（“Unsafe at Any Speed? Some Unfinished Reflections on the ‘Cultural Turn’ in Translation Studies”）中提出了一个有趣的建议：“也许是时候重新回到（RE-TURN）语言的研究上来，重新建立翻译研究与语言研究的联系，这个对双方都有好处。”（Singh，2005：60）但对支持文化转向的学者而言，他们也许并不会赞同，因为“文化转向”及后来的翻译研究向建立独立的翻译学科这一目标迈了一大步，研究领域的扩大已成为一个不可逆转的现实。辛格清楚这一点，所以他认为，现在翻译研究中所有发现的现象都是事实，但应该“区分关于和属于”（the distinction ABOUT vs. OF）（同上：63），即区分哪些研究是与翻译有关的，而哪些是属于翻译自己的。而在进行这种区分前，我们需要先分析学科与跨学科的关系。

3.4.1 学科与跨学科性

翻译研究近半个世纪的努力都是为了建立翻译学科，反过来说明翻译研究在各人文学科中是薄弱的。学者们努力的目标是建立翻译研究的话语权。只有学科繁荣，学者们才有大量的研究可做，背后还潜藏着项目和经费支持。笔者曾听一位美籍中国学者回国讲座。他被邀请回来做某研究中心的带头人。和大多数中国学者不太一样，中国学者大多避谈商业，如果让他们致辞，他们首先要感谢的是领导和团队。但这位学者也许是长期在国外执教，已习惯外国的学术生态体系，他首先感谢的是这次活动的赞助出版社，甚至半开玩笑地说，他最不能得罪的是出版社，因为他希望明年出版社带来更多的经费来支持中心发展。2013 年，英国的帝国理工学院（Imperial College London）决定裁撤学校的翻译研究单位（Translation Studies Unit），引得该单位负责人致信翻译研究界，希望通过翻译界的专家学者的签名，让学校改变主意。我们在这些例子背后清晰地看到了金钱、权力、话语因素的交织作用。因此，从建立一个学科的角度而言，的确有比单纯的学术真理更为复杂的东西。福柯给我们提供了一套分析知识真理和权力的方法，勒菲弗尔等学者受其启发，发展出了一套新的知识理论。那么如果要研究和分析这些问题，我们仍然应该向福柯找答案。

福柯（2001：11—12）说："若要有一学科，则必须有无限提出新命题的可能性……一门学科并不是关于某一事物的真理性陈述的综合，甚至不是符合某种连贯或系统性原则的一切可以接受的相关陈述。译学并不是由关于疾病的全部正确陈述构成；植物学也不能由有关植物的所有真理来定义。"所以一门学科总要为自己找寻新的东西去研究，如若不然就可能被裁撤。而新的东西不总是和该学科的核心研究内容一致和相关，甚至围绕有些猜想和假设的研究可能一开始就是错的。所以福柯认为："为了成为学科的一部分，一个命题不得不顺应一定的理论潮流：只需要回忆一下对原始语言的探求，这直到 18 世纪还是一个完全可被接受的主题，到了 19 世纪下半叶，却尽可使任何与之有关的话题陷入——我犹豫说是谬误——臆想和梦魇，沦为十足的语言学怪胎。"（同上：12）所以任何学科中都有真命题、假命题，有外延研究、内涵研究。如果从权力意识出发，我们应该如此来理解学科建设问题：无论所讨论的东西是真是假，是核心问题还是外围研究，大家应该害怕的不是错误，不是偏离中心，而是没东西可研究。而当一门学科中确实研究内容有限时，为了学科能继续生存，便产生了跨学科的现象。

3.4.1.1 跨学科的动力：对一门学科之死的危机感

虽然当下的翻译研究有许多视角，但学者的学科背景主要有两类：一类是语言学背景，另一类是文学背景。

语言学背景的学者对翻译的研究与语言学的发展同步进行。由于翻译研究最直观的感受就是语言的转换，所以翻译研究长期都处于语言学的观照之下。由于语言学是一门成熟的学科，从词素到语篇，从形式到功能，从语义到语用，研究对象丰富，且还与许多学科进行结合，延伸出心理语言学、社会语言学等跨学科研究，背后还有语言哲学作为方法论和世界观的支撑，这些都在为翻译研究提供着丰富的研究对象和方法。值得注意的是，从语言学角度出发的翻译研究不是直接将翻译作为跨学科研究的纽带，而是将语言学中跨学科研究的成果运用于翻译研究。因为对语言学派的翻译研究者而言，翻译是一个语言问题，建立在对等的基础上。

而文学背景，主要是比较文学背景的学者则不同。比较文学背景的学者主动跨入翻译研究，其根源是因为他们在努力为比较文学找出路，而翻译便是他们寻找的出路之一。比较文学学者一直有学科死亡的危机感。

比较文学有这种危机感是因为它本身的学科地位也不甚牢靠。比较文学源自 19 世纪的西方。“西方比较文学的学科理论分两大块，一块就是法国派提出来的影响研究，另一块就是美国学派提出来的平行研究。”（曹顺庆，2014：2）影响研究概括说包含流传学、渊源学、媒介学、形象学等，而平行研究主要指两个或多个不同文化背景下各自的文学现象。但 20 世纪初，克罗齐（Benedetto Croce）否认比较文学是一门学科，认为“没有比这种研究更加枯燥的了”，是“纯粹地炫耀博学的一类研究”（转引自 Bassnett，1993：2）。

中国对比较文学界有重大贡献，被称为第三大学派。20 世纪上半叶，比较文学来到中国后，学者们其实并不了解西方比较文学的意义，而是根据自己的理解，把中西两部思想内容相似的作品放在一起进行比较。如林纾“将狄更斯的《孝女耐儿传》（今译为《老古玩店》）与《红楼梦》比较，又将狄更斯《块肉余生述》（今译为《大卫·波德莱尔》）与《水浒传》做比较”（杨乃乔，2014：32）。虽然法国比较文学界宣称“比较文学不是文学比较”（转引自曹顺庆，2014：3），但也许是因为学科发展的必要性，中国学派最终被接受了。比较文学内部本身还是不断取得突破，曹顺庆就于近年提出“变异学”的概念。他说：“学术创新往往是以发现问题为突破口，比较文学变异学同样如此。变异学是在发现原有的比较文学学科理论重大缺憾的基础上提出来的。”（同上：2）

但显然仅在学科内寻求发展已无法满足比较文学学者。巴斯内特在1993年出版了《比较文学批评导论》（*Comparative Literature: A Critical Introduction*），在最后一章谈比较文学与翻译的关系时，开篇就说“近些年来，‘比较文学’这个术语已经明显衰败。相比之下，翻译研究却取得了长足发展”（Bassnett，1993：138）。我们不得不将之看作巴斯内特转向翻译研究的一个重要的非学术目的。比较文学学者斯皮瓦克（Gayatri Chakravorty Spivak）在2003年以《一门学科之死》（*Death of a Discipline*）为书名来谈比较文学。在致谢中，斯皮瓦克说：“我从来没有放弃过为‘一门新的比较文学’而呐喊的迫切心情。我希望，读者们把这本书当作一门垂死学科发出的最后喘息来读。”（Spivak，2003：Ⅻ）一门学科中，当绝大部分学者都用同样的方式进行相同研究的时候，这门学科就陷入危机之中了。

所以巴斯内特在表露完自己的非学术目的后，马上承认“比较文学和翻译研究的关系变得复杂，且存在争议”（Bassnett，

1993：138）。我们也许应该理解为巴斯内特是希望这种争议存在，因为只要有争议，就会产生的新的问题，学科就能继续往下发展，无论是比较文学还是翻译研究，都能受益。曹明伦（2013：88）详细分析过“translation studies”在中国的名与实，认为这个学科名“在中国变成了两个正式的学科名称，一个是翻译学界所说的‘翻译学’，一个是比较文学界所说的‘译介学’”。曹顺庆（2005：185）曾解释说“译介学渊源于传统的媒介学”，而媒介学正是法国学派的一个研究分支。或许西方学者正是用了这种学科名上的多义性来制造更多的研究问题。

所以，从福柯对学科的理解出发，我们看到了跨学科的重要性和必要性——不断提出新的问题。从这一点讲，翻译研究当下的各种“转向”很有必要，无论这些问题是真命题还是假命题。但从上面的分析我们可以看到，文化转向及以后的研究是翻译本体研究以外的学者为解决他们自身学科的问题而借翻译这个载体进行的研究，从本质上而言，是比较文学的跨学科研究，而非翻译研究的跨学科研究。虽然跨学科具有相对性，翻译研究在学科建立方面无疑受益匪浅，但我们仍要分清谁是谁的出发点。而在运用这些成果时，也要充分意识到理论的出发点和归属。因此我们有必要讨论跨学科的方向问题。

3.4.1.2　跨学科的方向问题

跨学科的本质应该是当一个问题无法用一门学科的知识进行解释和研究时，便运用多门学科的知识来解释和研究。但现实状况却往往是当一门学科遇到危机时，会尝试通过跨学科的方式找到新的问题进行研究。但无论怎样，跨学科研究对所有参与其中的学科而言是共赢的，同时，我们认可这种去积极发现问题的行为。但这不代表说我们不去区分我们到底是在跨学科还是在被跨学科，也不代表我们无须去辨别其真假。因为跨学科的根本目的还是发展本学科，学术研究的根本目的仍然是辨伪求真。

站在翻译研究这门学科的角度，跨学科研究的方向要么是由内向外，要么是由外向内。由内向外的跨学科是指翻译研究学者从翻译（包括翻译过程、译本评价和翻译教学等）的角度出发，借鉴其他学科的成果，解决现有翻译理论中无法完全解释的一些翻译实践中的问题。而由外向内的跨学科指其他学科为解决自己的问题，借助翻译这种行为或译本中的现象进行研究，而这些研究又反过来可以为翻译研究提供一些新思路。

但首先，我们必须明确翻译研究自己的学科范围在哪里，否则甚至没有跨学科的基础。但由于其他学科背景的学者在为翻译研究输入大量的成果，翻译研究本身也因正在努力建设成为一门成熟的学科而不断从各种视角在研究翻译，因此在文化转向后，我们还陆续听到过生态学转向、社会学转向、人类学转向等大的流行趋势。短时间内不断的转向一方面说明学科的边界还不稳定，但另一方面也说明，研究者没有深入某一个问题进行细致的研究。曾有学者对文学研究提出过这样的批评："表面上看，这是因为学者视野不断扩大而难以收束，其实还存在这种情况：有意无意规避现实问题，代之以理论推演的取巧。因为，陷入现实的困扰最容易令人苦恼和沮丧，相反，高架的理论倒是能赋予我们某种超脱的轻快与愉悦。"（李怡，2016：179）这一评价相当尖锐，但不得不引起我们的反思。所有的研究最终还是要回到指导、解释和预测实践及实际问题上来。翻译研究无论是转向文化、人类学，还是社会学、生态学，其背后理由都是翻译是一项文化活动、人类活动、社会活动，具有生态系统。但有哪一项人类活动不是文化活动、人类活动、社会活动，具有生态系统呢？今天的翻译研究大都是在谈文化和各种社会因素的制约问题，当大多数人都按照一个思路在研究时，会不会已经出现和比较文学一样的学科危机？同时，人们都在文化、社会理论上进行推演，这算不算是一种回避现实问题的表现？

虽然理论不一定能反过来指导实践，但它一定来源于实践。因此，如果问什么是翻译研究自己的研究领域，那便是通过实践总结的理论经验。因此，假设我们极端地切断跨学科的研究，翻译最后的自留地仍然是语言转换的问题。本书认为，凡是为解决语言转换这个核心问题而进行的跨学科研究，就是由内向外的跨学科研究。但研究者应该避免一些在跨学科研究中经常容易犯的错误。辛格就为我们举了一个语言学中跨学科研究的问题：“在我的研究领域社会语言学中……人们总会发现两种显著的现象：做社会语言学研究的人，要么从语言形式的角度讲，似乎对语言并不感兴趣，要么似乎基本不了解社会学、政治学和经济学。”（Singh，2005：60）而对翻译研究者而言，在拥有一定翻译实践的基础上，首先需要了解的是翻译实践本身产生的理论和经验，其次是语言研究中能够用于翻译研究的相关理论。也许有人要疑惑，那文化呢？笔者想说，语言和文化是不分家的。

而在跨学科研究中，研究者必须切实对所跨学科有所了解。比如，当我们谈及社会学视角时，所要关注的不仅仅是“场域”“资本”“惯习”等概念，社会学涉及整个人类文明从现代到后现代的进程，至少我们要对从胡塞尔的现象学到德里达的解构主义，从卢卡奇的西方马克思主义到萨义德的后殖民批评有一个概览性的了解，因为这些背景是我们正确理解一些概念所需要的语境。这些知识之间并非一种孤立断裂的状态。比如，如果我们不了解福柯，不了解哈贝马斯，就无法全面了解布迪厄。前两者都是从西方马克思主义理论出发，“可二人由于立场不同，竟得出了相反结论：福柯认定‘斗争行为范式’，老哈主张‘普遍理解范式’”（赵一凡，2009：740）。而德国学者霍奈特认为“二者都无力沟通理论与实践。批判理论若想重振雄风，就必须具备一种‘规范与实践’方向”（同上）。而布迪厄满足了这一要求。有趣的是，布迪厄和德里达是巴黎高等师范学院的同届同学，同是福柯的小师弟。这些背景对我们正确理解从其他学科舶来的概念，并恰当用于翻译研究很有必要。不然就会出现在 1.2 中讨论埃文－佐哈时，他跳出来说“至少我不会对那些为了服务于翻译观点而对多元系统论做的各种阐释负责”（黄德先，2006：57）。否则，我们真的要期待“作者之死”了。

笔者想强调，之所以跨学科，不是因为要从其他学科中引入新的概念，而是因为发现在翻译中存在无法很好解释的现象，而恰好其他学科的研究成果能说明这个现象。

通过以上论述，我们可以从理论上清晰地解释学科和跨学科之间的关系：学科可持续发展的动力是发现新的问题；跨学科的形式是为了解决这些新问题，产生新的知识。最终的落脚点还是推动学科自身的发展。而要在实际运用中把握好这层关系，我们就需要尝试对已有的翻译知识进行区分。

3.4.2　对翻译知识的区分

翻译研究的学者们早已把当下的翻译简单分为“内部研究”和“外部研究”。通常，学界以语言和文本为对象的研究被归为内部研究，也叫本体研究，而把文本外的研究，如文化、社会等研究归为外部研究。但这是一种理想中的分类。翻译作为一种社会行为，没有办法把内与外进行清晰的区分和完整的剥离，就如同语言和文化没办法完全分开一样。也没有必要具体把哪些知识归为内部研究，把哪些知识归为外部研究。那样做一方面会让内与外产生不必要的对立，另一方面会带来更多剪不断，理还乱的无休止争论。通过梳理学科与跨学科的关系，即提出问题和解决问题，我们能避开这种二元对立而直面“问题”。辛格带着试探性口吻提出的“about translation”和“of translation”就是为了直面翻译中的问题。

3.4.2.1 是“翻译的”还是“与翻译相关的”？以目的论中的“translational”为例

在众多翻译理论中，德国功能学派的目的论从一开始就试图搭建理论与实践的桥梁，从行为理论出发，对翻译过程、译员培训、翻译批评、文本功能等方面都有涉猎。与传统的语言对比和与文化转向及以后的理论相比，对整个涉及翻译的过程考虑更加全面。笔者将以功能派的目的论中的“translation”和“translational action”这两个概念为例，区分什么是“和翻译相关的研究”（about translation），什么是翻译的研究（of translation），以及他们各自在解决问题中的作用及互相的关系。

通常，我们把“translation”译为“翻译”，而把“translational action”译为“翻译行为”。让读者首先产生的一个疑惑就是翻译难道不就是翻译行为吗？维梅尔解释说：“翻译可视为翻译行为的特殊类型，特殊在于它是以原语文本为基础的。其他类型的翻译行为包括如顾问提供关于某地区经济情况和政治局势的信息等行为。”（Vermeer，2000：221）诺德说：“我们要区分‘翻译行为’（译者事实上的一系列所作所为）和‘翻译’（转换文本时的所作所为）。”（Nord，2001：17）这实际上是把语言转换行为和语言转换以外的行为进行了区分。诺德继续解释道：“从狭义上说，翻译总是包括对某些原语文本的使用，而翻译行为可能包括对交际行为提建议，甚至告诫。翻译行为可以由‘文化顾问’实施。”（同上）

事实上，维梅尔和诺德想要表达的是同一个意思。他们继承了语言学者的观点，翻译就是对照原文把一种语言转换成另一种语言。但众所周知，机械的语言转换无法达到“使相解”的目的。读者看到的译本也不仅仅是译者一个人的功劳，从开始有翻译一个文本的想法，到工作的计划和安排，到沟通咨询，到翻译的实施，到校对刊印，再到出版发行，这一系列工作都叫作翻译行为，或者叫与翻译相关的行为，而译者实施语言转换，就叫翻译。维梅尔和诺德所做的这种区分，其实是厘清目前翻译研究中很多问题和争论的一条很好的思路。但也许是因为其概念命名让人听起来感到混淆，因此没有发挥其应有的作用。借用辛格的提法，我们可以将之称为“与翻译相关的问题”（issues about translation）和“翻译的问题”（issues of translation）。相比“translational”这个形容词，“about”和“of”这两个介词能更好地表明其两方面的知识到底与“翻译”这个大问题是什么关系。同时，由于目的论对相关定义的举例多为商业翻译、广告翻译等非文学类翻译，因此虽触及文化概念，如“文化顾问”，但所涉及的内容并不深入。因此，笔者将尝试从“of vs. about”的角度来对已有翻译知识进行大致归类。

3.4.2.2　“跳出去”与“跳回来”：对翻译知识的区分

翻译知识分类以是否解决把原文从一种语言转换成另一种语言的问题为标准，它包括译者进行语言转换的过程、批评者对原文质量的评估和译员培养三个方面。如果是，则归为翻译的问题，如果不是，则归为和翻译相关的问题。但有些分类并非完全泾渭分明，有些研究一部分属于翻译的问题，一部分属于和翻译相关的问题，如上一节中提到的目的论便是如此。而有些则更加偏重某一方。因此，可以以“of”和“about”为标准，依据翻译研究发展的脉络和时间顺序进行梳理，说明哪些属于或者更偏向于“of”或“about”。同时，翻译研究总体都在语言学、文学、文化、社会学的观照之下，因此同样可以以研究者所持的科学立场进行分类。所以，本书将兼顾两种分类方式，以所持的学科立场将翻译问题分为两大类，并在其中按时间发展顺序进行分析。

第一，语言学观照下的翻译问题。

（1）在翻译问题中，有一部分问题和翻译行为一样古老：一为翻译策略，包括形式与内容问题、直译与异议问题、可译与不可译问题、归化异化问题等。二为翻译技巧，如词法的翻译、句法的翻译、修辞的翻译等。翻译技巧长期不受翻译理论研究者的重视是翻译实践与理论脱节的一个重要原因。当我们对一类翻译技巧进行系统总结后，便可以上升为理论。如 3.1.3.1 谈到的深度翻译以及隐形深度翻译，其重要的实践来源之一就是增词翻译技巧。毫无疑问，这属于翻译的问题。

（2）语言学转向以后，翻译研究进入了结构分析的时代。从翻译单位入手，对文本进行详细的层级划分和意义分析，其目的是为转换做准备。如卡特福德、斯坦纳、维纳和达尔贝勒那等人都涉猎过层级和转换问题。奈达、泰伯等进行了意义分析的研究。在结构主义语言学理论的观照下，转换理论和意义理论让翻译研究者能将翻译抽象为一些模式，如斯坦纳的“信赖—侵入—吸收—补偿”、奈达的“分析—转换—重构”等，学者们开始对翻译进行一种科学模式的探索。这属于翻译的问题。

（3）但语言深受文化和社会的影响，语言并非一一对应，且翻译的目的是进行交流，因此学者们又开始建立一种标准——对等，如奈达的形式对等和功能对等。但奈达并非放弃语言转换而投向功能。有学者评价说：“形式对等必须是我们的第一停靠港。”（Hatim & Munday，2010：42）而功能对等让读者的接受问题成为译者在进行语言转换时所考虑的对象。对等概念的确立为后来的翻译评估提供了理论基础，科勒、威尔士、豪斯等人都分别对翻译的对等和译本评估做过深入研究。而这一切也属于翻译的问题。

（4）在 20 世纪六七十年代后，西方语言学本身从乔姆斯基的转换生成语法进入韩礼德的功能语法，且受到邻近学科的影响，发生了语境转向，发展了一套语用、语篇和话语分析理论。翻译研究紧跟其后，发展了语用对等、语篇对等等理论。对文本连接（cohesion）与连贯（coherence）的分析以及对语域的分析对译者把握文体风格有较大帮助，从这个方面而言，它们属于翻译的问题。但“对目标语读者及译者的偏好、兴趣、意识形态、译本信仰和目的关注”（同上：48）就不是文本转换的问题了，而属于和翻译有关的问题。

（5）20 世纪七八十年代后，符号学、心理学、跨文化交际、阐释学等学科纷纷或主动或被动地与翻译产生联系。如目的论、关联理论以及一些研究方法，比如有声思维都是在这种背景下产生的。目的论已在上节进行过详细分析，不再赘述。严格来说，关联理论是把翻译看作一种交际方式，译者在理解和翻译原文时，会把原文内容与各种外部因素相关联，而关联理论是研究它们如何关联，重在阐述关系，而非翻译过程。有声思维是从心理学角度，研究译者翻译中的思维过程。因此两者更偏向于和翻译相关的问题。

总体而言，从语言学视角出发的翻译研究随着语言学本身的发展，经过了一个从静态到动态的过程。由于语言学的重点一定是放在语言和翻译实践上，因此所讨论的大部分问题都属于翻译的问题，偶有发散，涉及和翻译相关的问题。这是由它们牢牢抓住语言决定的。

第二，文学、文化、社会学观照下的翻译问题。

这类视角下的翻译研究所表现出的共同特点是，不以原文本为中心。如埃文-佐哈关注的是文学系统和文学史问题；图里、勒菲弗尔、巴斯内特等学者关心的是译本的影响研究和译本所体现出来的赞助人、意识形态、诗学等问题的研究；西蒙、弗洛托、罗宾逊、尼南贾娜等关心的是通过翻译实现政治权力。将这些“引入翻译研究的最大好处是我们读了一个新的、有效的研究视角。可以让我们将研究焦点从文本内转向文本外，从注重忠实原文转向探讨译文的变形，从语言对比研究转向翻译文化研究”

(蒋骁华，2003：28)。不以原文为基础，不关语言转换的过程，决定了他们属于和翻译相关的问题。但它们讨论的问题毕竟与翻译相关，因此无法完全摆脱语言转换问题。比如在文化翻译中，就有文化缺省和文化补偿，在意识形态中，就有意识形态的翻译，这些都与翻译实践密切相关，属于翻译的问题。

以上的区分只是进行了一个极粗的概览，还有许多重要的论断没有提到，但区分的方法是一致的。上文提到，做这种区分，并非要再树立一种二元对立。无论是翻译的问题还是和翻译相关的问题，从学科发展的角度，都为翻译学科做出了极大的贡献。因此他们应该是互补的，而非对立的。笔者将这种互补概括为“跳出去，跳回来”。一名优秀的教师在上课时，总是会在教材的基础上伸发出许多额外的东西，但最终会回到教材，达到传授知识的目的。翻译研究也是同样的道理。从语言学视角的研究中我们发现，研究从最基本的语言转换到渐渐溢出翻译的问题而进入和翻译相关的问题。文学、文化、社会学视角的翻译研究更是在和翻译相关的问题上做出了很多成果。这便是“跳出去”。但无论我们把文化、意识形态、权力等问题分析得多透彻，最终还是要通过语言转换来完成一篇译作。换言之，无论我们说翻译是什么，其实现手段都是语言转换。这便是“跳回来”。“跳出去”是学科发展的内在要求，是对翻译进行深入研究的必然结果，否则翻译永远都只是一门技术，而不会是一门学科。而“跳回来”是为了回归本源，服务实践，完善对翻译的认识，提升翻译的质量。我们在“跳出去”的道路上已经成果丰富，但还需不断深化。然而同时，是时候考虑“跳回来”，重新关注文本，重新关注语言问题了。

第四章　翻译与写作：翻译中的身份与伦理

文化转向以后，翻译研究界对翻译中历史、文化、权力等方面的研究不断深入和扩大。但如果这些研究只是为了描述一种现象，而不对实践产生作用，便似乎无多大实际意义。同时，存在于翻译中的历史、文化、权力等问题被描述清楚后，剩下的便是在各种文本中去反复印证。印证的过程当然必要，但对理论本身的推动已不大。因此翻译研究必定会将这些描述的问题集中到翻译行为实施的主体——译者的身上。巴斯内特指出："20 世纪 70 年代，翻译研究中的核心词是'历史'……80 年代……重点转向了作者、译者和读者之间的权力关系，与性别研究和后结构主义平行发展……到了 90 年代……关键词是'显身'。在语言转换的过程中，通过分析译者的调停，译者的角色可以被重新评估。"(Bassnett，1996：22）文化学派之后，受后现代性的影响，对传统价值的重新评估和颠覆之风盛行。翻译研究中则集中体现为译者对原作文体风格和思想内容的扭曲，巴斯内特称之为调停。以德里达、韦努蒂等为代表的解构学派，以西蒙、弗洛托等为代表的女性主义学派，以罗宾逊、尼南贾娜等为代表的后殖民主义学派均是如此。学者将译者对文本的各种处理进行聚焦研究，将译者从幕后推向台前，而其中都必不可少地涉及译者的"identity"和"ethics"的问题。在国内，我们通常把这两个词称为"身份"和"伦理"。这两个概念在翻译研究中有着深刻的内涵，有学者专门为此著书分析，如克罗宁（Michael Cronin）（2006）和根茨勒（2008）专门谈“identity”的问题，切斯特曼（2012）和皮姆（2001）等人细致分析了“ethics”的问题。

理论来源于实践并指导实践，这是一种普遍的思维模式。翻译研究中的历史和权力关系自然也要体现在译者的身上，也就出现了诸如“翻译是改写”“翻译是操控”“翻译要实施暴力”等概念。而这种方式让译者不再是原文的转换者，而是译文的创造者。因此，翻译和写作的关系很大程度上成为文化转向后翻译研究者关注的焦点问题。这个问题以译者的身份为核心，延伸出诸如自译、伪译、职业化等问题，并影响人们对什么是翻译的看法。本章将对这些问题进行深入探讨。

4.1 翻译研究中的身份

“identity”一词至少可有四个中文词与之对应：身份、同一性、认同、特性。而谈及译者的“identity”时，常见的中文对应词为“身份”。身份问题属于社会角色的定位问题，更简单地说就是研究“我是谁?”这一问题。我们当然可以简单回答说“我是译者”。但这种回答表明的是一种职业身份，而没有表明其身份属性。其实前人对译者的身份属性有许多很好的比喻，如茅盾将译者比喻成媒婆，法耶特夫人认为译者是仆人，德莱顿说译者是奴隶，意大利谚语称翻译者即背叛者。从这些比喻中我们就能看出译者是干什么的以及译者的地位。这些比喻恰好与传统中以原作为中心的翻译思想相一致，这类较为消极的比喻也与译者的隐性地位相匹配。但今天，当我们倡导译者的显性地位时，我们常听到的是一些较为积极的比喻，如译者是跨文化交际者，译者是文化建构者，译者是创作者，译者是改写者。

王东风（2014：72）指出：“所谓‘身份’，其实就是一种或一组范畴，具有某种属性。如果这个范畴是指某一类人，那么这类人在从事与其身份有关的活动时，就会自觉不自觉地认同该活动对其身份的规约，表现在行为上就具有某种共性。如果这个范畴是指某一类事物，那么表现在这类事物上的范畴化的共性就是这类事物特定的身份。”这段评述很好地把身份、同一性和特性融为了一体。范畴代表其特性，规约隐藏了认同，共性代表了其同一性，而一群特性相同的人或物所组成的共性便是身份。皮姆在谈及方向对等（directional equivalence）时借用了卡德的四种模式，认为词的对等可分为“一对一（one-to-one），一对多（one-to-several），一对部分（one-to-part），一对无（one-to-none）”（Pym，2010：28）。“identity”的中译显然属于一对多。我们虽可用“身份”来概括“identity”这个话题，但我们必须认识到这个“身份”背后的复杂性，而不是简单地将其当作中文中的地位。

身份问题并非翻译研究中的专门问题，而是一个热门的社会问题。克罗宁指出：“在过去，如果意识形态是建构政治交流的主要方式，现在已由身份接管。当然，这并非说由意识形态批评所发起的问题在某种程度上消失了或者不再是重点，而是移民、掠夺、弱势等问题越来越多地通过身份的话语进行调解。”（Cronin，2006：1）本书在第三章中认为意识形态也指一种观念，意识形态的分歧本质上也是看待事物时观念的分歧。身份同样体现一种观念，不同身份的人对待同一问题自然有不同的观点，而相同身份的人往往具有类似的观点。但与意识形态不同的是，谈身份更多是在一些边缘和危机问题上，而主流和平常问题并不会引起人们对身份的关注。因为我们在强调身份时，往往暗含着别人与我们的差异。比如我们对外国人介绍自己时会说我是中国人，这就是一种身份标记，是为了凸显和非中国人的差别。而如果我们对中国人做自我介绍，则往往不会说我是中国人，只会说我是浙江人、湖北人、四川人等，且这种划分还可以继续细化。同乡会这类带有强烈身份标记的组织也只可能在异乡出现而不会在本地出现。

进入翻译之中，当翻译处于一种对原文顺从的态度时，就几乎不会深入研究译者的身份问题。而但凡强调身份问题，几乎都是以差异的眼光在看待翻译，从解构翻译观、女性主义翻译观到后殖民主义翻译观无不如此。但有趣的是，翻译是一项寻求沟通、消除差异的工作，无论抱有何种翻译观，无论是为了传达文本的思想还是隐藏在文本背后的译者的思想，终归是希望得到认同。一旦得到认同，身份问题就随之消失。比如因女权运动而产生的女性主义翻译观，是将翻译作为一种斗争手段，而女权的存在是因为男女不平等，一旦获得平等，女权主义就会消失，继而女性主义和女性主义翻译观也会随之消亡。

但我们不能把对身份问题的描述变成指导翻译实践的理论工具。就如在 3.1.3.2 中谈到的创造性叛逆一样，创造性叛逆是一种现象，不是让译者去扭曲，去叛逆。译者的身份问题也是描述的一种现象，而不是让译者刻意为体现个人的身份（或曰显身）而进行创造和改写。

在对西方翻译史进行谱系研究时，勒菲弗尔和巴斯内特提醒我们要“深入社会中权力施展的特殊性和变迁，研究在文化生产中权力的实施意味着什么，而译本产生的影响是文化生产的一部分”（Lefévere & Bassnett，1990：5）。这说明翻译是文化建构过程中的重要因素之一。根茨勒以此为起点，出版了专著《翻译与美洲的身份：翻译理论的新方向》（*Translation and Identity in the Americas: New Directions in Translation Theory*）来谈身份问题。根茨勒认为：“研究是基于这样一种假设，即翻译是主要的方式之一，通过这种方式文化得以建构，因此对于任何文化演变研究和身份构成而言，文化都是重要的。”（Gentzler，

2008：2）因此翻译中的身份问题是译者如何通过翻译进行了文化建构。这里所说的文化不是大众文化，而是“关注小众和受压制群体”（同上：3）的文化。因此根茨勒选取了美洲为研究对象，包括美国、加拿大、巴西、拉丁美洲等。因为“美洲各国人主要是由移民、侨民和难民组成，因此翻译在美洲既不是孤立的语言和文学活动，也非后殖民的隐喻和转喻，而是一种包括和排除权力的实在历史运动”（同上：7）。笔者认为，所谓包含权力应是指译者在翻译过程中对原文的思想内容和文体风格的增减删改，而排除权力则是指译者对原文的思想内容和文体风格的完全遵从，虽然这种遵从不可能达到完全一致，却是努力而为之。但根茨勒想强调的身份不是译者的身份，而是翻译的身份，是因翻译的参与所形成的历史。克罗宁在《翻译与身份》（*Translation and Identity*）中也开门见山地说：“从移民对民族文学课的影响到现代国家间发动战争的方式，这本书探索每件事是如何与翻译和身份这两个紧迫的问题相联系的。”（Cronin，2006：preface）所以对根茨勒和克罗宁而言，他们谈论的翻译，已经不是两种语言的转换问题。根茨勒不满足于文化转向后把翻译作为“文化环境的隐喻或转喻”（Gentzler，2008：5），而是进一步认为“在美洲，翻译不是一种转喻，而是一种常态”（同上）。这种常态当然并非指美洲人都无时不刻在翻译文字，而是指各种文化交融和冲突的常态，好比两江交汇时，由于水的清澈度不一样，在交汇处形成一段过渡的区域。根茨勒认为：“不同的人和文化的持续交融和跨界，为美洲的翻译和身份研究提供了理想的平台。”（同上：180）如果我们关注一下文化转向后研究活跃的地域，会发现大都集中在欧洲、美洲、印度等地。因为这些地方都是不同文化相互碰撞的地方。克罗宁的《翻译与身份》中也谈到全球杂合（global hybrids）（Cronin，2006：20）、移民（同上：44）、与翻译相关的同化（translational assimilation）（同上：52）、与翻译相关的适应（translational accommodation）（同上：56）等问题。以爱尔兰为例，克罗宁强调“在身份中，翻译和移民是爱尔兰交往中的核心问题”（同上：59）。我们似乎可以进行这样一种推论：如果没有移民，没有人种问题，没有多语言问题，就不会有身份问题。从这个角度说，今天的中国就没有突出的身份问题。中国不是一个多移民的公家，中国也没有人种问题，汉语是中国唯一的官方语言。虽然中国也是个多民族融合的国家，但这种融合已有千年历史，早已形成中华民族，人们有共同的政治、社会和文化观。

翻译研究中对身份的研究并非把重点放在译者身上，而是强调在多语言、多文化、多种族的社会中，翻译所起的作用以及翻译参与并构建起来的文化和社会心理。根茨勒倡导“翻译研究的下一个转向应该是社会心理转向，发展一种功能方法去涵盖社会效应和个人情感”（Gentzler，2008：180）。这种社会心理会反映到社会和个人身上，虽然这种反映是以一种“碎片化的、间接的方式”（Cronin，2006：59）。随着全球化的继续发展，根茨勒所谓的理想平台越来越大，沿着这种研究思路，的确有着广阔的研究空间。但我们必须清醒认识到，这个方向未来的落脚点应是文化研究。之所以和翻译发生关系，是因为文化研究不再是单一文化研究，而是跨文化研究，其中必然涉及翻译对文化的影响问题，而翻译只是众多影响因素中的一种。勒菲弗尔与巴斯内特在提出翻译研究的文化转向后，巴斯内特又提出文化研究的翻译转向，认为“今天，我们看到无论对于文化研究还是翻译研究，在象牙塔中孤立的学术存在已成过去，的确在这些多面的交叉学科中，独立的研究是达不到预期效果的”（Bassnett，2001：138）。此言有理，但跨学科不等于不分彼此。翻译研究和文化研究是一种交叉关系，而非全同或包含关系。只看翻译对历史文化的影响及在社会心理中形成了身份，是把翻译作为了文化研究的手段之一，如果说这便是未来翻译研究的发展方向，恐有会使好不容易建立起来的学科被其他学科兼并的危险。

因此，从文化角度出发谈翻译的身份问题，实质上谈的是翻译在历史和文化身份构建中所起的作用。克罗宁和根茨勒头脑清晰，在给书定名时，是以“and”为连接词连接“翻译”和“身份”，而不是用表所属的介词“of”或所有格。如果用“of”或所有格，则表示从翻译行为的角度出发。同时，也没有翻译的身份一说。翻译行为的实施主体是译者，因此我们更需要讨论的是译者的身份问题。

有学者认为译者有“the multiple identity”（多样的身份），包括读者的身份、作者的身份、创造者的身份。[①] 我们其实还可以列出更多的身份，如译者的跨文化交际身份、译者的文化建构身份、译者的文化顾问身份、译者的调停身份等。但当谈及译者的身份时，西方学者却更偏向用“role”而非“identity”，如巴斯内特的文章《顺从者还是强势者：重新评价译者的身份》（“The Meek or the Might: Reappraising the Role of the Translator”）[②]。克罗宁在谈口译者的身份时说：“译者身份（the role of the interpreter）中的核心问题是在不同时期的张力与挣扎中语言和权力的关系。”（Cronin，2006：4）兰-梅西埃[③]（Gillian Lane-Mercier）提出疑问：“全球化如何影响了翻译的功能和译者的身份（the role of the translator）?”（Lane-Mercier，2014：223）皮姆在讨论哲学与翻译时提道：“余下的问题是个体

① 参见田德蓓：《论译者的身份》，载《中国翻译》，2000年第6期，第20—24页。

② See S. Bassnett: “The Meek or the Might: Reappraising the Role of the Translator”, in R. Álvarez & C. Vidal: *Translation, Power, Subversion*, Clevedon, Philadelphia & Adelaide: Multilingual Matters Ltd., 1996, pp. 10–24.

③ 加拿大麦吉尔大学法国文学副教授。

译者的身份和职责问题（the role and responsibility of the individual translator）。”（Pym，2007：43）所以译者的身份是指译者在翻译过程中所表现的角色。

在文学翻译中，根茨勒认为“翻译不是中立的”（Gentzler，2008：3），这是因为译者是在进行语言的转换工作，而“在不考虑身份的情况下，对语言的理解是不可能全面的”（Joseph，2004：42）。译者首先就是读者，译者对原文的理解必然受到多方面因素的影响，比如年龄、性别、成长环境、社会经历、阅读经历和受教育经历、个人偏好等。但译者又不是普通读者，“译者作为读者，其本质是积极的、创造性的读者，理解绝不是对文本的被动‘接受’”（Snell-Hornby，2001：42）。笔者对霍恩比的前半句表示认同，因为译者自然不像普通读者那样浅尝辄止，而是积极深入理解，并创造性地用目标语进行表达。但对于后半句话，我们可以做如下两种解读：第一，译者在理解原文时，理解了原文意义 A，但为了不被动接受，刻意将原文意思理解为 A’甚至 B；第二，译者受个人诸多因素的影响，形成了一种整体的观念（或曰意识形态），译者并不自知，也非刻意，在译者眼中，原文就是 A’。但如果是第二种情况，这种理解并无主动或被动之分。如若这种偏差是有意为之，则需要深入考察译者的身份立场问题。笔者认为这种偏差是由译者的杂糅身份决定的。

每个人的社会身份都是杂糅的，对于父母我们是孩子，对于孩子我们是父母，对于工作伙伴我们是同事，对于休闲伙伴我们是朋友，笔者称之为社会身份的杂糅。而在一种身份内，我们也充当着不同的角色，比如老师这个职业，在课堂上就是老师，而在课堂外，还可以是学生的朋友，有时还会履行家长的监管职责，笔者称之为单一身份内的角色杂糅。而社会身份杂糅和角色杂糅会相互影响。同理，译者是一种社会身份，而在翻译过程中，译者常常会扮演不同的角色。

谭载喜（2011：120－121）列举了对译者的14种比喻，并认为“所谓‘异化翻译’‘死译’‘直译’‘意义’[①]‘活译’或所谓‘改译’‘写译’‘拟译’‘编译’‘节译’‘选译’‘摘译’等各种类别的译文和译法，其实就是译者以各种角色身份开展工作的产物”。但这些杂糅的身份不应该是平行的，否则当有人说“我是一名译者”时，我们就不知道他到底是指的哪一种意义上的译者。那么译者身份的核心和本质到底是什么？

其实我们只需回想一下我们是如何确定一个人的职业身份的。一个人的职业身份是由他的主要工作内容决定的。当我们说一个人是农民，是因为他的主要工作是种植和喂养；当我们说一个人是老师，是因为他的主要工作是教书育人。当我们说一个人是译者，笔者相信多数人的反应是他是做语言转换工作的。译者当然是跨文化交际者，但跨文化交际者不一定是译者；译者当然有充当文化顾问的时候，但充当文化顾问者不一定是译者；译者，特别是文学译者，当然是文化建构者，但文化建构者却不一定是译者。译者身份的本质是语言转换者，这是每个声称自己是“译者”的人都必须具备的标签。因此，谭载喜将译者的身份以“主要身份”和“次要身份”进行分类（同上：119）。笔者认同这种分类，因为这种分类体现出对翻译本质的坚持。但无论身份主次，都给人一种译者主动而为之的感觉。比如，一个人的主要身份是英语教师，然后干了一份兼职工作做英语导游。但无论哪种身份都是主动为之。而一方面，译者作为读者，作为作者，作为创造者都是为了完成翻译任务，如果强行进行拆分研究，等于是把翻译的过程强硬分离并孤立对待。另一方面，固然有人借用翻译来实现文化目的、政治目的，但我们必须区分我们是在研究翻译，还是在研究以翻译为手段的其他问题。正如本书在

① 此处应为“意译”，“意义”或系作者笔误。

3.4.2.1中区分“翻译的”和“与翻译相关的”一样，对译者身份的研究，也应该分为对“译者的身份”和“与译者相关的身份”的研究。

翻译过程最简单的模式应是“理解—表达”。斯坦纳从阐释学的角度，将翻译的过程分为“信赖（trust）、侵入（aggression）、吸收（import）、补偿（compensation）”（Steiner，2001：312-319），谈的也是理解和表达问题。特别关心翻译过程的语言学派翻译学者也对如何做文本分析和话语分析，如何在内容和风格上做到动态对等进行了深入研究。这种“理解—表达”需要以原文为基础，依照原文建立语言、风格和读者反应上的对等。而风格是通过语言来展现的，读者的反应也是通过读文字获得的，因此译者的核心身份是语言转换者。

而译者为了完成语言转换的工作，可能兼顾了一些其他的身份。比如在商业谈判中，译者除了翻译双方的语言，偶尔也可能为了促成双方合作，给双方提出合作建议，甚至陪同进餐，陪同甚至代替雇主接送客人等。那么译者在谈判和日常交流中的身份是译者，但在给双方提合作建议时的身份则是商业参赞，而陪同进餐、接送客人时则是秘书身份。不能说参赞、秘书都是译者的身份。一个人只有在把一方的语言转换给另一方听的时候才是以译者的身份，而其他的身份都是因本次翻译工作而产生的其他工作决定的。反过来，我们也能看到一些体育节目的解说员，他们在比赛过程中负责解说比赛，但在颁奖环节可能会临时充当译者去翻译获奖感言。但我们仍然认为他的身份是解说员，他只是临时充当翻译。在文学翻译中也一样，当译者在进行文字转换和表达原文无其词但有其意的内容时充当的是译者。而有时为了让读者对文字内容背后的文化甚至故事有更多了解而通过注释叙述文化的来龙去脉和故事情节，便是在充当文化顾问。

无论是社会工作中的翻译还是文学翻译，译者出于某些目的或其他因素的影响，都自觉或不自觉地扮演着多种角色，身份杂糅。但杂糅不意味着没有主次。如果我们把这种杂糅的身份作为一个整体去看待则容易混淆译者身份的本质。译者的身份应是所有译者都具有的共性身份特征，而其他身份都是出于某种目的或为完成某项翻译任务而临时充当的角色，这些身份会随着环境的不同、事件的不同和时代的发展不断变化。区分“译者的身份”和“与译者相关的身份”是积极吸收最新翻译研究成果的同时，坚持事物的本质。只有在坚持本质的前提下，才能更好地分析与之相关的问题。比如，在区分“译者的身份”和“与译者相关的身份”的基础上来考察翻译中的主体性问题，便显得更加清晰。

4.2　翻译研究中的主体与主体性

与身份问题一样，文化转向以前，翻译研究中很少谈及主体问题。因为传统译论中，译文是原文的派生，原作者和译者是一种主仆关系。而文化转向后的翻译研究者却持相反的观点。韦努蒂就认为，“翻译有带来诸多变化的潜质”（Venuti，2013：10），包括对语言形式、内容、影响、文化等方面的改变。罗宾逊认为：“这种争论一直存在，一种坚持译者应该‘服从’原作者和/或原语文本，另一种坚持这种服从是不可能的：在翻译活动中，译者是积极主动的传译主体，掌控着整个局面。”（Robinson，2001：24）显然，这里的主体指译者的主体性。但我们需要思考，文化转向以前，在实践过程中，译者有没有主体性？文化转向以后，译者的主体性问题是在何种语境下提出的？

第一个问题，文化转向前，译者在实践中有主体性吗？

回答这个问题之前，我们需要先明确什么是主体性。当我们说译者发挥了主体性，是指译者实施了某些能动和创造性行为，而这些行为又一定受到相关心理因素的影响。黑格尔（Hegel）把世界精神分为主体精神（subjective spirit）、客体精神（objective spirit）和绝对精神（absolute spirit），一个人的心理特征（习惯、爱好、判断）表现为主体精神[①]。依据黑格尔的主体精神，笔者对主体性做一个不甚严密的概括：主体性是指一个人在习惯、爱好、判断等心理特征作用下对事物做出的能动和创造性行为。这种行为可以说是人与其他动物的本质区别。因此，无论哪个时期的翻译活动，译者都在发挥其主体性。只不过在以通顺为前提和标准的传统翻译观中，译者的主体性被掩盖了起来。韦努蒂指出："通顺也建立在对'不是很符合语言习惯的'外国文本句法的不'忠实'之上……在通顺翻译的体制下，译者让自己的工作'隐藏起来'，制造一种透明的幻觉，也同时掩盖译本的身份：译本读起来'很自然'，比如，就好像不是翻译。"（Venuti，2004：4—5）韦努蒂的这句话恰好证明了即使在传统译论中，译者的主体性也是一直存在的，只不过是被掩盖了。

第二个问题，译者的主体性在文化转向以后是如何发展的？

汤箬（2006：96）指出："关于'the subjectivity of the translator'，西方翻译理论研究是沿着两条主线铺开的，一是视译者的主体性为行动、思维和体验中的主观能动性；二是视其为译者翻译过程中的主观想法或观念。前者的'subjectivity'是单数不可数名词，后者是可数名词（a subjectivity of the translator 或 translator's subjectivities）。"简而言之，前者是心理特征，后者是心理特征影响下的结果。这同样说明译者的主体性是一直存在的。问题是为何这种长期以隐身状态存在的现象突然被翻译研究者推向台前？

① See J. E. Safra & J. Aguilar-Cauz: *The New Encyclopedia Britannica* Vol. 25, Chicago: Encyclopedia Britannica, Inc., 1989, p. 764.

对译者主体性的重视来源于对译者身份的重视。在《译者的隐身——一部翻译史》（*Translator's Invisibility: A History of Translation*）中，韦努蒂之所以要解开隐身的历史，是因为“译者的隐身是一种奇怪的自我摧毁，是构思翻译和实践翻译的一种方式，这种方式毫无疑问地强化了翻译在英美文化中的边缘地位”（Venuti，2004：8）。同时，他通过数据统计向我们展示了英语原作和译作在英美出版界的一种极不平衡性，谈到输入与输出对文化的影响[①]，并认为“译者的‘隐身’这个概念已经是一种文化批判，一种反对其所表现状态的分析”（同上：17）。那么我们可以推断，韦努蒂谈译者的身份，彰显译者的地位，并提倡译者发挥主体性进行异化翻译，不是为了研究如何翻译出更好的译本，而是为了改变翻译作品在英美文化中的地位，让读者意识到翻译作品的存在。和翻译中的身份问题一样，韦努蒂对译者的建议也是为了凸显差异和边缘的东西。如他指出：“在选择国外文本前，译者必须详细检查当下的状况——外国文学在英语中的规则，以及英美文学的规则，反对跨文化转换和地缘政治关系的模式。”（同上：310）“译者还必须强制修正一些边缘和剥削他们的因素，如文化因素、经济因素、法律因素。”（同上：311）韦努蒂的书中还有一个关键词是民族中心主义。他认为“翻译中因民族中心而导致的扭曲不可避免”（同上：310），而他把透明的译本视为这种民族中心主义的产物。因此，韦努蒂所提出的异化翻译实际上是对抗民族中心主义的手段。换言之，在韦努蒂这里，翻译不是目的，而是其反抗英美主流文化霸权的手段。所以他会认为译者“是文化实践的主体。这种文化实践要求其主体在不断的自我监督之下，常常主动查询文化规则或各种资料，如字

① See L. Venuti: *The Translator's Invisibility: A History of Translation*, Shanghai: Shanghai Foreign Language Education Press, 2004, pp. 12-17.

典及其他文本的语法书、话语策略、经典或边缘的译本等”(Venuti，1992：11)。所以，韦努蒂笔下的译者不是在以译者的身份来从事翻译，而是在以文化建构者的身份，将翻译作为手段来建构文化。韦努蒂的抵抗式翻译只有在弱势文化试图走向中心，与强势文化竞争这一语境下展开。

文化转向后的翻译理论，大都带有这类在文化、历史、政治、权力等方面的建构倾向。女性主义也是一个典型的例子。女性主义来源于女权运动，是因为女性的权力和地位长期被边缘化所致。译者隐身的历史、要求翻译透明的文化霸权和民族中心主义让女性主义研究者把译者的边缘化和女性的边缘化联系在了一起，产生了女性主义翻译观。费拉德指出：

> 翻译中的身份政治和翻译批评包括成人译者的个人兴趣和需求，将这种个人的兴趣和需求视为一些与文化、政治特征相联系的东西，这些东西将决定译者的洞察力、观点并作用于译本上。这些特点可能影响译本的选择，对译本的责任和在交际状态中译者对自己作用的看法。
>
> (Flotow，2004：97)

而女性主义翻译观强调的就是“个体译者的女性主义身份政治”(feminist identity politics of individual translators)(同上)。只要还存在女性主义，就说明女性在文化和政治上仍处于边缘地位。因此与透明流畅的传统翻译观相比，在女性主义翻译观指导下产生的译作同样也将会处于边缘地位。因此女性主义翻译实践是“政治性质的改写，特殊的翻译”(同上：96)。特殊的翻译必有特殊的文本、特殊的目的、特殊的译者以及特殊的读者，而非译者主体性中的普遍现象。至于对译本选择的影响、对译本的责任和在交际状态中译者对自己的看法等问题，按 4.1 中的讨论，都属于“与翻译相关的身份”所做的主体选择，而非从“译者的身份”做出的主体选择。因此不应被视为译者的主体性表现。

后殖民主义翻译观的代表之一罗宾逊（Douglas Robinson）也专门写了一本书谈译者的主体性，名为《谁在翻译？理性之外的译者主体性》。他问道：“谁翻译？谁是翻译的主体？译者被允许成为主体，拥有主体性吗？如果被允许，是什么力量在中间起作用，在何种条件下，这些力量从外部通过一种渠道传送至其中？”（Robinson，2001：3）通过这一连串问题，我们可以推断，翻译的主体可以有不同的人，而译者只是其中一个。只有在语言转换这个环节，翻译的主体才是译者。我们只用回想功能派翻译理论中“与翻译相关的行为”（translational action）（Nord，2001：17）便可知。比如文化顾问也在实施与翻译相关的行为，这时翻译的主体就不是译者，而是文化顾问。罗宾逊提出理性这一概念，他笔下的理性主要指以作者、原文为标准的翻译，在这种翻译中“原作控制着他（而非她）自己的目的”（Robinson，2001：26）。罗宾逊借用了女性主义的观点，这里的“她”显然指译者。他当然反对这种理性，因为他认为译者会受到很多因素的影响，“特别是意识形态、心理认知和经济”（同上：195）。“译者对自己的信念传统、意识形态规范理论、认知科学和翻译市场的研究都表明理性主义者关于翻译的假设是过时的、不足信的、不真实的。”（同上：194）对于这个结论，笔者想提两个问题：

第一，无疑，我们的翻译受到意识形态、心理认知和经济的影响。但这个结论已经有很多文化转向后的学者不断证实过了，这些因素只是一种客观存在。没有任何学者和译者声称，就要用意识形态、心理认知和经济状况来做翻译，且这些概念都是抽象概念。主体性强调的是对客观事物的具体反作用，需要在具体事情的刺激下进行。不同的学者是在从不同的角度，用不同的案例来论证这些因素的存在，有重要的理论意义，但也仅有理论意义。

第二，罗宾逊在书中多处把译者描述为“译者/作者”(translator/writer)，实际上是在混淆译者的身份。他说：“译者并不能成为原作者；他/她成为一个作者，一个与原作者非常相似的作者，但仅仅是因为他们都写作，以一种相当相似的方式，利用他们自己的语言和世界经验去形成实际的话语。”(同上：3)而作者的身份要求译者/作者创造内容，注定不会承认理性主义者的那套以对等为核心的假设。但我们必须区分这种“写作”是有意还是无意。如果是有意，我们自然会联想到改写操纵理论。改写是带有某种特殊目的的行为，如为了建构文化，如女性主义为了实现政治目的。但这是文学家在通过翻译进行文化建构和政治斗争，选择的也是特殊的文本，而不是作为译者完成某一项翻译活动。这两者的主体截然不同。当以译者作为主体时，译者的目的只有一个，那便是进行文本转换。曹明伦称之为文本目的，并认为文本目的是译者的根本目的①。

纵观文化转向后三大翻译流派——解构、女性主义、后殖民主义——的代表人物对译者主体性的关注和具体的内容，我们不难发现，他们对译者的主体性的研究呈现出三种趋势：第一，将研究局限于一个相对特殊的语境下，怀着特殊的目的，选择特殊的文本，针对特殊的群体；第二，没有区分翻译的主体、译者的主体；第三，没有辨明主体性的实施者是以译者的身份实施主体性，还是以其他的身份，以翻译为手段来实施主体性。

译者主体性要研究的不应该仅仅是特殊的、含混的、错位的对象，译者主体性研究应该具有一定的普遍性、明确性和指导性。有学者认为：“无论承认与否，译家之所以成为译家，同一原著的不同译品之所以千姿百态，必然是因为译者在翻译过程之

① 参见曹明伦：《文本目的：译者的根本目的——兼评德国功能派的目的论和意大利谚语“翻译者即背叛者”》，载《天津外国语学院学报》，2007年第4期，第1—5页。

中，对翻译的本质有一种先验的理念，因而形成一种主导的思想。”（金胜华，2014：7）所谓的主导思想就是一种观念，主体性就是一种观念体现。译者首先是成长于社会并与社会密切互动的人。一个人的知识习得和概念形成主要有两种途径，一是从社会，二是从自己。因此译者的各种观念必然和个人学习、经历与所受到的各种社会因素的影响有关。我们在翻译研究中常见的意识形态、文化、审美等都只是社会因素中的一部分。学界对译者翻译观念的形成并无具体研究，也无法研究，因为每个人的成长、阅读、经验都是千变万化的。社会因素的讨论也是不完全、不固定的，因为社会因素会随着社会发展不断变化。因此，译者的主体性研究是变化的、流动的，且不是时时刻刻都在起作用的。

如果我们将原作和几个不同的全译本进行对比研读，我们往往会发现，不同译本的大部分内容几乎没有特点，大多只是遣词造句的不同，这只能算表达习惯。当然有时也能清晰感受到语言水平的优劣，但这并不是译者的主体性导致的，而是其译入语能力不够，或没读懂原文。抛开译者本身的能力问题，目前的主体性研究主要说明了一个道理，就是各种社会因素（权力、经济、政治、文化、意识形态等）对译者有影响，让译者做出了不同的选择。这固然是正确的，但一方面这些研究的特殊性和局限性较大，另一方面，很难将其真正运用到实践之中。译者的主体性应该体现在译者的每一步选择上，而并非仅仅体现在一些社会因素上。严复说：“一名之立，旬月踟蹰。”《天演论》译例言这其实就是一个译者实施主体性的过程。为了确定一个词而调用了自己所有的知识，考虑到了能考虑的所有的因素，是为了实现译文的信、达、雅。正所谓因难见巧①，我们要研究译者的主体性，更应该把重点放在译者翻译过程中的各种巧妙的处理及原因上。通

① “得韵窄，则不复旁出，而因难见巧，愈险愈奇。”——欧阳修《六一诗话》。

过大量的描述研究，译者的主体性就不再是一个个概念化的社会因素，而是一个个真实的案例和一条条真实的经验，译者在吸收对比中，能形成自己的处理方式，在实践中发挥主体性。

研究这种主体性有直接和间接两种方式。直接方式即有声思维记录法（Think-aloud Protocols），间接方式则是通过译本间的对比阅读进行体会。

有声思维记录能让“主体用语言描述他们在进行翻译时脑海中所想到的一切及所做的一切”（Shuttleworth & Cowie，2004：171）。通过这一方式，译者的主体性表露无遗。如，曾有学者认为朱湘、梁宗岱、梁实秋、屠岸、孙大雨、曹明伦等名家都采用异化策略处理尾韵[①]。但曹明伦在一次讲座中否认了这一点，并以其翻译的弗罗斯特诗歌《未走之路》（“The Road Not Taken”）为例谈尾韵。强调这首译诗看起来“不押韵”，但之所以能读起来朗朗上口，实际上是运用了诗歌韵律中的“偶通”，是地道的中国传统诗韵，不但不是异化，反而是地道的归化。对于归化和异化这一问题，曹明伦（2011：118）认为：“无论西方和东方，在两千年的翻译活动中，归化和异化始终都是你中有我，我中有你，共生共存，互补互彰，此起彼伏，相反相成，因为二者都为了同一个目的，即‘正当以不闻异言，传令知会通耳’。”译者的主体性不仅体现在宏观的各类社会因素上，也体现在对翻译的观念和对文本的各种处理上。因此我们应多关注译者对自己翻译的自述，或者从一些序跋、注释中寻找答案。但在实际中，我们鲜见译者把翻译的幕后工作搬到台前的书籍和文本中，因研究仍大多依靠译本进行分析，虽然间接，但也必要。

翻译家金圣华1999年在香港政府法定语文事务署第八期“高

① 参见周永涛：《论格律诗翻译的尾韵问题》，载《科技信息》，2009年第23期，第585页。

级英汉翻译审稿班”的培训中给学员们做了一个练习。她要求学员翻译加拿大诗人步迈恪（Michael Bullock）的一首诗，是卧床的作者因朋友送花来看望而作的一首即兴小诗。其中最后两句是：

Remembering the giver
The day has begun

学员们的翻译如下：

新的一天又开始了

蓦然忆记起送花人
阳光普照大地，新的一天又开始了

念想送花人
这天来到了眼前

更念送花人意厚
新天伊始乐意悠

心里想念送花人
一天就这样开始了

勾起我对送花人的思念
让我们一起迎接新的一天

同时想起了送花者
这确是一天的开始

我想起送花人的关爱
这一天，在晨曦中披上新衣

脑海里想起那送花人
新的一天开始了

犹忆赠花人
初愈展新生

念起那送花人
一天又开始了

赠花君意余心知
夜尽又是朝晖时

（金圣华，2014：32—33）

虽然表达不同，但总体说来，左边几乎都是直译，而右边增添了一些文中无其词的意义。诗歌的美在于其留给人的充足的想象空间，“最后一句原文虽然颇有气势，但实在太简单，正如国画之中，留白极多，因此有无限空间，让译者去尽情演绎”（同上：34）。而这种演绎就是译者发挥主体性之处，包括对这两句原文所描述场景的时间关系、人物关系、象征意义等的分析都需要译者发挥主体性。“这一连串的考虑，以及内容的剖析，影响了译者的取向，措辞的选择，至于译者的主观意愿，一旦形诸文字，是否能诗意盎然，贴切传神，则自然须视乎个别译者对语言文字的驾驭能力而异了。”（同上）通过这个例子，我们可以看出，主体性就是译者从自身的视角出发，对原文进行理解和表达。金圣华特别强调了对语言的驾驭能力，这往往是我们在考察各类翻译问题时未谈及的。设想，假如缺乏对语言的驾驭能力，无论译者发挥了多么精彩的主体性，在文本中，我们都无法体会和分析。

4.3 翻译研究中的伦理

4.3.1 “忠实”伦理与“多目的”伦理

“Ethics”，中文翻译为伦理学，有着悠久的历史。它常与道德相联系。《不列颠百科全书》国际中文版（修订版）指出：在古希腊和拉丁文中，伦理学和道德都指习惯和风俗。但是个人或团体的伦理学或道德却不仅仅在于他们依照习惯或风俗而行事，也在于他们认为这样做是适宜的、正当的或必要的。道德包含一种不可避免的规范因素。一个人可以不经过任何反思而做出习惯的行为，但伦理学总是要涉及对该行为的反省的评价或处置①。《新不列颠百科全书》（*The New Encyclopedia Britannica*）中更加明确地指出：伦理的主体是由实际决策中的基本问题构成的，它主要涉及根本的价值本质及用于评判人类活动对错的标准②。

那么翻译研究中的伦理问题即翻译的价值问题和翻译活动的标准问题，主要通过译者的各种主体选择来体现。

依以上判断，再回顾翻译研究的发展，其伦理问题一直围绕着三个主题在展开：一是忠实问题；二是译者的权力问题；三是文本所产生的社会价值。

在忠实问题中，又有对作者的忠实、对原作的忠实、对读者的忠实等。

在译者权力的问题上，人们探讨过译文是否应该优于原文、译者在多大程度上享有自由等问题。

在文本的社会价值上，有的为了实现跨文化交际，有的为了进行文化建构，有的为了抵抗文化霸权，有的为了实现政治目的，有的为了体现外部制约因素。

以上三个问题常常相互交叉，比如当一个译者遇到不符合他个人或目标语读者伦理（道德）的原文内容和表达，他是应该忠实于原文，进行异化翻译，向目标语读者介绍一种文化，还是应该忠实于目标语文化，进行归化翻译？贝尔曼就把伦理分为“积极伦理”（positive ethics）和“消极伦理”（negative ethics）(Berman，1002：5)。积极伦理指忠实于原文的伦理，消极伦理

---

① 中国大百科全书出版社《不列颠百科全书》国际中文版编辑部：《不列颠百科全书》国际中文版（修订版）第6卷，北京：中国大百科全书出版社，2007年，第145页。

② See J. E. Safra & J. Aguilar-Cauz: *The New Encyclopedia Britannica* Vol. 18, Chicago: Encyclopedia Britannica, Inc., 1989, p. 627.

指因各种因素制约而不忠实于原文的伦理。不难看出，对贝尔曼来说，译者的任务是再现原文。但与韦努蒂的归化/异化说不同的是，韦努蒂倡导异化是为了反抗文化霸权，而贝尔曼支持异化是为了忠实于原文。文化转向后强调社会制约因素和个人目的，不同的学者也许会得出和贝尔曼相同或相反的看法。这种矛盾始终存在，切斯特曼总结出了伦理的三个问题：

> 第一，伦理可被分为两方面，一方面是宏观伦理问题，一方面是微观伦理问题。宏观伦理是译者与世界的关系。微观伦理是译者与语言的关系。
>
> 第二，翻译理论的概念来自两种不同的伦理理论：契约的和功利的。契约理论是基于双方达成的一致来判断什么是正确或错误的行为，因此与义务、权力、责任和规范等概念相关。伦理的功利理论是基于某种目的来关注一个特定行为的结果。
>
> 第三，在文学的翻译伦理中，我们发现一些学者采取描述性方法，而另一些学者采取规定性方法。
>
> （Chesterman，2012：170－171）

以上三个方面相互联系，相互支撑。第一个问题实际上谈的是译者的世界观问题，第二个问题谈的是目的论问题，第三个问题谈的是方法论问题。而这三点最终反映了译者的翻译价值观。以上每一个点都是分为两个方面来讲的，但如果以方法论来进行划分，其实形成了泾渭分明的两条线，一条线是规定性方法引导下的微观伦理问题和契约理论，另一条线是描述性方法引导下的宏观伦理问题和功利理论。规定性研究是先在于翻译行为的，是对行为的事前规约。而描述性研究是研究已经存在的行为和现象。作为一套价值判断体系和活动标准，伦理强调的是翻译“应该”是什么样子的。换言之，伦理是一种规定性研究。而“对伦理进行的描述性研究仅仅是为了描述一个案例看起来是什么样子的，而没有形成相关标准，在这个案例中研究者应该怎么想”（同上：171）。当然，这并非说对伦理进行描述性研究是没必要的。通过大量实际个案的描述，我们能探查、校验、倒推相关理论，但我们更应该关心译者到底应该遵从什么伦理。

翻译作为一项社会活动，注定不可能是一门精密科学。无论我们是否承认，翻译无法摆脱译者的主观性，个人翻译和合作翻译皆如此。从这个角度说，译者可以有很多伦理。有学者归纳了五种伦理，分别是“忠实原作”的伦理、对目的语读者负责之伦理、译者本身的职业伦理、丰富目的语之伦理、宗教伦理①。笔者认为可以再简化，一为“忠实”伦理，二为“多目的”伦理，因为这体现了译者对翻译的价值判断。而价值问题是伦理中的核心问题。切斯特曼指出：“如果策略的目标是遵循规范，那么规范的目标是什么呢？简单地说，我认为答案是：发扬某种价值。”（同上：172）

本书在第二章详细论述了对等的发展，认为对等过去是，今天是，未来仍将是翻译研究中的核心问题。奈达和泰伯认为“忠实乃是对等之结果”（Nida & Taber，2004：203）。对等是文本内和文本外以及两者间共同作用和取舍下的综合结果，包括语言层面的对等、文化语境层面的对等，并受到译者认知、译者目的、时间和读者的影响。而这种综合的取舍看上去是“改变”了原文，实则是为了满足忠实的需要。根茨勒也认为：“译者通过对形式表达进行改变，正是因为他们试图忠实地转换原作的内容。”（Gentzler，2004：88）无论在理解忠实还是对等时，我们

① 参见彭萍：《翻译伦理学》，北京：中央编译出版社，2013年，第134－142页。

都容易犯绝对化的错误，认为其是一种绝对的不变。毫无疑问，只要在实施转换，就会产生改变，所以就有人认为忠实是“不切实际的、徒劳无益的”（Lefévere，2010：51）。我们不妨将忠实理解为一种区间，原文是这个区间的中轴，而译文则围绕这一中轴上下波动。

也许有人会提出质疑，如这个忠实的区间幅度有多大？忠实有不同的对象，有忠实于原作的，但同时也有忠实于读者和忠实于目标语的，甚至还可以忠实于不同的目的。

的确，忠实的对象有所不同，如法国学者阿尔比提出了“三忠于”的翻译观，包括忠于作者、忠于读者和忠于目标语言的表达[①]。纽马克也提出过和阿尔比几乎一样的论述，“译者首先要忠于作者，其次要忠于目标语，最后要忠于读者”（Newmark，2001a：64）。这三种忠于可以有先后，可以有轻重，但仍然是一个整体，不能拆开来理解，而是译文要同时尽量照顾到这三个对象。正如纽马克所指出的，“翻译的全部问题最终都归结于如何译出既传达原文又符合目标语规范的译本”（同上：17）。最好的译本就是在原文、读者和目标语的矛盾间寻求最佳的解决方案。换言之，但凡以解决原文、读者和目标语规范之矛盾为己任的译者都持有忠实的伦理观。必须承认，这种伦理所指向的标准仍是一个抽象概念，所以我们无法用具体的数据和规定来衡量忠实的区间范围，但如果译者持有忠实的伦理观，就事实上形成了一种行为上的自律，即尽己所能地解决好各种矛盾，向中心靠拢。在此，我们还需要对为何需要遵从目标语规范进行一个特别说明。符合目标语规范，实际上是一种归化，但能否异化？施莱尔马赫指出：“只有两种翻译方式。要么译者让作者不动，尽可能让读

① 参见许钧、袁筱一：《当代法国翻译理论》，武汉：湖北教育出版社，2001年，第118页。

者向作者靠拢；要么译者让读者不动，尽可能让作者向读者靠拢。”（转引自 Venuti，2004：19—20）无论是归化还是异化，都是忠实的一种方式。但笔者更加支持归化，因为“目标语文化中的主导模式在很大程度上会决定读者的期待视野。如果译作不符合那种模式的要求，译本在被读者接受的过程中就可能遇到更多困难”（Lefévere，2010：92）。作者刻意保留的异国情调，对于普通读者而言，也许是怪异、不通顺的，进而该译本可能被视为糟糕的作品，甚至会进一步影响到该作品在他国的传播，以及读者对原作品和原作者的正确评价。跨文化交际有多重途径，翻译是其中重要的一种。两种文化的相互理解是一个过程，而这个逐渐认知并理解的过程也自然影响着语言。这种文化交际的时间越长，越深刻，读者对原语文化了解得越多，他们可接受的异化程度就越高。但辩证来看，文化交流的最终形态是融合。融合后的异国文化实际上也就成了本国文化的一部分，而贴近原文进行翻译时，读者并不会有强烈的异化感。所以，一方面，归化和异化不是一成不变的；另一方面，从大趋势上讲，随着文化的交流不断加深，异质性因素会越来越少。而在操作过程中，仍应以归化为主，翻译异国文化的作品自然会带有异质性因素，而在语言表达上，应以不给读者造成阅读理解障碍为限。笔者想再次强调的是，忠实于原文、忠实于读者、忠实于目标语的表达这三者并不冲突，不能分开考虑。切斯特曼还总结过翻译研究中的四种伦理模式，包括再现伦理（ethics of representation）、服务伦理（ethics of service）、交流伦理（ethics of communication）、基于规范的伦理（norm-based ethics）①。这同样应视为归类的需求，但在研究中却以一个整体存在。

---

① See A. Chesterman: “Proposal for a Hieronymic Oath”, in *The Translator*, 2001, Vol. 7, No. 2, pp. 139—154.

而多目的的伦理强调的是译者因特殊的目的或需求而进行翻译。译本的价值表现在满足相关的目的。贝尔曼将因意识形态和文学价值等原因而不忠实于原文的行为和价值观视为“消极伦理”（Berman，1992：5）。换言之，贝尔曼并不推崇这种伦理。有学者对此评论说：“这种观点当然有些偏狭，因为翻译要体现的是原语和目的语平等的问题，所以翻译伦理更应该注重双方的和谐，而且从社会角度讲，还有很多文本外的要素需要考虑。”（彭萍，2013：149）这代表了一大批文化转向后专注于翻译的社会因素和外围研究者的观点。但我们必须认识到，在译者的决策过程中，文本外因素的确会对译者产生影响，但决策并不是以这些因素为目的。威廉姆斯和切斯特曼向我们梳理了这些外部因素，包括：

- 权力，解放
- 性别
- 后殖民主义，民族主义，霸权
- 少数族裔，文化身份
- 译者的显身

（Williams & Chesterman，2004：18）

其倡导者主要是罗宾逊、费拉德、巴斯内特、韦努蒂等人。本书第三章和4.1已论述过他们的理论背景，所有的研究，无论是在案例选取、语境还是翻译目的上，处处体现出特殊性和工具性。所以威廉姆斯和切斯特曼说：“在意识形态的计划中，翻译已经是，也仍是强有力的工具。”（同上：19）

多目的伦理的最大问题在于，在多样化的价值观下，会产生多样化的规范、多样化的技巧以及多样化的译本。而我们会失去对这些多样化译本的评价资格，因为根本就没有统一的标准。同理，也无法进行翻译教学和译员培训。这些外部因素都是通过描述已有的译本而得出的结论，那么，也许我们应该再来回顾一下上文提及的切斯特曼的话："对伦理进行的描述性研究仅仅是为了描述一个案例看起来是什么样子的，而没有形成相关标准，在这个案例中研究者应该怎么想。"（Chesterman，2012：171）所以笔者不反对对伦理问题进行描述，但质疑是否能将描述的结果作为伦理标准。笔者认为，对翻译伦理的研究是为了建立翻译的价值观和行为标准。虽然它的确会受到各种外界因素的影响，甚至会在一定的历史时期发生变形，其核心价值观与行为标准也可能会有所偏离，但不应产生质的变化。

综上所述，"忠实"应为翻译伦理的根本伦理。确定了以忠实为核心的伦理观，我们便可以进一步分析译者的职业道德和职业标准问题。

4.3.2　译者的职业道德与职业标准

在 4.1 中，本书区分了"译者的身份"和"与译者相关的身份"，并指出当译者进行语言转换时，是以"译者的身份"，而当译者进行其他与翻译相关的活动时，是以"与译者相关的身份"。在 4.3.1 中，本书论述了"忠实伦理"是翻译的根本伦理。身份和伦理共同决定着职业道德与职业标准。因此，基于以上两个方面的论述，我们有理由去为译者划定职业道德与职业标准。

列维曾把翻译过程视为一系列抉择（decision-making）的过程（Jiří Levý，2000：148）。威尔士认为抉择的过程受四个方面因素的影响，包括译者的认知系统、译者的知识背景、与客户或原文作者达成一致的任务说明、与特定文本类型相关的问题（Wilss，1994：148）。切斯特曼在谈伦理问题时也运用了抉择，并指出"是否执行或不执行某种行为的决定不仅仅受价值和规范的影响，还受到现实状况的影响"（Chesterman，2012：171）。

值得注意的是，所有学者都在谈“影响”，这说明学者们在关注和研究翻译过程时，都充分考虑了各种外部因素的制约。因此我们可以断定，译者在进行翻译时，有一条核心的标准，而其他因素会对这个标准产生影响，有时会导致一定程度的偏离。这也是为何我们总听到有学者质疑说，完全的对等是不可能的。但因此就放弃这个最高理想是不正确的。所以，笔者认为，文化转向及以后的一批学者虽然也对伦理及标准问题有所涉及，但他们的研究很少涉及翻译过程，大多从比较文学、社会学知识对译本所产生的效果进行研究，因此，其结论也不可能反过来成为译者的职业道德和职业标准。切斯特曼除划分了四种伦理外，还提出了“责任”伦理，并列举了九条责任，都是以“我发誓”“我将”这样的语言开头，其内容涉及承诺（commitment）、对职业的忠诚（loyalty to the profession）、理解（understanding）、真实（truth）、清晰（clarity）、可信赖（trustworthiness）、坦诚（truthfulness）、公正（justice）、追求卓越（striving for excellence）[①]。医生、教师等许多职业都有类似的职业道德要求。在我们谈翻译职业化的时候，首先就要建立职业道德标准。这一套规范对各种类型的翻译都有意义，其中的理解、真实、清晰和信赖则涉及具体的操作原则。切斯特曼在其专著《翻译模因论：

① See A. Chesterman: “Proposal for a Hieronymic Oath”, in *The Translator*, 2001, Vol. 7, No. 2, p. 153. 具体内容如下：1. 我发誓以我最大的能力和判断力去遵守这份誓言。（承诺）2. 我发誓做翻译行业中忠诚的一员，尊重其历史。我愿意与我的同事分享经验，并将之传给后来者。我将不会低价竞争。我将时刻尽己所能地进行翻译。（对职业的忠诚）3. 我将用我的知识在语言壁垒间实现最大的沟通，减小误解。（理解）4. 我发誓我不会以一种不公正的方式来呈现原文。（真实）5. 依据每一次翻译任务的情况，我将尊重我的读者，尽可能地让我的译本晓畅。（清晰）6. 我保证尊重客户的行业秘密，不因个人私利泄漏客户信息。（可信赖）7. 我将告知我的资质和局限，我不会接受超出我能力范围的工作。（坦诚）8. 我将告知客户无法解决的问题，如果发生争议，同意仲裁。（公正）9. 我将尽可能保持和提高我的翻译水平，包换所有相关的语言、技术、知识和技巧。（追求卓越）

翻译理论中的思想传播》（*Memes of Translation: The Spread of Ideas in Translation Theory*）中对其有具体阐释。切斯特曼将译者的决策分为三个步骤：

> 第一，评估起始阶段。起始阶段包括原文和其语境、译者对完成翻译任务所具备的知识、译本的潜在读者、译本的出版地等，以及译者的语言和知识面，这也包括了对读者期待的了解。
>
> 第二，假设阶段（包括没有执行的某种行为）与假定的完成阶段（包括如何使某一行为被执行）之间的比较。理论上而言，这种比较应该表明在这两种阶段中，哪一种能体现特定的或一系列价值。
>
> 第三，根据以上的比较进行翻译：如果断定假设阶段比假定的完成阶段“更好”，就不执行该行为；如果假定的完成阶段比假设阶段“更好”，就执行该行为。
>
> （同上：174）

上述步骤实际上是译者在施行翻译（语言转换）前，在脑子里进行的一系列翻译标准和规范的分析。基于这些分析，译者在翻译中就会进行自我知识储备，并做出自己认为最恰当的翻译——既忠实地表达原文，又满足目标语和读者的需求。而在具体到翻译过程时，彻斯特曼提出了四条标准，分别是清晰（clarity）、真实（truth）、信任（trust）和理解（understanding）。

“清晰”是针对语言问题。“清晰是一种基本的语言价值；不仅仅针对翻译，它适用于任何语言的使用。”（同上：176）笔者认为，无论是内容、风格、文化、意识形态还是权力，我们所探讨的一切翻译问题都需要以语言为基础。是否尊重目标语表达习惯和读者阅读习惯、语言是否通达是评价一篇译文好坏的基本标准。而把这种清晰的语言视为一种霸权文化，想要通过异化达成语言平等，进而达到文化平等和政治平等的观点是将语言和翻译政治化的结果。政治可以把语言问题和翻译问题作为重要工具，但反过来，语言和翻译并非只为或主要为政治服务。"清晰"的要求实际上是满足了对目标语和目标语读者的忠实。毕竟，没有人会从一篇表意不清、行文不畅的文本中获得美感和其他文学价值。简单来说，译本需要有可读性。

"真实"针对的是原文与译文的关系问题。切斯特曼说："译者应该建立和维持原文与译文的恰当关系。"（同上：178）而原文与译文的关系实质就是对等的关系，因为"对等被许多作者描述为原文与译文之间或更小语言单位之间的关系本质与关系范围"（Shuttleworth & Cowie，2004：49）。虽然许多学者都反复强调对等不是绝对的一对一（见第二章），但也许是因为对等作为一种过于客观且无法达到的理想标准仍然无法消除人们的偏见，切斯特曼才使用"真实"这一词。他视原文为一种客观的真实存在，"如果某事与真实相符（correspond to），那么我们就可以说某事是真实的。'真实'（从一种非神秘的角度）描述了命题（a proposition）和事物状态（a state of affairs）间的关系特质"（Chesterman，2012：179）。这里的命题即指原文，而事物状态即指译文。即便一位理想中翻译技巧高超的译者也无法不增不减地复制原文，这不是翻译的问题，而是文学语言本身的问题。形式主义专门研究过文学性问题，认为"日常语言的主要功能是以存在于语言之外的世界为参照物，向听者传递信息或情报。相反，文学语言则是以自我为中心，其功能并非以外界参照物为参照信息，而是以自身'形式'上的特征吸引注意力，即通过语言符号自身的品质和内部关系等特征，给读者提供一种特殊的体验模式"（Abrams & Harpham，2010：126－127）。而以自我为中心的文学并非主动给读者某种体验，而是作为一个自成体系的世界，让读者来认知，因此“所有理论流派的读者反应批评家或多或少都承认，一部文本的意义是读者个人的‘产物’或‘创造物’”（同上：229）。但与文学作品不同，翻译毕竟不是天马行空的原创。首先，译者是有原文作为参照物的。其次，译者先是原文实际的阅读者。根据读者反应批评理论，译者所理解的原文是对原文的个人解读，译者所能翻译的文本也是他个人理解的文本。但我们并不能就此说译文不是真实的（或曰不对等的），因为翻译中的意义和文学中的意义不是一个完全相同的概念。

文本意义是建立在语言之上的，既没有无语言（包括符号）的意义，也没有无意义的语言。对于译者而言，只要译者具备准确理解原文的能力（包括语言上的和文化上的），就能进行意义的翻译，以此保留基本情节内容和讲述方式。换言之，翻译关注的是语言本身所表达出来的意义。而文学的意义则不尽相同。只要稍稍回忆一下过往的阅读经验，我们就会发现，作为读者（特别是普通读者），我们最直接的感受来自情节内容和讲述方式，我们会因故事展开的方式而充满好奇，会在故事情节中找到自己的身影，与故事中的人物共情。这便是文学作品的最大魅力，也是意义是作品和读者共同创造的原因。

当我们说一部文学作品的意义时，并非指每句话的意义，而是对这部文学作品的整体认知。以小说体裁为例，美国文学学者福斯特（Thomas C. Foster）在《如何阅读一本小说》（*How to Read Novels Like a Professor*）中谈到了小说的十八个特征[①]。但译者不是文学学者，不会像文学学者那样去分析、总结和研究

① 包括风格、腔调、情绪、措辞、视角、叙述的在场、叙述的态度、时间框架、时间的掌控、地点、主旨、主题、嘲讽、节奏、步速、期望、人物、导语。See T. C. Foster: *How to Read Novels Like a Professor*, New York, London, Toronto & Sydney: Harper, 2008, pp. 25-36.

小说的特征并在翻译中去一一对应，因为这些东西全藏在语言里头。译者应该做的是反复读，甚至是朗读原文和译文，以对比和感知其文体风格等各种特征。译者对意义和文体风格的理解和转换不是建立一种抽象的概念之上，而是建立在一个个具体的语言单位上，所有的意义和问题风格都是从一个个词、一句句话、一个个章节中反映出来的，这也是译者能实实在在看得见，能处理的对象。顺便说一句，文化转向后，许多学者提倡的“以文化为翻译单位”也是从文学评论的角度提出的一种整体和抽象意义上的转换。文化是建立在内容和风格上的整体认知，译者只能通过一个个具体语言单位的转换来体现文化，而无法直接以文化为翻译单位进行文化转换。简而言之，译者需要以原文为参照物，在思想内容和文体风格等问题上创造真实（或曰对等）。

“信任”针对的是译者的责任（accountability）和职业（profession）问题。译者必须被信任，包括“读者，翻译的任务发布者，出版社以及作者（当然，如果作者还活着的话）”（同上：180）。那么译者凭什么被信任？读者相信译者的前提是译者能通过译本让读者领略原文的思想内容和文体风格；任务发布者相信译者的前提是译者有专业能力和工作态度译好一本书；出版社相信译者的前提是译者所翻译的作品能带来良好的经济效益；作者相信译者的前提是译者能让作者的作品被更多人了解。任务发布者和出版社所关注的简单讲就是译者的口碑。对不通外语的作者和读者而言，他们希望传播和读到的作品显然是原作。普通读者看不懂原文，只能天然相信译本所言就是原文所言。原作者可能同样对译本的内容毫无概念，否则也许他们就会用另一种语言直接写作了。因此如果他们赋予了译者信任，译者就需要承担责任，对自己的行为进行约束和自律，并接受同行或双语读者和作者的评价。由国际翻译工作者联合会（The International Federation of Translators）颁布的《翻译工作者宪章》（*The*

Translator's Charter）在第一章“翻译工作者的义务”第 4～7 条中明确指出[①]：

> 4. 任何译文都应忠实于原意，准确表达原文的思想和形式，遵守这种忠实的原则是翻译工作者法律上与道德上的义务。
>
> 5. 然而，正确的译文不应同逐字翻译混为一谈，因为翻译的忠实并不排除文字上的必要改变，以便使人能够用另一种语言在另一个国家体会到原作的形式、气氛及其内在含义。
>
> 6. 翻译工作者应通晓原文，更重要的是要精通用来进行翻译的语言。
>
> 7. 翻译工作者应该知识广博，对所译对象有足够了解，对不熟悉的工作不予承担。

在这份文件中，我们再次看到了忠于作者、忠于目标语、忠于读者的原则，忠实原则甚至被提升至法律和道德层面。必要的改变是为了形式、气氛和意义上的忠实。因此忠实是一名译者必须遵守的职业道德。也只有坚持忠实，译者才能得到读者、作者、任务发布者和出版社的信任。

“理解”针对的是交际问题。《礼记·王制》说：“五方之民，言语不通，嗜欲不同。达其志，通其欲，东方曰寄，南方曰象，西方曰狄鞮，北方曰译。”《周礼·秋官·序官》说：“译即易，谓换易言语使相解也。”之所以要有译者，是因为操不同语言的人想要相互交流，译者的目的就是让双方相互理解。如若用一句

---

① 参见《翻译工作者宪章》（中英对照），http://www.topsage.com/english/translation/biyi2/201308/54582.html。

话来概括斯坦纳的《通天塔之后：语言与翻译面面观》（*After Bable: Aspects of Language and Translation*），那便是“理解即翻译”。纽马克也说译者的工作就是要“消除误解”（Newmark，2001：211）。但消除误解和对等一样，不是一个绝对的概念。“理解总是包含解释，解释又总是牵扯到差异和主观理解；解释又总是受特殊时间和地点因素的影响……和绝对的清晰一样，绝对的理解是一种规制性理念。”（Chesterman，2012：183）即它可以无限接近，但无法完全实现。在切斯特曼看来，无法完全理解的原因在于文化，他称作为文化碰撞（culture bump）。“在翻译研究中，它们有效地被定义为一种原文本的原文化所特有的特征，如果翻译中不加以‘改变’，便可能打断理解的连贯，也许导致最终的误解。”（同上：185）切斯特曼所强调的文化问题不是针对整个文本所传达的抽象文化概念，如意识形态、权力等，而是具体语句中所包含的文化因素，主要涉及文化常识和文化联想。比如，如若我们不读《圣经》，不知道希腊罗马神话故事，就难以理解许多西方文学作品中的细节。每个民族都有自己的史诗或历史传说，对于本民族读者而言，这是一种常识，一出现在文学作品中，便会引起读者丰富的文化联想，为文学作品增色。译者面对这些文化常识和文化联想，要么采取深度翻译，要么在不影响整体意义情况下，为求阅读和理解的顺畅而放弃这些文化现象。比如，句子“He is as ugly as Pan”，如果仅翻译为“他和潘一样丑陋”，不知道潘为何的读者显然无法理解。这里译者要么选择加注释，为读者简要介绍希腊神话中的潘神，甚至潘神的故事，要么将句子处理为“他长得极其丑陋”。切斯特曼认为，这种“翻译处理（manipulation）的必要性限度将取决于译者对目标语读者可能的知识背景和原语言间不同关系的评估”（同上：185）。在理解问题上，切斯特曼倡导的不是一种如何主动提升理解度的方式，而是一种相对保守预防性的行为（preventive action)，要求译者尽量“减小误解”（同上：184）。可见他仍希望译者尽量忠实于原文。这也许是因为处理得越多，差异性就越大，所加入的主观性成分也越多，离原文的内容和风格也就越远。

回看切斯特曼针对翻译伦理所提出的清晰、真实、信任和理解这四点原则，可将它们视为对“三忠于”原则的进一步阐释。如果抛弃原文，抛弃忠实观，便不可能建立标准。翻译当然是一种创造性活动，但不是一种原创性活动，译者在创作的过程中，时时受到来自原文、目标语和目标语读者的限制。这种限制既是一种标准，也是译者需要自觉遵守的职业道德。

除切斯特曼外，还有不少学者对伦理进行过论述。杂志《译者》（*The Translator*）曾为翻译伦理学问题做了一期专刊（2001年第七卷第二辑），其中搜集了切斯特曼等十位学者关于翻译伦理问题的文章，皮姆为其写了题为《翻译研究的伦理回归》（“The Return to Ethics in Translation Studies”）的导言。皮姆为这些文章的观点做了一个总结：有的认为“我们不应该关注语言对等的伦理问题”，有的认为“伦理在今天是一个语境广阔的问题，取决于特殊文化地域和情境因素下的实践”，“越来越多人同意关注人而非文本”，也有人“怀揣着勇敢的愿望，想要建立普遍价值，虽然这与目前处于全盛时期的批判性解构相违背”（Pym，2001：137）。皮姆说，“翻译规则就是伦理决策”（Pym，2010：159），“翻译伦理学的核心问题不是在特定的情况下如何去翻译，而是谁决定如何去翻译”（同上：160）。但这些针对的都是伦理学中的一个方面，即价值问题。前文中，笔者在论述“忠实”伦理与“多目的”伦理时，虽然更倾向于坚持“忠实”伦理，并认为这是翻译伦理的主要价值所在，但并不排除其他伦理。但如果把翻译视为一种职业，谈伦理学的道德和操作规范问题时，便只能有一个核心标准——忠实。多价值会导致多标准，对于一种职业而言，多标准等于没有标准，职业道德便无从谈起。

4.4 “共谋”概念下的伪译

上文中，笔者一直从译者和翻译过程的角度谈身份、主体性和伦理问题，强调原文与译文的关系。但从译本的角度来看，文化转向后的学者关注的不是以原文为参照对译本进行质量评价，而是对其影响的研究。我们也看到“德里达（以及其他人）重读瓦尔特·本雅明，将译本赞为原文的‘来世’，译本是原文的生存手段，是原文的再生”（Bassnett，2001：25）。在这种观念下，译本摆脱了原文的限制，成为一个独立的文本参与文学活动。译者不再满足于其幕后的身份，而想要在翻译中体现自我的存在，就如同原作者在原作中的存在一样。译者通过翻译也成为语言和文化的建构者。译者不再是复制者，而是制造者。这一巧妙的角色转换得益于巴斯内特在《何时译本不是译本?》（“When Is a Translation Not a Translation?”）中提出的“共谋”（collusion）这一概念。

共谋本身带有贬义色彩，《朗文当代高级英语词典》对“collusion”的解释是：“a secret agreement that two or more people make in order to do something dishonest”（两人或两人以上达成的秘密协定，以便做一些不诚实的事）。但巴斯内特却显得理直气壮，因为她认为：“正如我们所知，没有两个译本会一样，因为我们个人的阅读碎片将影响我们的阅读和翻译。”（同上：27）按照巴斯内特的思路，既然差异永远存在，那么我们判断一个文本是不是译本的标准，就不再是原文，而是我们认为它是不是翻译。这一观点和图里如出一辙，图里认为，“不管在什么情况下，译本都可以是一种目标语文本，一种在目标语社会文化系统内被表现为或被视为目标语文本的文本”（Toury，1980：14)。当声称某一文本为译本的“译者”和读者都承认该文本是译本时，它就是译本，这便是文本提供者和读者共谋的结果。巴斯内特说：“共谋使得心理学家很难在绝对意义上把‘正确’和‘错误’清楚地分开。”（Bassnett，2001：27）这番论述让人感到她是揣着明白装糊涂。她一定知道从翻译的角度，有些被称为译本的文本并不是译本，所以她用了伪翻译(pseudotranslation) 来统称它们。但她仍然不遗余力去描述和研究这些译本，并创造出一个使这些现象合理化的概念——共谋。在前文（3.4.2）中，笔者曾讨论过翻译的学科发展问题，并指出对学科需要发展而言，有问题研究比问题的正确性更重要。笔者认为，巴斯内特这样做的原因仍是为了发展学科，扩大问题研究领域。根茨勒评价说：“巴斯内特的观察指出了确定原文和译文界限的困难性，以及评论家是如何与一种有非常特殊和独立概念的原文文化以及译本进行‘共谋’的。这种思考使得建构文化以这种方式呼唤文化研究学者和语言哲学家。”(Gentzler，2001：xvi）因此，拥有比较文学背景的巴斯内特实际上是给了自己一个涉足翻译研究的理由，也客观上拓宽了翻译研究的视角，但也刻意模糊了一些概念，如把创作当作译本研究，把译者当作作者研究。巴斯内特列举了四种伪译，分别是无原稿翻译、自译、创造译本和作为译者的旅行者。

4.4.1 无原稿翻译

无原稿翻译可定义为无原文但有原型的文本翻译。这些原型常常取自一些民间故事和传说，“是对整体叙事材料的复述”(Bassnett，2001：28)。声称自己为译者之人实际扮演着讲述者的角色，因为有的是这些故事的梗概，而非具体的语句，所以译者会不可避免地添加许多自己的理解和阐释，且不受原文的束缚。由于这些故事传说历史悠久，所以“读者既知道又不知道译者什么都翻译”（同上：30）。巴斯内特将之视为译者和读者的共谋。但笔者认为这其中有如下几个问题：

第一，在上文（4.3.2）中，切斯特曼提出“信任”原则，即译者要可信赖。但此处的译者并不可信赖，或者说译者利用了读者天然的信赖。对于不通外语的读者而言，译本是他们唯一能看懂的版本，他们并无比对的能力和必要。

第二，读者关心的也许只是内容本身，而并不在意这些内容是否是被翻译的。如巴斯内特所言，“读者也许期待对亚瑟王死前的最后描述”（同上：29），而不是被告之，原文并没有具体描述。读者只是好奇想看完故事，而译者为了满足这种好奇，创造了一个结尾。也许这里应该将译者称为作者更为贴切。

第三，读者无法去核查原文。也许是受到所处时代的限制，那个时候没有今天这般发达的出版和书籍管理体系、国际人口流动，更没有互联网。有人声称这是译本时，读者鲜有办法去核查原文，无论原文是否真的存在。而在今天这个核查工作轻而易举的时代，这种声称是译本的文本很容易被识破。换言之，在今天，想要再制造一个无原稿的译本是不太可能的。无原稿译本是一种时代的产物。

因此，笔者认为，更贴近真实的情况也许是读者并没有和“译者”共谋，只是他们天然信任文本制造者告诉他们某文本是译本。同时，他们无法核查或者没必要去核查原文本。由于他们对这类文本的原型已经相当熟悉，具体的叙事方式和细节内容便都不那么重要。我们无法把所有读者都当作研究者，绝大多数普通读者关心的只是故事和故事给他们带来的共鸣。这也和译者历史中长期的隐身地位相符，普通读者本身就很少关注译者。

4.4.2　自译

自译在翻译中是一种特殊的行为，指原文的作者把自己用一种语言写成的作品翻译成另一种语言。但自译是不是翻译存在争论，争论的焦点来自两个方面：第一，由于原文和译文都出自一人之手，那么哪个是原文，哪个是译文？第二，在语言转换时，实施者到底是译者还是作者？笔者认为，我们首先需要对自译在翻译研究中进行定位。

4.4.2.1　自译是翻译吗？

有学者认为自译本“不能被视为原文的变体，它是真正的译本”（Popovič，1976：19）。但也有学者认为必须区分自译和“真正的翻译”，因为由于自译者认为自己有权改变文本，因此在自译中忠实的程度是不同的（Koller，转引自 Shuttleworth & Cowie，2004：13）。巴斯内特也举了著名英法双语作家贝克特（Samuel Beckett）的一首自译诗为例，其中一句的法文是“pleurant celle qui crut m'aimer”（那个哭泣的人儿深深爱着我），但在英文中却变成“mourning the first and last to love me”（这是第一次也是最后一次，为爱我而哭泣）（Bassnett，2001：31）。但由于译者与作者的合体身份，我们无法说这个译本是错的。波波维奇和科勒观念上的争论仍是一种是与不是的价值判断，而巴斯内特却无意做这种是与不是的争论，她建议“否定任何原文的存在，同时否定任何译文的存在，而是设想我们同一文本的两个译本，仅仅只是恰巧它们是由同一个作者以不同语言写的”（同上：31）。波波维奇和科勒的自译是在“autotranslation”的角度上讨论，而巴斯内特则是在“self-translation”的角度上讨论。

首先，让我们从大框架来说，有原文，有文本转换行为，有结果（译本），我们就说这是翻译行为。以这个标准，自译有原文，有文本转换行为，也有结果，应该是翻译。但问题在于这个执行翻译的人有着特殊的身份——作者。“至今，研究表明自译者赋予了他们自己自由，而这种自由是其他普通译者从不敢想象的；自译制造了另一个典型的‘版本’或一个新的‘原’文本。因此我们所讨论的不仅仅是一个‘原’文本，或者这个写作的自我，而是‘原创’这个恼人的概念本身。”（Cordingley，2013：2）在讨论自译时，译者和作者这两个身份概念常常被混用。虽然我们通常认为原文一旦被生成，就成了一个自给自足的个体。但从版权角度而言，作者仍然拥有该作品的著作权，与其他文学评论者和读者相比，他对原文的理解有优先权，而在对原文的使用、删改方面甚至保有特权。而其他人则必须遵守版权的相关法规，除非原作者或享有版权的人进行授权，否则其他人无权随意使用和删改。而翻译是在内容、风格上用另一种语言创造一个与原文对等的文本，所以一般译者也无权如巴斯内特所举的例子那样，改变原意。因此我们有理由认为，译者是在用另一种语言创造。与其说他是译者，不如说他是双语作者。那么两个文本都可以被看作是作者用不同语言进行创作的结果。从这个角度讲，自译是原创，而非翻译。

但这里也可以有另一种解释，即作者授权译者因需要而改写他的原文。这种情况并不少见。西北大学教授胡宗峰就曾在一次讲座中谈到，他翻译贾平凹的作品时，会定期和贾平凹见面讨论一些问题。通过一些报道，我们也知道葛浩文在翻译贾平凹和莫言等人的作品时，也会时时请教作者，至少向作者说明对部分内容删改的原因，以征得同意。只不过在自译中，由于作者兼译者的特殊身份，他便可进行自我授权。从这个角度讲，自译可以是翻译。因此波波维奇又把自译现象称为“授权的翻译”（authorized translation）（Shuttleworth & Cowie，2004：13）。

因此，自译的核心问题是对原文删改的自由度。当我们定义自译是不是翻译时，要指明该实施者是以何种名义在自由改变原文。如果将这种现象看作一个双（多）语作者用不同语言进行的创作，那么自译便不是翻译。如果我们将这种现象看作一种自我授权，那么自译便是翻译。但这种既是又不是的答案让人沮丧，它只是一种理想中的理论分析。

事实上，自译者在实施自译的过程中，在不断交换身份，不断地在交替完成译者的任务和实施作者的权力。我们只需稍稍回忆一下自己撰写中英文论文题目和摘要的情景。笔者以手头2016年第五期《中国翻译》上三篇文章的中英文标题为例：

例一：翻译能力的认知观：以识解为中心

A Construal-centered Cognitive Approach to Understanding Translation Competence

例二：从女性主义翻译到性别与翻译

Calling for a New Paradigm in China's Gender-oriented Studies of Translation

例三：《哈姆雷特》在中国的百年译介评述

Chinese Translations of *Hamlet* over the Past Hundred Years

我们可以明显看到，例三相对而言最接近“标准的”翻译。例一在形式上已经改变，但意义尚能对应。而例二的内容和形式都产生了较大变化，无法通过回译（back translation）英文标题得到原来的中文标题。作者是最了解自己中文题目的思想内涵的，同时英文题目是给外国人看的，因此作者以外国人能顺畅理解为标准重构了题目。中文标题是先在的，如果中文标题的表达方式直接转换成英文能让国外读者一目了然，便会出现例三的情况。如果中文标题的表达习惯和内容不能让国外读者明白，就会出现例二的情况。试想，如果请一位译者来翻译例二中的题目，也许会译成“From Feminist Translation to Gender and Translation”。如果我们再比较三篇文章的中英文摘要，也会发现同样的现象。所以作者身份是一种特权，它在翻译的过程中，根据需要可以随时被唤醒。因此，笔者认为应将自译视为一种特殊的翻译。由于大多数译者并不享有这种作者特权，所以自译中随意改变原意的行为不能成为普通翻译行为中的范例。虽然今天的自译研究在文化转向的影响下，已经跳出了原文与译文关系的研究，转向了新的研究方向，但我们仍应清晰地认识到自译的特殊性。

4.4.2.2　文化转向后对自译的研究

科丁利（Cordingley Anthony）于 2013 年编辑出版了名为《自译》（*Self-Translation*）的论文集，搜集了近年来自译研究的成果。这些论文有一些共同的特点：努力寻找更多更新的研究点，不太关心翻译过程本身，将研究点集中在译者在译本与译者和外部社会因素的关系上。文集被分为四个部分，包括“自译与文学历史”“跨学科视角：社会学、心理分析与哲学”“后殖民视角”“世界主义身份/文本”。研究围绕两个关键词展开，一是“原创”（originality），二是“自我”（self）。因为“自译者是‘原’文本的中间人，在某些对自译概念的解释中，他们还是他们‘自己’的中间人”（Cordingley，2013：1）。

在分析这两个关键词时，我们有必要了解学者们谈论的背景。自译有两个对应的英文表达，一为“autotranslations”，二为“self-translation”。“autotranslation”指“文本好似在自动驾驶，在进行一种自动的或机器翻译，把自己转换成另一种语言编码。而用‘self-translation’是把注意力放在译者的表现上……放在自我（self）的各种变形上，不仅是翻译行为的变形，也是‘原文’构成的变形”（同上：2）。很显然，上一节中，我们提到的波波维奇和科勒都是在“autotranslation”这个角度在谈自译，而巴斯内特及文化转向的学者大都站在“self-translation”的角度在讨论问题。换言之，他们讨论的是自译中的变形（morphing）的问题。下面本书要对该论文集中的具体章节进行一个简要引介。

在“自译与文学历史”中，巴斯内特考察了休斯顿（Nancy Huston）、泰戈尔（Tagore）等一批优秀的双语作家的自译，认为把作者先用一种语言创造出来的文本看作原文是无意义的。她借鉴博格斯（Borges）的观点，认为“写作实践中的创造不可避免地与阅读相联系；文本被无休止地传送，以至于任何原点、任何原文都是荒谬的”（Bassnett，2013：16）。因此，巴斯内特并不把自译视为翻译，她也反复用“双语作者”（bilingual writer）一词，而非“译者”，她把两个不同语言的版本视为双语作者使用不同语言在写作，有些是为了找寻语言的“诗学身份”（poetic identity），而有些是为了“和更多的读者对话”（同上：18）。因此不同语言的两个版本都是作者与读者的直接对话。巴斯内特说：“当我们把‘原文’与‘译文’进行比较时，我们总是关注单个单位的意义：学者们总是仔细查找一番，指出哪些在这里丢失了，哪些在那里添加了，哪些被扭曲了，哪些被忽略了。但如果我们换个角度，把文本看作意义单位，那么我们最好去接受一种把翻译作为一种改写的观念。”（同上：24）因此，巴斯内特不关注每句话的转换和其得失，而是把两个文本整体视为作者与读者用不同语言交流的事实结果，它们之间互为改写本。那么我们可以做如下推断：文本的意义是归于作者的。作者在两种语言环境中，面对不同的读者，也许表达的是同一种思想，但因为文化等因素的影响，考虑到读者的接受度，会对交流内容的表达方式甚至内容本身进行一定调整。这是作者的权力。顺便说，这也从侧面承认了文本的意义是确定的。但巴斯内特忽视了一个问题，虽然我们能从两个版本中找到不少添、删、改的内容，但大多数情况下仍然能找到对应的句子和段落。我们实难相信双语译者不是对着英文版翻译了中文版，而只是用另一种语言在创作。所以抛弃具体翻译单位的对比，只看整体，抛弃翻译的概念而将之视为改写，是片面的。

在跨学科视角中，德国学者格拉特曼（Rainier Grutman）主要借助布迪厄（Pierre Bourdieu）的场域理论（field theory），认为“译者作为代理人，在一个，有时是多个国家的文化场域中，占据着不同的位置”（Grutman，2013：63）。由于所处场域的影响，“代理人通过抢占位置来占有位置”（同上：64）。换言之，代理人会采取主动措施来争夺地位。自译者为了在两种不同的文化场域中都占有位置，会依据情况对文本所处的场域选择顺应或抵抗，自然就需要对文本的内容进行调整。其实，普通译者在翻译时也会考虑文化因素，但不具有自译者对文本所有拥有的特权。通过对一批获得诺贝尔奖的桂冠诗人的描述，格拉特曼提出了一个很有意思的现象：虽然贝克特（Beckett）如此优秀，也自译了大量的作品，但他并非一个好的研究对象，对他的研究“揭示不出我们希望自译揭示的东西”（同上：68），“因为他大量自译中的双语都是平行的，而大多数其他自译者的双语间都有不规则、不对称的关系”（同上：76）。这其实反映了研究中一个普遍存在的现象，大多数研究都在刻意寻找差异性。这当然是无可厚非的，因为无差异的东西研究意义较小。但我们不能产生一种错觉，认为自译就是不规则、不对等的。社会学等跨学科的方式能解释自译，乃至翻译研究中的许多现象，但不能以偏概全，认为翻译就应该具有这些现象，甚至在实践中刻意追求这些现象。

后殖民主义看自译问题又有不同的视角。从语言、文学与文化的角度来看，后殖民主义关注殖民与被殖民地区对语言、文学和文化的态度和认识。殖民地学者与后殖民主义学者力图打破欧洲中心主义，以争取殖民地语言、文学和文化的地位。英国学者克林格（Susanne Klinger）从非洲文学中用欧洲语言这个问题入手，以后殖民主义的视角看自译问题。她借用混合语（hybrid language）这个概念，把译本看作一种语言混合体（hybridity）。“混合体不仅仅是一种中间物，在后殖民文学中它也常常是一种客体表现。后殖民世界构成了一个过往的舞台和持续的（自我）翻译，两者都在同化（前）殖民者的文化和语言的隐喻意义中——克罗宁称‘翻译作为同化’——也在更加符合习惯的语言转换中。”（Klinger，2013：114）换言之，克林格是把自译看作殖民地文学争取进入世界文学的一种方式，他们必须用符合主流语言和文化的方式来表达自己，但其中又不放弃土著语和文化。由此形成的混合体能够“表达人物形象各方面的世界观”（同上：123）。英国学者克劳斯（Corinna Krause）以把苏格兰盖立语诗歌翻译成英语的自译为研究对象，认为“通过对自译本的鉴赏和生存状况的考察，我们能分析从非主流语言到主流语言的自译在现实中对原文的影响”（Krause，2013：217）。这是一种典型的影响研究，从历史的角度把自译本中的现象当作一种客观事实来进行研究。“近年来，后殖民主义研究的学者已将其注意力转向全球化世界中的身份认同。”（Abrams & Harpham，2010：278）专门研究日本语言和文学的学者吉比奥（Mark Gibeau）通过自译行为来研究“作者如何在他们的文本中使用冲绳语言去抵抗主岛日本在文化、语言、历史叙事和身份上的霸权统治”（Gibeau，2013：141）。所以后殖民主义角度对自译的研究和普通后殖民主义翻译并没有太大不同，都是关注语言和文化的混合性，关注译本的影响和身份的抗争性，其目的都是要使边缘的语言和文化通过翻译进入主流文学和文化。而和普通翻译相比，自译的灵活性能更加凸显自译者的后殖民主义意识。

虽然以上的文学历史视角、跨学科视角和后殖民视角都不太关心甚至忽略翻译过程，但他们所研究的文本，以及文本的影响和其中的现象都是由具体的文字组成的。法国学者努南（Will Noonan）在世界主义的身份与文本这一章中就提出了“语言的自我意识”（the sense of linguistic self-consciousness）（Noonan，2013：159）。他考察的重点并非不同文本之间的比较，而是更多地观察“各自语言中独立的文本”（同上）。因此在他的概念里没有作者和译者，没有原文和译文，只有双语作者和双语文本。双语作者是在不同的语言中分别创作最有效的译本。

回看整个文化转向后的自译研究，学者们的论述中已经很少有作者、译者、原文、译文的概念。作者和译者都统称为作者（writer），原文和译文都统称为文本。的确，在自译中，作者和译者的身份统一在了一个人身上，但从不同的阶段讲，并非不可区分。但正如4.4.2.1中提到的，困难在于因为自译者特殊的权力，在翻译过程中，其作者的身份常常被有意无意地唤醒。但笔者不赞同将两种身份混为一谈。翻译是一种创造性活动，但不是一种原创性活动。霍肯森（Jan Walsh Hokenson）和芒森（Marcella Munson）指出：

> 今天，大多数批评家巧妙地描述两个双语文本的差异性，并且他们得出一系列准确的细节，而这些细节并没有（大多数都承认）真的讲清楚这个现象的二元性。他们不情愿总结说他们必须让双文本问题的批评状态保持开放，留出空间以分析文本外的问题，包括双指向问题、作者状态问题，以及双文化性问题……因此，双语分析必从更基础开始，而非现在的针对文本、语言和文化“差异”的二元理论模型。研究者必须从更洁净双语文本的共性出发，也就是说从文本间的交叉点和重叠处入手。
>
> （Hokenson & Munson，2007：4）

因此，笔者认为目前的自译研究更多是借自译现象进行的写作研究、语言文化研究和影响研究。自译是一种特殊的翻译现象，但我们应像研究其他普通翻译行为一样，进行由内而外的研究，从找共性入手，而非一开始就找差异，进入外部研究。如此才能更好地解释和指导自译实践。

4.4.3　虚构的翻译

巴斯内特还介绍了另外两种虚构的翻译，一是创造译本（inventing a translation），二是作为译者的旅行者（travellers as translators）。

创造译本指某人声称自己翻译了某部作品，但实际上他是这部作品的作者。博纳特·夸里奇（Bernard Quaritch）便是一个典型例子。他宣称自己翻译了诗集 *The Kasidah*，并由其好友兼作者的学生 F. B. 为其作注。而这个 F. B. 实际是他本人。巴斯内特认为他“运用了虚构翻译的手段，一方面授予诗歌以地位，另一方面允许自己以英语文学系统不允许的方式去写作”（Bassnett，2001：33）。显然，我们不应称这类作品为翻译，但巴斯内特认为，既然作者自己声称是翻译，我们就只能把它视为翻译，“否则该作品在英语文学系统中无处安放”（同上）。但这个理由显然比较牵强，为了给一部特殊的作品在文学系统中找个位置而打破了翻译的基本概念，模糊了翻译的性质，不免让人感到顾此失彼，因小失大。如果是要为其在文学系统中找个位置，只用将之视为文学系统中的特例即可，而不必从翻译研究的角度混淆译本的概念。

作为译者的旅行者是后殖民主义学者关注的一种现象，他们发现旅行作家为本国读者提供旅行文学作品时，会把与当地人的对话以洋泾浜英语（pidgin English）或仿中世纪英语（mock medieval English）呈现给读者，以示差异。巴斯内特指出：“当我们读一篇旅游文学作品时，我们并不是期望去读一本小说，而是希望作者能呈现他们在另一种文化中的经历。”（同上：35）所以读者不会管当地人是否这样说话，不会管他们有没有说这些话，只会相信作者能与当地人交流。这种洋泾浜英语和仿中世纪英语都是作者为突出差异而虚构出来的。在后殖民主义学者的眼里，“这些伪中世纪英语就像伪洋泾浜英语一样，在文本中充满意义，它显然降低了说话者和语言的地位，表明他们的地位、智力或其他方面都不如说英语的人”（同上：37－38）。一方面，这种现象的确有可能如后殖民主义者所解释的那样，表现出语言和文化上的高低。但从另一个角度说，它也可能只是一种表现文化和语言差异的手法。毕竟，符合目标语语言规范的流利表达会弱化那种异国情调。更为重要的是，在这一现象中，无论是旅行作家还是读者，其实并没有将这一问题当作翻译问题在看待。

回看整个“共谋”概念下的伪译研究，译者实际上是想通过一些例子打破原文和原作的概念，即便这些案例可能非常极端。巴斯内特的逻辑似乎是，当传统翻译理论把原文和原作作为标准时，只要能找出一个反例，证明翻译存在不依靠原文的译本，那么传统的翻译理论就失去了逻辑上的合理性。巴斯内特试图说明一个文本是不是译本不是看是否存在原文、译文这对二元对立，而是看这个文本的生产者和读者是否共同将之视为译本。但笔者想辩驳的是，读者有这种主观共谋的意愿和能力吗？对绝大多数普通读者而言，他们并无比较原文和译文的能力，当书的封皮告诉他们这是译本，那这就是译本了，他们甚至都不会关心什么文学系统、文学地位、文学影响，这些是文学研究者关心的问题。不懂外语的文学研究者，大都只会研究本国文学。而研究外国文学和比较文学的学者，必然懂外语。所以这并非一种和读者的“共谋”，而是一种对读者的“强加”，并反过来对读者无法招架的强加结果加以利用。其积极的结果是扩大了研究范围，但消极的结果是模糊了原本的概念。原文和译文的界限不清了，译者成了写作者（writer），翻译成了“一系列的文本实践”（同上：39）。但书写者不仅仅是译者，还有作者，文本实践有多种方式，而翻译只是其中一种。这种概念的宽泛化让我们对翻译的身份、主体和伦理的认知也都变得模糊，翻译研究作为一门学科就失去了定位和标准。

第五章　翻译质量评估与翻译教学：翻译理论研究的根本目的

霍姆斯的学科蓝图把翻译研究分为纯理论研究（pure）和应用研究（applied）两大类。本书前面的章节都集中在对纯理论的讨论，而本章，笔者将把研究重点转移到应用研究上。霍姆斯把应用研究分为翻译教学（teaching of translating）、翻译辅助（translation aids）、翻译政策（translation policy）和翻译批评（translation criticism）。其中，翻译辅助是“用于培训译员以及满足从业者”（Holemes，2000：181）的需求，可与翻译教学的研究相结合。翻译政策的研究者是“为他人提出有益的建议，在整个社会中去定义译者、翻译和译本的地位和角色”（同上：182）。这类研究类似于目的论中关于翻译的行为（translational action），常用于对整个翻译过程的评价之中，因此可以归为翻译批评之中。也许是出于这种考虑，图里在依据霍姆斯的学科构想所绘制的图中，没有翻译政策这一研究分支。因此，在本章中，笔者将集中对翻译质量评估和翻译教学这两个方面进行研究。

无论对评估还是教学而言，其核心问题都是标准问题。在进行译本评价时，我们需要评价标准。在进行翻译教学时，我们需要教学标准。的确，在评价和教学过程中，我们仍需对相关现象进行描述性研究，但所有的描述结果最终仍然要进行价值判断。比如，一篇译文是好还是不好；在翻译过程中，我们应该遵循哪些方法。正如纽马克所言："翻译理论主要关心的是为最大范围内的文本和文本类型确定恰当的翻译方法。进而，翻译理论为文本翻译（translating texts）和译本批评（criticizing translations）提供了一个原则框架以及专门的规则和提示。"（Newmark，2001：19）

5.1 翻译质量评估：理解、转换与调整

谈及翻译质量评估，我们首先要问几个问题：第一，什么是翻译质量评估？第二，为何做翻译质量评估？第三，谁来做翻译质量评估？第四，怎么做翻译质量评估？但在回答这些问题前，不妨让我们忘记这些理论研讨，先来看看在实际中，我们是如何进行翻译质量评估的。

5.1.1 从翻译比赛的标准和解析看翻译质量评估

无论哪行哪业，选拔优秀人才时都有一种通用的方式——比赛。翻译比赛就是要评选出优秀的作品，进行作品优劣的排序，而这个评比过程就是译本质量评估的过程。无论是笔译比赛还是口译比赛，都会有一个细化的标准。比如，表5-1是我国"海峡两岸口译大赛"对话口译的评分标准[①]：

① 参见《第三届海峡两岸口译大赛评分标准》，http://wenku.baidu.com/view/497fbf5b804d2b160b4ec05e.html。

表5-1　我国“海峡两岸口译大赛”对话口译评分标准

评价内容	分数	标准要求	得分
信息传递	100（50%）	准确表达原文的主要信息点，语气和风格与原语一致。	
译语质量	100（25%）	语法正确，条理清晰，语言得体，能够运用增、减、转、省等口译技巧，选词贴切，表达符合目标语习惯。	
表述技能	100（25%）	语音、语调、语速、流畅程度、姿态、眼神交流、语言提炼能力等。状态稳健，充分展示职业口译工作者的心理素质和整体风貌，非语言交流能力强。	

另外两个比赛项目，主旨口译和会议口译也基本大同小异。

“表述技巧”是口译活动的一种外在形式要求，在此略去不说。“信息传递”和“译语质量”反映了对译文评价的标准。“信息传递”一栏规定了信息的准确性和风格的一致性，“译语质量”规定了符合目标语的表达习惯。这和阿尔比与纽马克（见4.3.1）的“三忠于”原则几乎一致。换言之，就是要制造一个在内容和风格上与原文对等，在表达上符合目标语读者习惯的文本。下面我们再来看一个笔译比赛的例子。

第五届“《英语世界》杯”翻译大赛的评分大致原则如下①：

评分大致原则：

1. 评分按百分制计算。此次参赛原文是美国大学低年级学生的习作，参赛者对原文内容的理解应该问题不大，但原文在描写景物、刻画心境和抒发感情方面都颇为考究（此乃这篇习作被收入英文写作教材的原因），参赛译文在描摹

① 参见曹明伦：《第五届“〈英语世界〉杯翻译大赛参赛译文评分原则及要点》，http://blog.sina.com.cn/s/blog_542976210102v1vk.html。

原文风格方面可能会有欠缺，因此可划出 30 分用于译文全文的整体效果。

2. 其余 70 分用于参赛译文的标题（附加作者署名）和对应于原文的 7 个自然段落：标题 3 分，较短的第 6 段 7 分，其余 6 段每段 10 分，采用减分制评分。

3. 误译、漏译根据具体情况每处扣 0.5～3 分。

4. 表达不通顺、用词不恰当每处扣 0.5～2 分。

5. 错别字和不规范标点符号每处扣 0.5 分。

6. 每段评分亦须兼顾译文整体质量，包括原文理解程度、翻译技巧之运用和变通、遣词造句能力、前后句的衔接连贯、可读性，以及文体风格之再现等。

7. 其余情况各评委老师可在标准一致的前提下酌情处理。

而余后的具体评分要点，还将每段话拆分成评分点，对参赛译者可能疏忽的内容和表达进行解析，甚至还对某些内容配上了实物图片来加以说明。从以上原则中，我们可以明显看到，对译文的评价是从文本内容和文体风格两个方面进行的。迄今为止的七届“《英语世界》杯”翻译大赛中的前六届都由翻译家曹明伦起草评分标准，提供参考译文并作译文解析。我们可以从中看出他一贯的翻译思想。他认为：“我的目的还是要让不懂原文的读者通过我的译文知道、了解，甚至欣赏原文的思想内容及其文体风格。”（曹明伦，2013：128）

从以上一个口译、一个笔译的翻译比赛中，我们可以看到，对译文的评价是有确切标准的。而这个标准从何而来？朱自清（2014：14）曾说：

我们说的“标准”，有两个意思。一是不自觉的，一是

> 自觉的。不自觉的是我们接受的传统的种种标准。我们应用这些标准衡量种种事物种种人，但是对这些标准本身并不怀疑，并不衡量，只照样接受下来，作为生活的方便。自觉的是我们修正了传统的种种标准，以及采用的外来的种种标准。这种种自觉的标准，在开始出现的时候大概多少经过我们的衡量，而这种衡量是配合生活的需要的。

翻译中不自觉的传统标准自然是对等。虽然文化转向后的翻译研究极力想摆脱对等，摆脱原文，但这恰好反过来证明，人们在翻译时就是要制造一个与原文对等的文本。依据以上朱自清所言，我们不难看出“不自觉”与“自觉”之间不是一种颠覆的关系，自觉是在不自觉的基础上，配合实践的需要，借鉴外来的标准，经过人们的衡量延伸出来的。标准当然可以有颠覆性，比如哥白尼提出日心说。但这是人类随着认知的提高，发现过去的认知和事实完全相左。翻译行为发展至今，并无这种哥白尼式革命的新认知。翻译不是原创，无论我们用什么现代理论学说来解释，都无法颠覆译本是原文派生物的事实。前文（见 4.4）我们已经讨论了各种伪译的形式，它们要么不是翻译，要么是在创作中有一些翻译的成分，要么是极其特殊的翻译。这也进一步证实了不以原文为基础和标准的文本不能称之为译本。有学者提出翻译批评中的两种错误倾向——“无标准的批评和唯有一种标准的批评”（肖维青，2010：134）。其意是在暗示翻译应该有多重批评的标准，并批评了彭长江（2000：62）在论文《翻译标准多，何以断是非》中提出的“只有一元标准（以‘信’为代表）才是正确的标准”的观点。但反过来，的确如彭长乐所问，翻译标准多，何以判是非？许多学者放弃一元标准都是因为这是一个不可达到的理想目标。但在现实中，我们其实有很多理想目标，比如我们的教育都是朝着一个完美的目标去努力。虽然我们都知道人无完人，但我们不能说因为不可能成为一个完人，所以就放弃把人往完美的方面去教导和培养。其实，所有坚持原文、坚持对等的学者都不是在以一种科学的、机械的、一对一的方式在思考问题，而是认为原文、对等都是一个基础和出发点。原文的意义是具有唯一性的。

持读者反应论观点的人也许要反驳，原文的意义是文本和读者共同建立的。笔者也同样表示理解。译者首先会以读者的角色去理解原文，构建出译者所理解的原文并加以表达，形成译文。但这个共建的意义一定是译者尽最大可能去靠近作者，理解原文得出的，而非随意偏离的结果。王宏印（2010：4）指出："大体说来，在进行翻译品评的时候，译者的语言基础和文学素养以外的问题许多都可以归结为翻译问题，但未必都是翻译方法问题。有些是翻译策略的问题，有些是考虑不周的问题，有些则是翻译中译者心理或精神状态的问题，还有意识形态对译者多方面的影响。"而在大多数时候，我们并没有将这些问题纳入理论研究和思考。我们在翻译批评中，其实无法知晓译者到底是在以某种特殊的视角或观点在翻译，还是只是因为理解水平有限或者考虑不周等。况且译者定稿的文本一定都是译者自以为能做到的最好的译本。在评价时，评估者如果心中不自带标准，一发现译文和原文不符，就以文化、意识形态、权力、显身等理论加以解释，那么我们就不是在做评估，而是在为译本为什么好找理由。所谓评估就是要指出优点和缺点，既要能看出译者的匠心独具，又要能指出译文的不足之处。而这个标准，除了原文，似乎没有其他具有普遍说服力的标准。

对原文的理解大概可以分四种情况：第一，完全理解；第二，受认知水平的限制，部分理解；第三，完全理解，但因某些原因而刻意偏离；第四，受认知水平的限制，部分理解，且刻意偏离。假设把依据以上理解所产生的译本放在一起进行比较，显然前两种情况是标准意义上的翻译，且以第一种情况为最佳。的确，在文化转向后，许多文化学派的学者给我们描述了刻意偏离的存在，但只是说翻译中有这种现象，而并非说那就是一种应该执行的标准。否则面对各种不同的意识形态、文化和权力因素，哪一种才是我们该遵守的标准？如果都是，翻译批评就的确等于没有标准了。客观、中立、无偏向应是评估者的道德标准。而上述两个比赛的评分标准就是客观、中立、无偏向的评估标准，因为它们所指向的都是原文的内容和文体风格。

中国北朝末隋初僧人严琮著《辩正论》，被视为我国第一篇翻译专论。“辩正”二字让人联想到《易经·系辞下》中的“夫《易》彰往而查来，而微显阐幽，开而当明辨论物，正言断辞，则备矣”。这里的“辨”与《辩正论》中的“辩”当属通假字。“当明辨论物”指用恰当的概念辨明事物，“正言断辞”指用准确的文辞判断事理。再简单说就是概念清晰，表达准确。严琮（2009：62）在《辩正论》中也主要谈到意义和表达的问题。在意义上，严琮认为应该“辩不虚起，义应雅合”。而在表达上，严琮说：“经旨若圆，雅怀应合。”（同上：63）这里的“雅”字常出现在中国传统翻译论述中，有学者经过考察指出“‘雅’即‘正’”（曹明伦，2013：160）。所以严琮的《辩正论》概括而言，就是理解要到位，表达要准确。事实上，理解和表达也是对翻译最精炼的概括。

但由于语言差、时间差和文化差的原因，即便一位译者对原文理解得再准确，他也还要忠于读者和目标语文本，因此译者不得不在三个忠实对象中进行一定的调整和妥协。所以曹明伦在做第六届“《英语世界》杯”翻译大赛参赛译文评析时指出，“我把翻译过程分为理解、转换、调整三个步骤”（曹明伦，2015：113），并提醒说：“对许多有经验的译者来说，理解、转换和调整并非截然分开的三个步骤，有时理解汇总就包含了转换，而有

些调整则是在转换的同时即已完成。”（同上：114）

从中国第一篇翻译专论，到西方传统翻译理论，再到现代翻译家的经验以及各种翻译比赛的评分原则，我们可以清晰地看到，三忠于的原则和理解、转换、调整的翻译过程是古今中外从事翻译实践和翻译理论研究者的共识，是翻译理论研究的基础，同时也是译本质量评估的基础。当然，在实际的理论研究和评估中，我们不仅仅是要给译本判断一个好坏，排个名次，还要更深入地对译本进行其他功能、审美、影响等方面的分析，但这与上述基础并不矛盾，绝非一种对立和颠覆关系。下面就让我们来具体分析翻译理论家的评估方法。

5.1.2　翻译质量评估的方法

威廉姆斯和切斯特曼在《路线图——翻译研究方法入门》（*The Map: A Beginner's Guide to Doing Research in Translation Studies*）中，给翻译质量评估进行了一个简要介绍。他们认为：

> 翻译质量明显是可以评估的。译本评估是在真实环境中不同的情况下进行的：在培训中、在为取得官方证书的考试中会由批评家和评论家做出评价，当然最终还有普通读者。一些评估方法是由学者们构建的，另一些是由老师，还有一些是由翻译行业构建的。为了把控或保证质量，人们还建立起了一些国际标准（ISO 9002，DIN 2345）。
>
> （Williams & Chesterman，2004：8）

同时，他们把当下的评估方式分为三种，分别是“原文导向”（source-oriented），“目标语导向”（target-language-oriented）和“建立在客户、教师、批评家和读者之上的翻译效果”（translation effects-on clients，teachers，critics and readers）（同上）。当然，方法的划分不止一种，豪斯将翻译评估的方法分为两大类：一类是心理—社会法，包括心灵主义方法和接受行为方法；另一类是面向文本和话语的方法，包括描述翻译学方法、后现代主义和解构主义方法以及语言学取向的方法[①]。评估方法众多，自然各有其理。但这些方法都是从相应的翻译理论或视角出发，一开始就带有偏见，和主观、感悟式的判断并无本质区别，只不过把感悟上升到了理论，更加清晰地解释和证明自己的感悟。但笔者认为，评估者应该是无偏见的，他掌握相关的理论、工具和方法，能够对译文做出客观的评估。因此，所有的视角和理论都是工具，翻译批评应该是从译本出发的一套专门研究，而不是基于某种翻译理论。因此，首先还是要厘清翻译质量评估的对象和内容。

5.1.2.1 翻译质量评估的对象和内容

豪斯提醒我们，不要忽视一个重要事实：“译本绝不是‘独立的’文本，而总是一种‘依赖的’、派生的文本。从本质上讲，译本同时受原文和目标语言文化环境中诸多假定条件的制约。”（House，2015：11）因此我们可以说，翻译质量评估主要从两个方面入手：一是译文与原文的关系；二是目标语言文化对翻译的影响。前者是语言层面的，后者是文本功能层面的。众所周知，语言是思想、内容、意义、风格等因素的外衣，而译作就是用另一种语言外衣来包裹原作的思想、内容、意义和风格。因此豪斯认为：“译本就是用目标语言中语意和语用对等的文本去替换原语言中的文本。”有学者在讨论中国文学外译的问题时，从译介学角度出发，强调外译文本的接受性，把译文从原文中解放

① See J. House：*Translation Quality Assessment：Past and Present*，London & New York：Routledge，2015，pp. 9－14.

出来，但把思想、内容、意义、风格等内容归为文本的“软实力”，并客观公允地指出“这一对于‘忠实’标准的游离或所谓‘创造性叛逆’只能局限在原作的语言表达层面，而尽量不要扩展至‘意义’或思想层面，后者正是原作所涉‘软实力’的内涵要素，任何删减、更改都会最终影响‘软实力’效能”（陈伟，2016：20）。因此我们一定要区分语言上的灵活性和意义功能上的不变性。这便是波波维奇所说的“不变内核”（invariant core）（转引自 Bassnett，2004：33）。简而言之，译本应做到词不害意。

纽马克把翻译批评（translation criticism）归为五个主题：

> （1）对原文本的概要分析，重点在其意图和功能方面；
>
> （2）译者对原文本之目的的阐释，他的翻译方法以及译本可能的读者群；
>
> （3）译本中一些代表性节选的细节与原文的对比；
>
> （4）译本的评价——译者的角度，批评者的角度；
>
> （5）恰当之处，对译本在目标语文化和学科中可能的位置的评估。
>
> （Newmark，2001b：186）

在笔者所见的学术研究中，鲜有学者具体去区分“assessment”（评估）和“criticism”（批评）这两种表达，但它们显然是有区别的。纽马克所给出的研究内容显然大于我们对译本质量优劣的评估的范围。译本质量评估的重点在原文和译文的关系，考察译本是否正确理解并有效表达原文，而翻译批评则除涵盖前者，还包括其他方面，比如上述纽马克的第五个研究主题。威尔士曾对此做过一些区分。他认为：“错误分析的重点是在‘对/错’二元论的基础上进行归类、描述、解释和评价转换

现象，它是翻译批评把译本作为一个整体，尽可能客观地做质量评估的任务。”（Wilss，2001：216）

那么，我们有必要区分一下，哪些属于翻译质量评估的研究内容，而哪些属于质量评估以外的翻译批评内容。

豪斯认为，翻译质量评估需要回答三个问题：“（1）原文与译文的关系；（2）文本（或文本特征）之间的关系以及作者、译者和读者对其接受情况；（3）当我们想要区分翻译作品和其他多语文本时，上述关系对我们进行判断的影响。”（House，2015：9）下面我们按当代翻译流派进行逐一梳理。

语言学派一直以语言上的对等来建构翻译理论并实施翻译评估，强调原文与译文之间的对应关系。虽然前期对语言形式的研究较为局限，如奈达的形式对等，但奈达后期的动态对等、哈蒂姆和梅森的语域分析，都充分考虑了语言、语境、文化等因素，努力阐释文本特色以及作者、译者和读者的关系。语言学派牢牢抓住是否进行等效的语言转换这个核心来区分翻译文本和其他多语文本。虽然在评价和分析步骤上有区别甚至有争议，但语言学派完整回答了豪斯的三个问题。

功能学派从行为理论入手，认为“不显示任何意图或目的的行动不能被视为一种行为”（Nord，2001：110）。翻译作为一种行为，自然应有其目的。在以目的为先的行动中，“翻译是与翻译相关的相互作用的一种形式”（translating as a form of translational interaction）（同上：16）。笔者在3.4.2.1中区分过“翻译的”和“关于翻译的”这一对概念，目的论更加强调的是关于翻译的一系列行为，而翻译（translating）只是其中一种。目的论所强调的目的和文本功能更多是由委托人来决定的，因此，目的论实际上并不强调翻译实践。诺德专门针对“功能理论不是建立在实践成果之上”（同上：116）这一批评进行过解释，她说：“这里不适合为经验论而争论……由于功能模式产生于译员培训机构，其特殊场合的标准不仅仅是偶然的。与相似性相比，目的论更加关注原文和译文的功能差异性，这是由商业和国际环境中的专业实践所导致的强调倾向所决定的。”（同上）但这个倾向是什么，诺德并没有细说，且整个解释没有直面问题。除上述批评外，诺德还列举了其他九项对目的论的批评①，并一一做了解释，但解释都显得有些无力。这些批评主要是针对两方面的质疑：第一，不是所有的文本都有强烈的目的性；第二，带有某种特殊目的的译文往往偏离原文。也许诺德清晰认识到了相关不足，因此专门提出“功能加忠实”（同上：123）的观点。正因为目的论研究的重点是差异性，体现的是译文和原文因不同目的导致的差异，因此皮姆将这种文本结果称为“蓄意的版本”（overt versions）（House，2015：11）。蓄意，顾名思义，指明确的目的、意图。而“版本常常用于描述在评论家看来偏离原文太远而无法被称为翻译的目标语文本”（Shuttleworth & Cowie，2004：195）。因此，豪斯说：“我认为目的论对翻译质量评估不是很有用。”（House，2015：11）因此，我们可以把目的论视为一种宽泛的批评理论，但不能将其作为译本质量评估的方法。

描述翻译学若作为翻译质量评估的一种模式，和上述功能学派有一个共同的缺点，即它对原文和译文的关系阐释力较弱。图里认为：“翻译是一种目标文化事实；这种特殊状态下的偶然事实，有时甚至构成自身可辨识的（子）系统，但无论如何都是属

① 批评一：不是所有的行为都有目的；批评二：不是所有的译本都有目的；批评三：功能法违反翻译适当性的限制；批评四：目的论不是一种原创理论；批评五：功能理论不是建立在实践成果之上；批评六：功能理论制造唯利是图的专家；批评七：功能理论不尊重原著；批评八：功能理论是改编理论；批评九：功能主义在文学翻译中无用；批评十：功能理论有文化相对主义标签。See C. Nord：*Translating as a Purposeful Activity: Functionalist Approaches Explained*，Shanghai：Shanghai Foreign Language Education Press，2001，pp. 109－122.

于目标与文化。”（Toury，2001：29）我们也都熟知图里对译本的那个著名定义：“不管在什么情况下，译本都可以是一种目标语文本，一种在目标语社会文化系统内被表现为或被视为目标语文本的文本。”（Toury，1980：14）描述翻译学同样重视对等，但对等的对象不是原文，而是目标语系统和文化。目标语系统及文化与功能学派中的功能一样，并没有被很好地阐释。将其作为译本质量评估的方法，无论是参照性还是操作性都不强。赫曼斯指出：“描述研究者不愿意把工作花在审视译本质量或为翻译准确性制定标准的明确的价值判断上。”（Hermans，2004：151－152）而对执着于想要弄清这些社会系统和文化与译本关系的人，赫曼斯提醒说：“我们要记住，如果描述或其他方法没有准备好指出直接的因果关系，这是因为社会和文化的关系可能太复杂或者因为其他原因，这不是一件明确的事，它包含多层关系和过滤。”（同上：155）因此，我们无法阐释原文和译文到底是什么关系，以及这种关系的恰当性。所以我们可以将描述翻译研究作为一种宽泛的批评理论，但无法将其作为译本质量评估的指导思想。

文化学派在研究基础上与描述翻译学暗通，都是从客观存在的被称为译文的目标文本入手。勒菲弗尔把翻译视为一种改写，巴斯内特强调原文、译者和读者共同在目标语文化中建构的作品形象和文化。这些都弱化了原文的地位，译者与作者成了目标语文本的共同作者，可以不依赖原文对目标语文本在目标语文化中的作用进行单独评价。当译者获得了作者般的权力，目标语文本也就获得了地位上的独立性，同时批评者丧失了对目标语文本优劣的评价资格，而只能与所有原创作品一道，进行文学评论。文学评论是用文学理论对文学现象进行研究，以揭示其规律。文学评论者要评论的主要是作品的价值，鲜见去评述作品的优劣。因此从文化学派的视角审视目标与文本，更多是进行在目标语文化中的地位评价，这种研究更加近似于文学评论，而无法形成标准对译本质量进行评估。

解构学派常常被人们认为是消解或抵抗原文意义，通常，我们认为其代表人物之一德里达强调原文的意义是不确定的。德里达在《巴别塔》(*Des Tours de Babel*) 中引用伏尔泰之言，讲到"Babel"这个专有名词可以有两种理解，一为圣城，二指混乱。一个词产生了两个意义[①]。而在实际文本中，这种差异常常存在，随着时间的推移和空间的转换，原来的意义可能模糊，并产生新的意义，原文的真实意图便不可理解。不可理解的东西自然不可翻译。但文本的意义不确定并不是德里达的结论，恰恰相反，它是一个要被解释的问题。德里达提醒我们说："解构的一个定义是考虑无穷的语境，对语境给予最敏锐的、最广泛的关注，是不断重构语境的行为。"（转引自 Davis，2004：25）戴维斯紧接着评述说："解构并非提供一种建立最终、权威解释的方法，而是一种持续的、综合的文本分析实践（从狭义的角度），不是我们鉴别文本的方法。"（同上）所以，解构无法进行翻译质量评估，但它在文本分析方面仍有可借鉴之处。我们都知道德里达的那句名言：文本（语境）之外别无他物[②]。德里达明确指出："我所谓的'文本'包括所有被叫作'真实'、'经济'、'历史'、社会制度的结构，简单来说，就是所有可能的指示物。"（同上：24）换言之，就是在各种历史语境、平行文本和现实生活中去确定原文的意义。"德里达不断地解释理论和实践关系紧密，文本和语境不可分。因此读者会发现他们必须通过阅读其他文本来解决解构和翻译这个主题中的重要问题，而这些其他的文

① See J. Derrida："Des Tours de Babel"，J. F. Graham trans，in R. Schulte & J. Biguenet：*Theories of Translation*，Chicago：The University of Chicago Press，1992，pp. 218－219.

② 德里达开始用的"text"，后来自己将其解释为"context"。

本是无限的。”（同上：2）因此德里达不但没有说意义是不确定的，还给了我们一种确定意义的方法。另一位解构学派的代表人物韦努蒂把归化视为一种文化霸权，认为为了反抗这种不平等的权力关系和操纵，译者必须对霸权文化进行抵抗和异化，“反对那些跨文化转换和地缘政治关系的模式”（Venuti，2004：310）。韦努蒂的研究受到施莱尔马赫的启发，但却偏离了施莱尔马赫的两种翻译方式。施莱尔马赫提出的让读者靠近译者和让译者靠近读者这两种方式中的归化与异化只是表达方式和接受度的问题，而原文和译文的从属关系并没有改变。但韦努蒂的抵抗和异化不是表达层面和接受层面的问题，而是权力、意识形态和文学地位相联系。和功能学派的问题一样，这种因权力问题而实施的操纵实际上形成了一种蓄意的版本（overt version），而非译本（translation）。因此，德里达和韦努蒂这两位解构学派代表人物的理论都可以被视为翻译批评的方法，但都无法以此进行译本质量评估。

至于女性主义学派和后殖民主义学派，两者都深受解构学派的影响，都是意图在政治、文化、权力等目的作用下创造一个目标语改写本，同样可以作为翻译批评的方法，而无法被用于进行译本质量评估。

以上对主要流派的分析可以说明，翻译批评的范围更加包容和多样化。但如果要具体到翻译批评中的翻译质量评估，我们仍然必须回到语言。“无论翻译有什么样的意识形态转变和扭曲，翻译都毕竟是一种语言过程。在选取一种批评立场，强调宏观视角的重要性之前，我们都要从微观视角入手，比如对原文和译文语言形式和功能进行详尽的理论分析。”（House，2015：13）

5.1.2.2　译本质量评估伦理标准和具体标准

纽马克认为，“翻译批评中的问题是直截了当地阐释你自己的原则，而同时也要说明译者的原则，甚至是译者反对的（或者顺从的）原则。从这个角度，好的翻译批评是历史的、辩证的、马克思主义的”（Newmark，2001b：185）。上一节中，本书已对翻译批评和质量评估这两个概念做了一定的区分。翻译批评包含质量评估，但质量评估更多在“质量”二字上，而翻译批评还有关于译本在目标语文化中的地位等问题。更简单地说，相比质量评估（qualities assessment），批评还多了一层赏析(appreciation)。本书的讨论主要集中在质量评估上。美国翻译工作者协会（ATA）在进行翻译资格考试时，采用以下标准来衡量译文质量①：

1. 译文应完全遵守题干中列出的翻译需求；
2. 译者应透彻理解原文的整体内容、主旨以及论证；
3. 译者应熟练掌握各类翻译技巧，并在译文中加以使用；
4. 译者应表现出使用目标语言写作的良好水平。

限于篇幅，各条中的细化标准不在此进行详述。仅从以上四条主干标准，我们可以很清晰地看到，第一条是针对翻译活动的发起人提出来的，译者需要满足发起人对译文质量提出的要求。第二条是对原文的理解方面提出的要求。第三条和第四条是对表达方面提出的要求。

受以上评价标准的启发，笔者将质量评估分伦理标准和具体标准进行解读。

第一，伦理标准。笔者想再次强调的是，翻译评估的目的是甄别，而不仅仅是赏析。笔者建议把标准分为行业标准和多元学

① 《从美国翻译协会的评卷标准看如何才是一名好翻译》，https://www.douban.com/note/219523405/。

术标准。如果作为一种宏观的批评，笔者认为可以，也有必要采取多元化的学术标准，因为批评的方面是多种多样的。但若要进行译本质量评估，则应采取统一的行业标准。因为在质量评估中，我们需要进行优劣和等级方面的甄别。如若标准不统一，则无法有效对话。笔者认为，当下的质量评估工作有三种倾向，笔者称第一种为“过分扩大历史文化语境”倾向。即过分强调时间、空间、文化等因素，导致评价的相对性和不稳定性。笔者也坚定地赞同对语境进行充分考虑，但这不应该是质量评估陷入相对性的理由。考虑语境的目的是为了准确地理解原文。正如德里达提醒我们的，“每一个所指对象，整体的真实，都具有由不同语迹构成的结构，如果你不具有一种解读经验，你就不可能看到这个‘真实’”（转引自 Davis，2004：24）。而要寻求语迹就要通过语境来进行互文。历史文化语境不是导致动态的原文，而是确定意义的方式。第二种为“多元性”倾向，即以不同的目的出发去考虑译本质量。西方学者不断从不同的视角研究翻译，中国也有学者——如辜正坤——提出多元互补论，这也许是影响后来学者从多元性角度看待翻译质量评估的原因。但无论是西方学者的多视角还是多元互补论，都是在谈译者在进行翻译前所思考的翻译标准，即初始规范（initial norm）。初始规范指“译者自觉或不自觉地对译本主要目的的选择，这一目的支配着翻译过程中的所有决策”（Leuven-Zwart，1989：154）。“三忠于”应是翻译中长久存在的一个基本且普遍的原则。其他的目的大多是对应特殊的翻译事实，这种“特殊性”在本书的各个章节都有提及。更为关键的是，如果评估者以一种特殊的目的去评判译本，本身就是对译本的一种偏见。第三种为“显身”倾向。这种倾向强调译者，甚至评估者的参与性，以体现评估者的作用和目的。从宏观的翻译批评来看，因为要涉及译本在目标语文化中的影响探讨，这种显身很有必要，且结果必定展现出多元性。但翻译质量评估的目的是鉴别译本质量的优劣，作用是让读者通过翻译评估进一步了解原文。综上所述，翻译质量评估者的标准应该是统一的，无论是阿尔比或纽马克的“三忠于”，还是一些翻译行业的质量检测标准，都将翻译质量评估的标准指向原文。辜正坤提出过绝对标准和最高标准。绝对标准就是原文，最高标准是一种最佳近似度。虽然他说“我们一定要记住，最佳近似度也是一个抽象的概念，很难把握，没有什么实用意义”（辜正坤，2006：40），但作为一种伦理的评价标准却有十分重要的意义。任何质量评估都有从 0 到 1 这一区间标尺，虽然绝对的 0 和绝对的 1 都不可能实现。但这里绝非是说，翻译质量评估能够量化，即便两位翻译水平相当的译者翻译同一篇原文，也会有不同方面的优点和缺点。翻译质量评估要做的是排除质量存在较大问题的目标语文本，同时，对较上乘的译本进行客观分析和评价。这样才能让读者在阅读译本的同时，了解译本优缺点。这也不失为进一步拉近读者和原著的距离的方式，同时能为后来的译者提供一些可供参考的意见。当然，在现实中，评价者本身也可能在评价掺入一些个人因素，这几乎不可避免。但笔者想强调的是，无论在理论上还是在实践中，这种不可避免不应成为刻意之举。笔者把这种忠实于原文的评估标准称为翻译质量评估的伦理标准。

第二，具体标准。伦理标准是评估译文的总体标准，而具体的评判则要靠细致的文本分析。首先我们需要对原文进行各个层面的分析，提出具体的评估点，如此便形成了针对某一原文的评估标准，然后以此标准来对译本进行评估。比如，纽马克从翻译批评的角度对文本分析发表了如下观点：

> 在你的原文本分析中，你也许要对作者目的进行陈述，也就是陈述作者对主题的态度，对读者群加以描述，指明文本范畴和类型。你要评价语言的质量以便确定译者的水平，

> 比如他能在信息文本中降低自然语言的陈词滥调，但在权威文本中却不行。你要简单地说明话题和主题，但不要概括文本大意，也不要做“情节传播者”（费力地重复情节）。
>
> 我建议你不要讨论作者的生平，其他作品或背景概况，除非它们与文本内容相关，能帮助你理解原文，但它们不应影响你鉴赏和评估译本的方式。
>
> （Newmark，2001b：186）

从上述纽马克的观点，我们不难发现，质量评估的重点在于语言，在于对译者水平的高低做出评判。因此质量评估就是一个挑错的过程。这并不是一种低级工作。读者不通原文，翻译质量评估的人员和力度不够，导致“乱译、滥译、抢译、抄袭成风”（肖维青，2010：155）。甚至有教科书教学生“译者由于翻译难度较大，自身能力有限，或考虑译文读者的需求和接受能力等因素，而不得不采取一些权宜性处理办法。比如，遇到自己搞不懂，或者不好译的地方，要么‘跳’过去，要么做‘减码’处理”[①]。依豪斯所言，错误可以分为两种，一种是“明显错误的错误”（overtly erroneous errors），一种是“隐含错误的错误”（covertly erroneous errors）（House，2015：33）。这两种错误有个简单的区分方式：在假定原文表达清楚了的前提下，如果读起来觉得别扭，不知所云的，就是前者；如果读起来很顺畅，但确实有错的则属于后者。第二种错误一般读者无法发现，只有专门进行文本比较的人才能发现。正如季羡林批评的，“现在的翻译风气不好，有的翻译很不负责任。曾经有一位同志把他翻译的东西给我看，中文倒还不错，可一对原文，问题太大了，许多原

① 参见孙致礼：《新编英汉翻译教程》，上海：上海外语教育出版社，2003年，第132页。

文都没有读懂。理解错了，匆匆翻译过来，会有什么效果?”（转引自肖维青，2010：154）要甄别这些错误，笔者认为主要应从以下四个方面入手：第一，尽可能准确地理解原文；第二，与译者的处理保持比肩思维；第三，充分考虑原语和译语的时间差和语言差；第四，译者的目标语使用水平。但要进行以上分析，评估者需要有相关能力和方法上的准备。

5.1.2.3　翻译质量评估的具体方法

我们首先需要建立一个共识，即一名译者需要有良好的双语能力和跨文化交际能力。那么评估者也应该同样具备以上两种能力。我们必须承认一个事实：一部小说或一篇散文，其伟大之处主要是主题、情节、人物、冲突等，而语言是这些要素的外衣。理论上说，如果我们准确理解了语言，并能用另一种语言准确表达，就能理解并移植这些主题、情节、人物和冲突。因此尽可能准确理解是翻译评估的基础。

对于理解，评估者要做的并非一句句话的对比阅读。一方面，对于一些篇幅较长的文本，比如散文或小说，评估者就做不到一句句分析。所以往往我们看到的是抽检。另一方面，评估者必须首先独立去理解原文，以建立具体的评估标准，如果一开始就进行对比阅读，便会产生只见树木不见森林的问题，沦为一种审校。当然这并非说审校不重要，大部分的翻译质量问题，只要通过对比阅读和审校就能发现，特别是在做非文学性文本质量评估时，这无疑是一种好办法。而文学翻译的质量评估在此基础上需要更上一个层次，理解一些更为特殊的意义，比如原文无其词但有其意，包括语法、上下文、文化等所赋予的意义，如文化补偿、原型借用（如传统或外来文化意义的借用、对文学文化正典中的名言和典型意象的借用）、特殊事物的描写等。如果要对理解给出一个标准，笔者以为，就是依据文字，在脑海中产生清晰的画面，而这一画面便是译文的标准。在“《英语世界》杯”翻译大赛的评分要点中也常配有图片，以方便读者更加直观地理解。但必须指出，正如读者反应论所指出的，意义是文本和读者共同构建的结果。因此，在理解意义，特别是一些特殊意义时，从伦理要求上讲应做到准确，但在实际理解中，总会有一些偏差和扭曲。这是一个事实，但它是我们应该努力减少的事实。而这种扭曲和偏差又分为两种情况。一种是在评估者受教育、成长等综合因素影响下所形成的固有、无意识的固定认识。这种认识无法完全避免。所以笔者在“准确理解原文”之前加了“尽可能”三个字。但还有一种是因为评估者视野和储备的有限而导致的知识缺陷。除了精通两种语言和相应文化外，评估者还应该是一个知识杂家。但在有限的生命中，谁也无法知道所有的事，因此我们还常常需要求助于各种工具书。所以奈达说：“对译者而言，百科全书比字典还要有用。”（Nida，2001：159）奈达这句话对评估者同样有效。尽可能准确地理解原文是译者和评估者都要经历的步骤。

当我们完成对原文的分析，便有了基本的评判标准。但译者和评估者的分析往往在部分内容上有所偏差。我们不能马上断定是译者的错误，需要通过以下三个步骤来判断译者是否进行了正确的理解。第一，进行一定比例的基本语言校对，特别是长难句的校对。如果在基本语言内容上就出现大量漏译、错译、乱译，就没有继续评估的必要。反之，则证明译者的双语能力是合格的。第二，对比评估者通过分析所形成的具体评析要点和译本在多大程度上重合。如果重合的比率比较高，说明译文对原文的理解较为贴切，其他少数理解相异的要点则可加以分析和说明。关于有异议的要点，可能产生三种情况：（1）评估者有充足的理据证明其理解偏差；（2）译者因特殊的意识形态、权力和文化等因素刻意扭曲了原文，这时评估者需要指出并分析其合理性；（3）评估者在参看译文后，纠正自己的不当理解。在要点对比时，需要评估者自身有不弱于译者的综合能力，才能与译者平等对话。王贵明称之为“比肩思维”（王贵明，2010）。这里便牵扯到评估者的资格问题。笔者认为，对译本质量以外其他方面的批评可以由相关的理论家进行，就好像文学批评者不一定要会写文学作品一样。但翻译质量评估，需要评估者自身就是翻译实践的行家里手。

在完成了具体评析要点的比较后，一篇译文的品质已经具备了一定基础，剩下的就是用目标语进行表达。但在表达之前还需要思考如何进行恰当充分表达的问题，也就是如何忠实于读者和目标语的问题。笔者认为，谢天振提出的“时间差”和“语言差”这一对概念对上述问题是一种有益的思考。“所谓‘时间差’，是指从清末民初算起，中国人认识西方文学、文化迄今已有一百多年的历史，而西方国家开始有较多人积极主动地关注和了解中国文学、文化则是最近二三十年的事……所谓‘语言差’，指的是操汉语的中国人在学习、掌握英语等现代西方语言并理解与之相关的文化方面，比操英语等西方语言的人学习、掌握汉语要容易。”（谢天振，2014）虽然谢天振提出这对概念主要是探讨中国文化“走出去”问题，但我们在充分理解原文并进行语言表达之前，就要对目标语读者和语言系统的时间差和语言差有所考量。比如哪些时候需要补偿，哪些地方需要委婉，哪些内容不得不舍弃或调整等。顺便说一句，这个问题还牵扯到一个翻译方向（direction of translation）的问题，即译出还是译入的问题。“内罗毕宣言（Nairobi Declaration）规定：‘译者应尽可能以其母语为译入语，或以和母语一样精通的语言为译入语。’”（转引自 Shuttleworth & Cowie，2004：42）这种规定也许是出于和时间差与语言差类似的考虑，如果要做外译工作，除非译者对目标语和自己的母语一样精通，不然很难了解目标语读者的真正阅读感受，照顾到语言差和时间差。虽然，目前受中国文化“走出去”

的召唤，我们在做大量外译工作，谢天振的语言差和时间差也为外译工作提出了很好的建议，为了尽快缩短语言差和时间差，我们也有必要加强外译工作，但单从接受程度上讲，同一部作品，我们外译的作品总没有目标语译者主动翻译的译本受欢迎。毕竟，当目标语不是我们自己的母语或和母语一样精通的语言时，我们无法准确判断目标语读者所获得的感受是否与我们想让他们获得的感受相同。

在考察了以上所有问题后，最后就是考察译文的表达水平。如果说上述几个问题涉及的是对译本思想内容的评估，目标语的表达水平则涉及文本的风格问题。除了主题、情节、人物、冲突等内容要素外，语言本身的魅力也是文学作品的价值所在。如果译本的语言平淡无奇，无论理解多么准确，在语言差和时间差上掌握得多么好，都会让译文的价值大打折扣。笔者认为，语言风格就如菜肴中的调味料，好不好吃，尝尝便知。对风格优劣的界定最好的方式莫过于反复的朗读，先读原文，再读译文。在朗读中我们可以自问，假如卡夫卡说中文，他会如此表达吗？从译文中能感受到他特有的讽刺味道吗？

通过以上四个步骤的考量，我们应该有充足的理由来判断一篇译本质量的优劣。如果面对一个文本的多个译本，也能判断多个译本的优劣得失。但我们不难发现，质量评估者除了没有把译本写出来，其他译者要做的工作，评估者都需要做一遍，且评估者的水平应不亚于译者才能进行恰当的评价，那译者为何要去评，而不直接译呢？这便要谈到译本质量评估的意义问题。

5.1.2.4　翻译质量评估的意义

第一，如果将翻译视为一种任务，那么翻译评估是检验任务的必要环节。无论是商业客户还是文学读者都希望译本是忠实于原文的。虽然我们倡导译者的自律性，但也不能忽略评价环节，这是保证高质量译文的重要步骤。目前的译本质量是建立在读者无意识的盲目信任上的。实际情况是，只要译本基本读得通，读者就天然地相信译本是合格的。而我们有必要建立译本质量评估的体系和流程，以对得起读者对译本的信任。

第二，质量评估能够帮助译者提高翻译水平。懂得双语、有跨文化能力是译者的基本条件，但要成为优秀的译者，还需要大量的经验积累。即便把视野局限在文学翻译，无论哪位翻译家，即便穷尽一生，其译作与海量的文学作品相比，也只是沧海一粟，但他们的经验却可以通过翻译质量评估去进行传递。而被评估者需要有虚心的态度以吸取前辈的经验，为今后的复译或修订提供基础。

第三，读者有权利知道他们阅读的译本的质量，就如消费者有权力了解所购买产品的质量，以及其是否通过相关质量检测。译本也能够通过质量评估获得更多的译者，实现自我的经典化，同时也可以甄别一批优秀的译者。

第四，能够厘清评估的伦理标准和原文扭曲这一事实之间的关系。在 5.1.2.2 中，笔者强调了评估的伦理基础，但译文偏离原文这一事实又客观存在。不少学者据此认为忠实/对等是无意义的理想目标，因此放弃忠实/对等，而转向各种因素对翻译的影响研究。但通过评估的步骤，我们不难发现，这种偏离主要发生在以下五个方面：(1) 基本的语言理解错误；(2) 对包括原文无其词但有其意、原型借用、特殊事物描写等方面理解上的偏差；(3) 有意或无意地受到权力、文化、意识形态等方面的制约；(4) 在时间差和语言差上不同程度的理解；(5) 译者的目标语水平。除了第三点中译者可能因某些因素而进行刻意偏离，其他的偏离都是无意识的，换言之，对译者而言，忠实/对等仍是他们坚守的伦理基础，同时，他们自认为自己尽可能做到了最佳相似。

也许是因为对翻译质量评估的意义认识不够，质量评估虽然重要，但对它的研究并不深入。我们在译本前几乎见不到任何对所出版译本的评价，只能在部分译作前看到部分译者的译序，讲述自己翻译的一些原则。当下，翻译研究注重描写，但主要集中在对译本的现象描写，而这种描写往往容易集中于特殊的问题和特殊的情况，而无法观察翻译活动的全貌。译者自述和翻译质量评估这种针对翻译过程的描写则是对整个翻译活动进行考量，能让我们更好地厘清翻译这一活动的本质，形成翻译标准、翻译技巧和一些可供参考比对的案例。而这些标准、技巧和案例则为我们进行译员培训，提高译者能力提供了基础。

5.2 译者能力的培养与评估

在当下，翻译已经成为一种职业行为，有专业的翻译公司，有专门的翻译从业人员，有专门的翻译研究机构，大学里还有专门的不同层次的翻译专业和课程设置，涉及各种翻译题材。那么我们一定会问如下几个问题：我们要培养译者的哪些能力？如何培养这些能力？如何检验培养效果？

5.2.1 译者能力的探析

译者的能力不是由谁去规定或想象出来的，它必须建立在翻译行为的实施之上。笔者认为，要确定翻译能力，首先需要确定译者的角色，然后研究翻译的行为（岗位）职责，如此才能推导出译者的能力，最后还应设置译者的成长阶梯。角色定位、行为（岗位）职责和成长阶梯是人力资源管理中的重要组成部分，通过对这三个要素的分析来确定需要何种能力的人，然后进行人员招聘和培训，力求做到人职匹配。笔者认为，这不失为一种探索译者能力的方法。

5.2.1.1 译者的角色定位

在4.1中，笔者谈了译者的身份问题，其中部分内容已经涉及了角色问题。在许多理论中，我们常常能看到“译者作为……”（translator as...）这样的表达。如译者作为交际者（the translator as communicator）、译者作为作者（the translator as writer）、译者作为中介者（the translator as an intervenient being）、译者作为文化传递者（the translator as mediator of cultures）等。我们必须清楚地认识到“as”不等于“be”，译者就应该是（be）译者，译者是“将原语文化信息转换成译语文化信息并求得二者相似的思维活动和语言活动”（黄忠廉，2000：220）的人，是“把一套语言符号或非语言符号所负载的信息用另一套语言符号或非语言符号表达出来”（曹明伦，2013：114）的人。简单地说，译者的核心行为是语言转换。

那么“as”和“be”是一种什么关系呢？我们不妨做几道填空题，空中填写职业：

1. 进行语言转换的人是________？
2. 进行跨文化交际的人是________？
3. 进行调停的人是________？
4. 进行文化传递的人是________？

……

笔者断言，第一题，大家几乎没有异议，填写“译者”。而后面的题却可以有多种答案，比如第二题，可以是“译者”，也可以是“音乐家”“大使”“画家”等。我们发现，“语言转换”和“译者”之间是一种可逆的关系，而其他角色和译者之间是一种不可逆的关系。如此，我们有理由说，语言间的转换者是译者独有的标志性角色。至于其他角色，有些是为了完成翻译任务而临时充当的角色，如调停者；有些则是翻译结果所起到的自然作用，比如文化传递、跨文化交际，可视为次要角色。而笔者并非是孤立地看待语言，认为在翻译过程和翻译结果中所表现的其他角色不重要。说翻译是两种语言间的转换并非否定文化概念。笔者在3.1.2中已经指出，语言和文化是不分家的。没有没有语言的文化，也没有没有文化的语言，但文化必须通过语言这个载体才能表现出来。

5.2.1.2 译者的能力要求

桥梁设计师的职责是设计坚固的桥梁，教师的职责是传道授业解惑，译者的职责自然是提供优秀的译本。5.1.2.3中对翻译质量评估之具体方法的讨论实际上建立了优秀译本的标准。总结起来大概有如下几条：(1) 对原文的理解尽可能准确，包括一般语义的理解、特殊含义的理解以及专门知识的了解；(2) 对特殊含义和专门知识处理得当；(3) 充分考虑了原语和目标语之间的语言差与时间差；(4) 语言流畅，与原文风格接近。虽然读者很可能只能感受语言是否流畅，但其他的要求是译者的一种自律，也是评价的标准。有标准，我们就能制定具体的能力要求。

通过以上职责，我们可以粗略地推断，译者应该具备以下几种能力：第一，双语能力，针对解决上述 (1) 和 (4) 中的部分问题；第二，文化处理能力，针对解决 (2) 中的部分和 (3) 中的问题；第三，专业知识能力，针对解决 (1) 和 (2) 中的部分问题。我们会发现，一种能力往往会对应解决多个方面的标准问题，这说明了翻译标准和能力之间是相互作用的，不能完全分割。这再一次证明，我们不能抛开语言去谈文化、意识形态、权力等因素，反之亦然。

以上所提出的能力要点与纽伯特提出的五个方面的能力已非常相似，只是在分类上存在区别。纽伯特将翻译能力分为“(1) 语言能力 (language competence)，(2) 文本分析能力 (textual competence)，(3) 对象把控能力 (subject competence)，(4) 文化能力 (cultural competence)，(5) 转换能力 (transfer competence)”(Neubert，2012：6)。纽伯特的分类也基本上可与上述四条标准相呼应。更为有趣的是，纽伯特认为“能力 (1) (2) (3)，在某种程度上也包括能力 (4)，与其他交际者是共通的，然后能力 (5)，也就是转换能力是译者独有的”(同上)。这又反过来印证了笔者在上一节中对译者标志性 (或曰核心) 角色的判断。所以纽伯特认为：“翻译能力不仅仅是转换能力。但同时，为大家所公认的语言能力、对象把控能力、文化能力加起来不及转换能力。”(同上) 对此，笔者的理解是：

翻译能力的核心就是语言转换的能力，这是译者与其他职业相比所独有的能力，但转换能力相当复杂，并不是简单地换词。由于语言是根植于文化、语境、历史和具体情境中的，因此我们需要动态地看待转换问题，通过提高语言能力、文本分析能力、对象把控能力和文化能力来助力转换能力，前四项能力是为最后的转换能力服务的。在翻译实践中，因翻译题材和内容的原因，前四项内容不是时刻都同时起作用的，起作用的程度也深浅不一。巴塞罗那独立大学 (Universitat Autònoma de Barcelona) 学者普雷萨 (Marisa Presas) 将翻译能力置于真实的环境中，并引入心理认知维度，认为译者的能力包括“两种语言的知识，对真实世界和事物的知识，运用工具如字典和其他文件的能力，以及认知品质，如创造力和注意力，或者解决特殊问题的能力”(Presas，2012：28)。

根据笔者和其他学者对翻译角色的界定，我们可以对译者的能力进行以下界定：

译者的能力要求主要有四个方面：第一，双语能力；第二，跨文化能力；第三，使用工具的能力；第四，译者的知识面。而这些能力综合决定了译者的转换能力，如何灵活运用和处理好这些能力之间的关系体现了译者的水平。

5.2.1.3 译者的成长阶梯

在对译者进行能力培养的过程中，会根据译者的经验和译本的质量对译者进行能力划分。我国的全国翻译专业资格（水平）考试，按照不同的媒介把翻译分为口译和笔译两种，同时分别给出等级划分。一个不可否认的事实是，翻译能力除了进行专门的培养外，还有一个经验积累的过程，而经验与认知之间有着紧密的联系。普雷萨从心理语言学的角度，把译者分为新手译者（novice translator）和老练译者（expert translator），并尝试对两者进行了语言心理层面的对比，见表5－2：

表5－2 新手译者和老练译者语言心理层面的对比

新手译者	老练译者
·没有特别的语言技能 ·双语储存（混合的或从属的） ·无意识的冲突机制 ·符号转换机制（词汇层面）	·特别的语言技能 ·双语储存（协调的） ·在接受和生产过程中都能管控冲突 ·探索式的文本转换过程
·认知特点：灵活性，横向思维，远程关联能力	

（同上）

当然，这里的新和老之间不是泾渭分明的，这种区分是相对的，其本质还是体现了对两种语言的掌握和熟练运用程度。我们早已有一个共识，即懂得两门语言不等于就能做好翻译，但这并非说双语能力不是翻译能力的核心。这其中的关系，我们可以借比德莫尔（Hugo Baetens Beardsmore）的“接受性双语”（receptive bilingual）和“生产性双语”（productive bilingual）来加以说明。“与接受性双语相对的情况是说话者不仅理解，而且可以用两种及以上语言写作，这便是生产性双语。”（Beardsmore，1986：18）在从新手译者转变成老练译者的过程中，重要一环就是要把接受性双语转换成生产性双语，表5－2中普雷萨所列举的四项比较指标便说明了这一点。普雷萨评价说："接受和生产两个术语非常适用于文本的接受和生产。在支持纯语言的考量中，翻译不能忽视交际性功能。"（Presas，2012：21）笔者认为，只要我们不把语言和文化割裂开来，只要我们从语言使用的角度来看待文本，便不可能忽视文本的交际性和功能性。交际性和功能性是通过语言表现出来的，归根到底还是语言本身的问题。翻译是用生产性双语进行语言转换的活动，用生产性而非接受性来理解语言，或许"翻译是语言转换"便不会有那么大争议。那么何种语言可被称为生产性语言呢？

首先，对大多数人而言，母语一定是生产性语言，因为我们从出生开始，每天都生活在母语的环境中，每天都在使用母语接收信息和表达自己。通常，当我们使用母语时，不会去仔细掂量语法、思考词汇表达，我们"天然"知道语言使用过程中的修辞、禁忌、语境等各种因素。以上这些概念，本来就是建立在语言事实的基础上。但第二语言的状况完全不一样。一个不争的事实是，除非一个人完全脱离母语环境，其生活生产完全使用另一种语言，让第二语言在生活中逐步取代母语，否则第二语言在生产性上永远只能无限接近母语，而不可能达到与母语相同的水平。

当然，这并不是说每个人的母语或者主要使用的那门语言就是完美的。具备生产性不意味着就是语言大师。译者，特别是文学译者，应该注重提高自己的第一语言，甚至应对某一种文学形式，如诗歌、散文等的语言非常在行。这便是表5－2中普雷萨所说的"特别的语言技能"。在第二语言成熟的前提下，诗人译诗，散文家译散文当然要比没有特别语言技能的人翻译得好。

二语习得著名学者埃利斯（Rod Ellis）认为二语习得者受到外部和内部两方面因素的影响：外部因素包括学习过程中的社会

环境（the social milieu in which learning takes place）和学习者所接收的输入内容（the input that learners receive）；内部因素包括学习者的认知机制（cognitive mechanisms）、对相关领域的常识（general knowledge about the world）、交流技巧（communication strategies）以及对语言是如何发挥作用的认识（knowledge of how language in general works）（Ellis，2000：4—5）。同时，埃利斯认为："二语习得包括不同内容的学习。一方面，学习者要内化大量的语言结构［如一些惯用语句（formulas）］。另一方面，他们要学习一些规则（rules）（如对用于特定语境、有特定功能的特定语言特征的认知）。换言之，学习者必须同时进行条款的学习（item learning）和系统的学习（system learning）。"（同上：13）暂且抛开翻译问题，就语言习得而言，其本身就包括语法、句型、用词等表达层面的问题，同时包括语境、功能、文化等方面的问题。这也再次说明，语言和语境、功能、文化是不分家的。语言学家弗思在《意义的模式》中就提出："每个词用于一个新的语境中都是一个新词。"（Firth，1957：190）

综上所述，笔者认为译者的成长分为三个方面：第一，将译者具有生产性的第一语言进一步提升至具有某种或多种语言技能；第二，提升译者的第二语言，使其具备生产性，若能具备某种或多种语言技能更佳；第三，积累大量以实践为基础的直接和间接经验，并应以直接经验为主，如此才能在两种语言间来去自如。

对译者的角色定位（5.2.1.1）、译者的职责和能力要求（5.2.1.2）以及译者的成长阶梯（5.2.1.3）的分析，便完整构建了一套关于译者的资历构架，这套资历构架能为译者的能力培养提供基础。

5.2.2 译者的能力培养

5.2.2.1 从中外大学翻译专业培养计划设置看译者能力的培养

在上文中，笔者归纳了译者的能力范围，包括双语能力、跨文化能力、使用工具的能力和译者的知识面（见 5.2.1.2），又在译者能力阶梯中区分了接受性语言和生产性语言，并说明了语言和文化、语境、功能等的关系（见 5.2.1.3），这为我们培养什么和怎样培养提供了一条思路。我们不妨先参考一下国内外对译者培养的一些课程设置。

仲伟合参与起草了我国《高等学校翻译专业本科教学要求》，提出翻译专业学生的知识结构应该分为“语言知识与能力”“翻译知识与技能”“通识教育”三个部分，并对每个部分进行了具体的指标设置，见表 5－3：

表 5－3 翻译专业本科学生的知识结构

语言知识与技能	1. 外语语音、词汇、语法知识
	2. 外语听、说、读、写能力
	3. 汉语知识与写作能力
	4. 演讲与辩论能力
	5. 语言学习能力
翻译知识与技能	6. 口笔译技巧
	7. 口笔译理论
	8. 跨文化交际能力
	9 译者综合素质

续表5-3

语言知识与技能	1. 外语语音、词汇、语法知识
	2. 外语听、说、读、写能力
	3. 汉语知识与写作能力
	4. 演讲与辩论能力
	5. 语言学习能力
通识教育	10. 中外社会文化
	11. 语言学与文学知识
	12. 计算机与网络应用

（仲伟合，2011：21）

而在翻译培养领域颇有名气的英国巴斯大学（University of Bath）在本科阶段没有专门的翻译专业，但有一个相关的四年制本科专业叫“现代语言与欧洲研究”（Modern Languages and European Studies），对该专业的描述如下①：

熟练掌握两种语言，同时对政治和文化问题进行具体学习和了解。

• 两门语言的学习同等重要，语言的教授将置于所在国的语境之中，学习所在国家的人如何使用语言，以及如何进行不同的综合选择。

• 以宽基础的方法学习当今的一些重点，包括语言、历史、文化、政治和社会。

• 毕业生能发展受用人单位高度欢迎的迁移技能，这从我们持续的高就业率上得以反映。

① See http://www.bath.ac.uk/study/ug/prospectus/subject/modern-languages-european-studies/.

而巴斯大学在研究生课程中开设了为期一年的翻译类硕士课程，叫作“翻译与专业语言技能硕士课程”（MA Translation & Professional Language Skills），课程包括[①]：

第一学期：
编辑与修订（核心单元）
职业翻译（核心单元）
校对（选修单元）
翻译管理（选修单元）
公共演讲（选修单元）
第二学期：
编辑与修订（核心单元）
职业翻译（核心单元）
联合国摘要写作（选修单元）
企业技能（选修单元）
实用 IT 技术（选修单元）
公共服务和商业口译（选修单元）
1 500 字论文：对翻译或一个项目的评注

另一个与翻译相关的硕士课程叫“口译与笔译”（MA Interpreting & Translating）。该课程更偏向实践，课程以翻译方式进行划分，由交替传译、同声传译、联络陪同与公共服务口译、公众演讲、职业翻译、翻译技术和论文构成[②]。

我们可以看出，巴斯大学更偏向把翻译看作一种技能。在本

① See http://www.bath.ac.uk/study/pg/programmes/ma-in-tran-and-prof-lang-skil/.

② See http://www.bath.ac.uk/study/pg/programmes/ma-in-inte-and-tran/.

科专业中先为学生打下坚实的语言基础。学习语言时，强调两种语言的同等重要性与语言的社会和文化性，其目的是培养学生对语言和文化的迁移能力。而为期一年的硕士课程更加类似于在语言能力基础上的职业培训，包括对职业知识的培训，如编辑、校对、翻译管理、企业技能培训等，也包括对不同翻译类型的培训。中国的本科翻译专业设置除了在职业性上没有格外突出外，对语言、文化、翻译技能和相关常识的培养思路并无二致。

因此，我们不难发现，译者能力培养最基础、最重要的方面仍然是语言本身。当对两种及两种以上的语言有了足够的了解，加以专门培训，就能够将语言能力迁移为翻译能力。当然，以上讨论的是将翻译视为一种社会服务的职业来培养。但文学翻译往往不是由职业译者，而是由科研院校的教师和学者在进行，翻译和研究往往紧密相连。笔者认为，与以提供社会服务而赚取酬劳的职业翻译相比，进行文学翻译的译者更应该提高对两种及以上语言的掌控能力。将两种及以上语言从生产性语言（见5.2.1.3）提升为特殊的语言技能，即在两种及以上语言中，至少对一种文学体裁的语言特别敏感，这也是译者译好某种文学体裁的基础。如要把英语诗歌译成中文，便既要对英文诗歌非常熟悉，又要对中文诗歌非常熟悉，其他文学体裁亦然。而最为有效的提高方式便是阅读。对大量英语诗歌和大量中文诗歌的阅读，能让我们提高对语言的感知，并最终提高翻译的质量。翻译和语言是相互促进的。正如策德内斯（Jonas Zdanys）所言："翻译能让学生更加了解诗歌、语言、美学和阐释的外貌。"（Zdanys，1987：11）根茨勒认为，以策德内斯为代表的整个北美翻译工作坊"不仅考察了翻译问题，也考察了语言的一般问题"（Gentzler，2004：9）。因此语言能力的提升是翻译能力提升的核心。当然，语言能力可通过多输入、多运用来提高，但语言能力也的确存在一些先天因素。就如同每个中国人都会使用中文，但其语言水平却千差万别。同时，我们还要认识到，对绝大多数译者而言，最亟待提高的仍然是第二语言水平。

5.2.2.2　从新手到专家：更多的真实案例与练习

上文（5.2.1.2）中我们提到，纽伯特认为翻译的所有能力中，除了转换能力以外，其他能力与交际者所需要具备的能力是共通的；上一节中，本书也提到，高校（特别是国外高校）对翻译专业的设置，也是在已有语言的基础上，进行短期的翻译培训；同时，通过分析国内一些常见的翻译资格证考试辅导书和各类翻译培训手册，我们不难发现，翻译培训几乎是在进行转换技巧性培训。当然，国外翻译课程还涉及一些职业化的培训，如翻译管理、实用 IT 技术等，此处暂时存而不论，下一章中将具体谈到。

切斯特曼简洁明了地说过："无论怎么说，翻译当然是一门技术。和其他技术一样，翻译可以学。当译者掌握了这项技术，他就是专家。"（Chesterman，2012：78）根据日常经验可知，当我们说某人是某个方面的行家里手，此人必有两个突出特点：一是在该领域内，能解决他人所不能解决的问题；二是解决同样的问题时，比他人更加自然娴熟。但技能也分两种，一种是流程化技能，比如工厂中的流水线，我们可以明确地提出程序步骤，加以一定时间的实践，便能成为熟练工。但另一种技能则是需要用心去悟，如我们知道教学步骤并不意味着我们能上好课，好老师可以在教学步骤、教案设计中明确程序步骤，但好的教学效果却有种只可意会不可言传之感，这便是经验。翻译技能便属于后者。

德雷福斯兄弟（Hubert L. Dreyfus & Stuart E. Dreyfus）把这些程序步骤称为"知道"（know that），而把经验称为"知道如何去做"（know how）。他们认为："人们要获得一项技能，要通过指导和经验。他们不会从由规则引导的'知道'一下跳跃到以经验为基础的‘知道如何去做’。”(Dreyfus，1986：19）换言之，规则引导只是译者培养的路径图，而真正使能力提高的是经验积累。德雷福斯兄弟描述了从新手到专家的五步路径，限于篇幅，笔者将其内容概括归纳并阐释如下[①]：

第一阶段，新手阶段。刚开始认知翻译的特点，并依据教师所提供的规则进行翻译，能进行最简单的信息处理，译者本身是没有语境概念的。类似于基本的语言单位配对。这一点今天的机器已经能做到。

第二阶段，高级阶段的开始。译者开始有语境概念，开始在真实情况下考虑翻译方式。但这种行为很刻意，且难以用言语表达。这个阶段，译者已经开始模仿使用一些基本的翻译技巧。

第三阶段，胜任阶段。对实际的情况非常重视，并能对各种实际情况进行等级划分。这时译者已经开始在翻译中进行取舍和决策。

第四阶段，精通阶段。这个阶段，译者开始自己做决定，而非跟随规则行事。译者在反思各种选择后，仍然有意识地选择相关目的并进行决策。

第五阶段，专家阶段。在大量成熟经验的基础上，译者知道该如何去做，且在遇到问题时，不用进行有意识的审慎抉择。换言之，就是内化成一种理所当然。

需要注意的是，德雷福斯兄弟的五个步骤是建立在译者掌握两种语言的前提之下的，这里的语言包括通过语言表现的语境、文化、权力、意识形态等。上述五个步骤中的“语境”(context）在作者的行文中常常与“情况”(situation）混用，指遇到的各种情况。

---

① See H. L. Dreyfus & S. E. Dreyfus: *Mind over Machine*, Oxford: Blackwell, 1986, pp. 21—30.

因此，我们清晰地看到译者的成长就是不断处理具体的问题，并积累经验，最后达到不需要进行处理便知该如何去做的过程。而获取经验的方式有两种，一种是直接经验，另一种是间接经验。直接经验一方面积累较慢，另一方面有很大的局限性。间接经验则不同。在进行译员培训时，我们必须且主要应提供给学员的便是尽可能多的“情况”以及处理这些“情况”的方式，然后由学员强加练习并将语言转换内化成一种无意识的行为。

再反观上节中巴斯大学的课程设置安排，我们便不难理解为何在本科阶段只设语言专业，而在硕士阶段仅通过一年时间就能培养高质量译员。也正因为如此，才有许多学者发表类似的观点，认为“教师的挑战是创造各种情况，内化便是在这些情况中产生的”（Chesterman，2012：89）；“基于与现实生活相似的情况或现实生活，翻译任务不仅仅是为教与学提供一个好的机会，也要有意无意地为教师提供合适的实际文本”（Vienne，2012：99），老师再及时将这些文本提供给学员学习。

值得一提的是，译者从每一步都如履薄冰到后来的收放自如，是处理各种情况不断娴熟的表现。我们看不出收放自如和忠实/对等之间的矛盾。可以想象，在翻译技术不成熟、处理问题不自如时，译者往往在规则的指引下将原文的语言单位和译文的语言单位进行生硬的搭配，以求忠实和对等，还时常出现不知该如何表达的情况。而通过一定时间的经验积累，译者能娴熟地运用相关技巧，应对各种情况，表达流畅自如，必要时去形而存意，以求忠实对等。所以在译员培养中，我们看到的是注重努力提高译者的转换能力和技巧。正如皮姆所言，译员培训所培养的“不是某一方面专门的译者，而是翻译中的专家”（Pym，1993：144），而与权力、意识形态、文化等问题则更加无涉。

5.2.3 译者能力的评估

译者能力的评估与翻译质量的评估有许多重合之处，区别在于翻译质量评估评价的是译本质量的优劣，这一结果当然能说明译者的整体水平。但译者能力的评估更注重研究译者能力高或低的原因以及改进办法。

评价方式主要有两种，一种是终结性评价，一种是形成性评价。终结性评价更注重给出一个评价结果，而形成性评价更注重形成这一结果的原因。要进行评价，就必须进行测试。因此如果我们要快速判断一名译者的能力高低，最直接的方式是进行测试，并给出结论。

终结性评价注重结果，我们在实际中常见的终结性评价包括翻译资格测试、翻译比赛以及翻译公司要求应聘者进行一段试译等方式。

而形成性评价可用于翻译培训、翻译实践等过程之中，不仅通过译者测试的结果，还根据译者对翻译过程的描述、培训者对译者的观察和评价来评估译者的能力。但在评价之前，我们必须保证对译者的测试内容是有信度和效度的。

5.2.3.1 对测试形式和内容的思考

测试学中的核心概念是信度（reliability）和效度（validity）。信度指一个“测试的结果和其本身或其他测试之间的一致程度。理论上，如果没有评价错误，这个程度应该是一致的。评价错误可能是由在评价项目选择上的偏向、测试时间上的偏差或检测者个人喜好上的偏向造成的”（Davies et al.，2002：168）。效度“最影响测试的质量，它基于信度，但比信度更重要。如果说一项测试测了它想测的，那么这种方式就是有效的”（同上：221）。效度考虑的是所测与想测的能力点是否一致，而信度是指测试的一致性、稳定性和可靠性。一份测试题需要经过反复常模试验后，才能成为正式测试题。当然，这是测试学需要研究的内容，不是本书重点，因此本书只考虑测试的形式和内容，而假设在此之上的信度和效度都是达标的。

根据 5.2.1 和 5.2.2 的分析，译者的能力主要包括双语交际方面的能力和转换能力。双语交际方面的能力应该属于语言能力的范畴，所以应交由语言测试去完成。译者能力的测评则主要应测试译者的转换能力。译者的转换能力主要考察的是译者处理具体情况和具体问题的能力，依据处理问题的复杂度、完美度和速度来判定译者能力的高低。译者的处理情况是最后的结果，所以在测试中，可以从处理问题的复杂度和时间上来把控，并结合完成的效果来评定译者的水平。如在一场翻译资格考试中，试题的难度锁定了问题的复杂度，考试设置了时间限制，评价者就可以根据译本质量的好坏来衡量译者水平的高低。翻译比赛亦是同理。但如此我们只能得到结果，对译者提高却无意义。

而在教学中，我们可以尝试形成性评价，即要求译者在规定的时间内完成规定的任务外，还要描述这样翻译的理由，特别是译者认为重要问题的处理方式。如此我们便能知道哪些是基本的语言和理解出现了问题，哪些是译者忽略的问题，哪些是译者的转换能力问题。如此我们就能建议译者是该回头补语言基本功，还是提高与语言相关的文化、历史、社会等方面的知识，或是扩大相关知识面，抑或是去积累更多的转换方面的实例，以增加处理相关问题的经验。

5.2.3.2　评价者与评价者的标准

除了评价的形式、内容和译本外，评价者在评价过程中也占有重要的位置。由于能力评价不像知识评价那样，可以通过客观题型进行明确的对错区分，所以谁来评价、以什么标准来评价会直接影响评价的结果。

通常，译者的培养和检测都是由大学等学术机构里的教师，特别是外语教师完成的。研究视角和实践视角有时并不完全一致。如，有学者就提出外语教师评价翻译和职业译员评价翻译的观点截然不同。外语教师“把词和词组当作孤立的语言单位来看待，他们把学生当作一个外语学习者”（Kussmaul，1995：128）。而职业译员“对错误的评估集中在词、词组或句子的交际功能上”（同上）。这一分析有一定启示，但也有些不妥。因为本书已不止一次地证明并强调语言和文化、语境等是不分家的，任何一本语言学习和语言测试的理论书中，都包含着语境和交际问题。而对职业译员而言，交际功能不可能脱离语言的正确表达而存在。当然，从职业习惯出发，两者各有偏重是可能的。所以评价者最好由学校中的教师和现实中的职业译员来共同担任，或者是由具有丰富实践经验的双师型教师担任。

皮姆将翻译中的错误分成“非对即错的错误”（binary errors）和“对错标准模糊的错误”（non-errors）。皮姆说：“非对即错的错误得出的是一句简单的话（‘这是错的！’），而对错标准模糊的错误是指需要标记并进行进一步讨论的问题（‘这是对的，但是……’）。”（Pym，1992b：282）前一个问题主要是一些明显的语言错误和理解错误，而后者主要涉及交际层面的讨论。而这个交际效果到底如何，只有目标语读者最有发言权。这也是为何“内罗毕宣言（Nairobi Declaration）规定：‘译者应尽可能以其母语为译入语，或以和母语一样精通的语言为译入语’”（转引自 Shuttleworth & Cowie，2004：42）。依此规定，我们可以进行推论，评价者应尽可能评价用其母语或和母语一样精通的语言写成的译本。

有研究者也在尽其所能罗列各种考核标准，如德国美因兹大学（Mainz University）学者库斯莫尔（Paul Kussmaul）就列举了五个方面的标准[①]，包括文化适当（cultural adequacy）、情境适当（situational adequacy）、语言行为（speech acts）、词语意义（meaning of words）和语言错误（language errors）。但无论是评价者给翻译出评分标准，还是译者进行翻译，他们首先都会以读者的身份阅读原文，都有可能无法避免地在理解上无意地扭曲原文，因此一方面我们强调译者的伦理道德和自律意识，另一方面我们也要对评价者有所规定。评价者不能带着某种先在的偏见来评价文本。比如韦努蒂对文化适当性的理解和奈达显然不会相同。韦努蒂谈异化翻译，必谈强势与弱势文化。而我们不能要求译者，哪怕是文学译者，都带着文化斗争的视角去做翻译。对译者进行能力评估时，译者的工作对象就是原文。因此除了分析原文而得出的测评点外，评价者不应将除原文以外的任何个人倾向带入对译者能力的评价之中。假设让韦努蒂、巴斯内特、勒菲弗尔、弗洛托、尼南贾娜等人来做译者能力测评的阅卷人，或做翻译大赛评委（无论是文学翻译还是科技、文件、商务类翻译），他们的标准也许还是得依靠原文，依靠目标语系统和目标语读者来建立，否则参加翻译能力测试和翻译比赛的译者难免会对标准和结果产生怀疑。虽然，在翻译比赛的评分细则公布后，也有译者和读者提出不同的看法，但他们大都认为自己的译文更贴近原文。所以翻译的考核标准是否能得到所有人的认同并不是最重要的，也几乎是不可能的。人与人之间有认知差异是必然的，但总体方向的一致性是不可辩驳的，对翻译来说，这个一致性即在特定语言系统和目标读者之中创造一个与原文意义和功能对等的文本。所以评价者应尽可能不带任何预设的方法论。

① See P　Kussmaul: *Training the Translator*, Amsterdam & Philadelphia: John Benjamins Publishing Company, 1995, pp. 130—145.

第六章　后现代之后：翻译研究的反思与展望

翻译活动的历史悠久。无论是从西方的安德罗尼柯与西塞罗，还是从中国的支谦与道安算起，也都时间久矣。但出现真正大量成系统的翻译理论还是20世纪后半叶的事。极长的翻译活动史和极短的翻译理论史形成鲜明对比。其原因也许有二，一是长期以来翻译都被作为一项信息转换技能来看待，更多关注的是技巧和经验；二是20世纪后半叶，全球化进程加快，全球联系更加快速、更加复杂，翻译作为支持全球化交流的重要手段之一，其巨大的存在催生了学者对其理论的关注，理论所反映出来的目的更加多样，范围更加广泛，形式更加复杂。但这种多样、广泛和复杂不是翻译实践本身造成的，而是受到了西方社会发展的思潮影响。

回看我们今天所有的翻译理论流派，特别是文化转向后的翻译理论流派，几乎可以与20世纪西方文论的理论流派一一对应。那么何谓文论？

> 所谓文论，原本是指20世纪发展起来的诸多西方批评理论。与此同时，它也代表发达资本主义变革态势下，不断挣扎求生的欧美新学潮流。
>
> 自1990年尼采死后，西方文论便在人文领域多头萌发，不断触发学术革命和思想危机。譬如文学领域，我们目睹一

波接一波的现代主义、后现代主义思潮。而在毗邻学科，文论改头换面，先后以哲学改造（现象学）、语言学革命（结构/后结构主义）、文化批判（西方马克思主义）等面目出现，给我们留下一大堆头绪繁杂、内容丰盛的理论资源。

（赵一凡，2007：1）

文论给我们的是一种求新、求变、求生存的印象。欧美学界的共识是“各路新学实难分类，只能含混称作‘critical theory’，意即‘混杂型批评理论’”（同上：2）。我们今天的跨学科研究无不受到这种新学思潮的影响，且这种研究更聚焦于理论推理和逻辑思辨。这种背景下产生的翻译理论从一开始也自然带有一种积极图变的不稳定性。翻译实践并没有发生哥白尼式的变化，但我们已经经历了不少的“转向”（turns）。

面对这样一种发展背景，我们应该保持警惕，辩证对待。在上文（3.4.1.1）中，笔者从跨学科的动力角度分析了跨学科的必要性，这是一门学科突破求生，防止学科之死的有效方式。但“危机的进步机遇，实难掩盖它的灾变性质”（同上：4）。这种“灾变”表现在翻译理论与翻译实践渐行渐远，对翻译本质的认识越来越模糊。当下的翻译研究已经从跨学科视角的研究转向对整个学科的全盘改造——对翻译的重新定位与定义。

作为本书的最后一章，本章立足于具体问题的讨论，直面文化转向后翻译概念与研究范式的嬗变这一主题。回顾前文，第一章是试图在大堆头绪繁杂、内容丰盛的理论资源中找寻文化转向及以后翻译研究的思想源头。第二章重新审视了各主要翻译流派对翻译中“对等”问题的看法，再次确认了对等是翻译研究中的核心问题。第三章对文化转向后翻译研究中的各种社会因素与概念进行了深入分析，说明了这些问题与传统翻译问题的关系。紧接着，第四章通过对译者的身份、主题与伦理的讨论，以及对共谋概念下特殊翻译形式的分析，重构了以对等/忠实为核心的身份与伦理原则。第五章则从翻译质量评估和翻译教学两个实践方面来证明翻译理论对翻译实践的指导作用。而这所有都指向对翻译本质的认识问题——“对翻译的研究就是对语言的研究”（Steiner，2001：49），翻译的本质是语言符号的转换和对等意义的生成。第六章将基于以上认识，对文化转向后的翻译概念与研究范式进行反思并对翻译研究的未来发展进行展望。部分内容和观点散见于前文的论述中，在本章中将再次出现并进行更深入的思考。笔者所倡导的也许正是其他学者所批判的，笔者也认为任何观点的存在都有其合理性。一方面，在人文学科中，这种争论并不新鲜，如美国当代极负盛名的文学理论家、批评家布鲁姆（Harold Bloom）在其经典之作《西方正典》（*The Western Canon*）的中文版序言中宣称：“在二十世纪最后三分之一的时间里，我对自己专业领域内所发生的事一直持否定的看法。”（哈罗德·布鲁姆，2011：2）另一方面，有可争论的话题正是翻译学科富有生机的表现，是学科发展的需要。

6.1 翻译需要重新定位与定义吗?

2015 年 3 月 28~29 日，《中国翻译》与《东方翻译》杂志在广东外语外贸大学联合主办了“何为翻译？——翻译的重新定位与定义高层论坛”。2016 年 5 月 14～15 日在上海，再次举行了“翻译的重新定位与定义专题论坛”。笔者认为这一主题的出现是一种必然。让我们跟随这样一个思路，即学科要发展就需要去探讨新问题。从 20 世纪 90 年代开始，翻译的文化转向在西方越来越热，中国的大批学者也在 2000 年后加入了这一讨论。在过去的十五六年时间里，我们或阐释与发展西方理论家的各种观点和概念，或以相关的实例来证明其观点或概念。我们的研究涵盖了文化操控、意识形态、后现代视野下的各种主义与权力、社会视角下的各种概念与复杂关系。但经过了十多年的蓬勃发展后，我们似乎又发现，除了反复阐释已有概念外，翻译研究又陷入了一种无重大理论突破的境地。没有新的概念和研究问题，好不容易建立起来的翻译学科，便要面临学科之死的危险。这也许是翻译研究领域中潜藏在每位研究者心中的焦虑，无论我们是否意识到或者承认其存在。创新的方式无非两种，一种是在现有基础上的延续性创新，另一种是在反对现有基础上的破坏性创新。布鲁姆就借柯莫德之语指出，“摧毁经典的方法随手可得，且这一事实正在迅速发展”，布鲁姆将之称为“憎恨学派”（School of Resentment）（Bloom，1994：3）。文化转向及以后的翻译研究与布鲁姆所指的现象颇有相似之处。文化转向及以后，翻译研究的创新就属于一种破坏性创新，它把矛头指向了翻译的核心——对等。翻译中的对等问题可类比为文学中的经典问题。我们的创新是以破坏核心问题为代价的。在过去的十五年中，我们已从各个方面逐渐在破坏和颠覆这个核心问题，如今，我们提出“翻译的重新定位与定义”便是水到渠成了。

翻译的重新定位与定义是两个方面的内容。定位是指一项事物的作用、影响、地位等，而定义是“揭示事物的特有属性（固有属性或本质属性）的逻辑方法”（金岳霖，2006：42）。但在“翻译的重新定位与定义”的两届论坛上，却未见有学者将之明确分开来讲。因此我们暂且将这两个方面看成一个整体，来看为何要对翻译进行重新定位与定义，然后再尝试进行区分。

6.1.1　翻译重新定义的必要性

王宁（2015：12）认为传统翻译的定义是一种“语言中心主义思维模式”，倡导突破这一模式，因为我们迎来了一个“读图的时代”，他从七个方面对翻译进行了重新界定：

作为一种同一语言内从古代形式向现代形式的转换；

作为一种跨越语言界限的两种文字文本的转换；

作为一种由符码到文字的破译和解释；

作为一种跨语言、跨文化的图像阐释；

作为一种由阅读的文字文本到演出的影视戏剧脚本的改编和再创作；

作为一种以语言为主要媒介的跨媒介阐释。

仔细研读这七个方面，其本质上仍然没有跳出雅各布森对翻译定义的三个方面，即语内翻译（对应上述第一条）、语迹翻译（对应上述第二条）和符际翻译（对应上述第三到第七条）。许钧明确指出："王宁教授所强调的图像翻译，本质上就是符际翻译。"（许钧，2015：8－9）芒迪对符际翻译的解释为："符际翻译发生在，比如，当一个书写文本被转换成音乐、电影或绘画时。"（Munday，2010：5）因此，王宁对翻译进行重新定位与定义实际上就是翻译的语际翻译和符际翻译之争，是翻译概念中的不同要素之争。

谢天振（2015：14）呼吁重新定义翻译的原因是："在今天，当翻译已经进入一个崭新的时代，即翻译的职业化时代，这些定义①显然已经无法涵盖当今翻译行为和翻译活动的内涵和外延，因为职业化时代的翻译无论是翻译的对象，还是翻译的方式、方法、手段和形态，都发生了巨大的甚至根本性的变化。"翻译的对象变化主要指翻译的题材和文本的形式的变化；翻译方式的变化指从个人向团队的转变；翻译方法和手段的变化指翻译技术的变化；翻译形态的变化指翻译方向的变化。基于这些变化，谢天振认为："翻译的内涵和外延获得了极大的丰富和拓展：职业口

① 笔者注：指把一种语言转换成另一种语言或类似的传统定义。

译、翻译服务、翻译管理以及翻译中现代科技手段的应用等正在成为翻译活动的重要组成部分。”（同上：15）从职业化时代的角度来说，这的确没错，但我们必须弄清翻译职业和翻译本身的区别。在3.4.2.1中，本书区分过功能学派中“与翻译相关的行为”（translational action）和“翻译行为”（translation action），与翻译相关的行为都是为了最终实现翻译行为。因此当我们讨论翻译的定义时，我们的对象一定是翻译行为。对翻译的职业化还有一个提法是语言服务。有学者提出：“翻译是语言服务的一种重要形式，是通过各种介质的转换传达包括语言在内的各种符号信息的活动。”（穆雷、邹兵，2015：18）因此我们要明确，我们是要对整个翻译的职业化或语言服务进行定义，还是对翻译进行定义。穆雷和邹兵实质上还是认可翻译是符号和信息的转换，只是没有将符号明确为语言。笔者猜想这是想同时涵盖语际翻译和符际翻译，以获得更大的自由度。许钧（2015：9）说：“而翻译，最本质的特征，就是符号的转换性。”仲伟合（2015：10）也说：“翻译的本质就是‘符号转换与意义的再生’。”因此翻译的本质实际上没有发生根本性变化，表述上，只是从原来的“语言转换”变为“符号转换”。那么这种变化足以引起对翻译的重新定义吗？

笔者的答案是否定的。众所周知，定义是由内涵和外延两个方面组成的。金岳霖（2006：26）指出了“概念的内涵与外延的反比规律”，即对一个概念而言，内涵和外延不能同时扩大，当一个概念的内涵越多（具体），外延就越小；反之，当一个概念的内涵越少（抽象），外延就越大。把“语言”变为“符号”，实际上就是对内涵进行了抽象，以求把符号转化现象也纳入翻译研究。但自雅各布森开始，就已经把语言视为一种符号，把翻译的外延分为语内翻译、语迹翻译和符际翻译三个方面，这是广义的翻译概念。符际翻译从未被排除在翻译的王国之外，也就不存在通过扩大外延的形式被纳入进来。而狭义的翻译之所以要具体到语际翻译，只是基于一种客观事实，即翻译行为在大多数情况下都是在进行文字转换。因此对翻译的重新定义是不必要的，但的确可以随时代的发展对翻译进行重新定位。

6.1.2 翻译重新定位的必要性

《现代汉语词典（第六版）》对定位有三个解释，其中与我们所言语境较贴合的解释是“把事物放在适当的位置并做出某种评价”。从翻译的角度讲，即是研究翻译和译本的作用、影响、地位等问题。翻译的重新定位应从两个方面开展，一是学术研究对翻译的重新定位，二是翻译活动发展对自身的重新定位。

就学术研究而言，我们可依据主要的翻译流派把翻译的定位划分为五种：

第一，语言学派。语言学派的核心观点是建立与原语对等的目的语，并从语言和语境功能角度探讨翻译的原则与方法。因此语言学派将翻译视为两种语言间信息传送和交际的方式。

第二，阐释学派。由于翻译的目的就是让操不同语言的人能相互理解对方，因此翻译和阐释有着天然的联系。“从总的倾向看，解释学家一般都把翻译当作解释的一个特例，尽管有时是一个很好地甚至最好地说明了理解与解释本质的特例。”（单继刚，2007：46）因此，对阐释学派而言，翻译是一种理解与解释的方式。

第三，功能学派。功能学派的奠基人赖斯倡导功能方法的目的是“形成译本评估系统”（Munday，2010：73），考察译本的功能是否与译者或委托人的翻译目的相符，因此功能学派的理论也被称为目的论。“在目的论中，译者的关键是要知道为什么要翻译原文以及目标语文本的功能。”（同上：79）因此功能学派对翻译的定位是翻译起到了什么作用。

第四，文化学派。文化学派的研究内容始终是文学译本。自埃文-佐哈开始，就在研究译本在文学系统中的历史定位。图里的描述翻译学向我们展现了翻译在创造历史中的作用。勒菲弗尔则将翻译视为一种改写，考察翻译过程中文化因素所导致的一国文学在另一国文学中被扭曲、篡改的事实。巴斯内特从比较文学的视角出发，将翻译视为一种文化建构的手段。

第五，后现代思潮下的其他学派。包括解构学派、女性主义翻译学派、后殖民主义翻译学派。它们从反中心的角度，以翻译为手段，要么反对文化霸权，要么争取政治权力。翻译被视为一种实施自我权力、实现政治和身份目的的重要手段。

就翻译自身的发展而言，我们的确迎来了一个职业化时代。职业化时代的标志是有一大批人把翻译当作一种职业，有专门的行业协会和机构为客户提供语言服务。因此有学者从语言服务的角度出发，认为翻译是“为跨语言信息传播与跨文化交流过程中遭遇异语符号理解与表达障碍的人们提供的语言符号转换与阐释服务”（蓝红军，2015：29）。笔者认为可对这句话做如下阐释：翻译的作用是提供一种服务，帮助客户克服语言文化的障碍以获取信息并进行交流，其手段是语言符号的转换。笔者认为，这里谈的仍然是对翻译的一种定位。因为定义的核心是本质，而本质不可能是多样化的，否则我们就难以给翻译这种行为下定义。如果说语言服务是本质，那么翻译练习、翻译比赛等语言转换行为叫不叫翻译？这些活动显然不具有语言服务这一“本质”。翻译的产业化运作，形成了许多翻译机构和翻译公司。有学者将翻译服务的内容分为五个方面，包括“翻译服务主体、翻译服务客体、翻译服务方法、翻译生产过程、翻译服务产品”（同上），这其中无论是进行市场开拓、客情维护、项目管理、人力资源管理还是技术手段更新等，实际上都是为完成语言符号的转换服务的。

无论说翻译是一种改写，还是一种文化建构，还是一种反文化霸权的手段，抑或是语言服务，都应归为翻译的用途，体现翻译的作用、影响和地位，这是对翻译的定位。随着时代的发展，或者特殊情境的出现，翻译的作用、影响和地位还会发生变化，因而还需要对其进行不断的定位。但我们还不宜宣称要对翻译进行重新定位，因为定位和定义不同，可以是多种多样的。并不是说随着职业化时代的到来，语言服务这一定位就代替了翻译所有其他的定位。更恰当的表述也许应该是：随着时代的发展和特殊情境的出现，我们应该不断丰富和完善对翻译的定位。

翻译是什么和翻译的价值是什么是两个不同的概念。笔者认为，我们应坚持翻译的本质不变，而努力探索翻译在新时代中的新价值。换言之，我们应慎言重新定义翻译，而不断丰富和完善翻译的定位。回头思考，翻译研究界经常提及的内部研究和外部研究问题，实际上和翻译的定义与定位有着天然的联系。内部研究所探讨的语言转换问题实际上就是对翻译的本质研究，而功能学派、文化学派以及后现代视角下的各种理论重点涉及的都是翻译的价值研究。通过区分翻译的定义与定位，我们能更加明确翻译的概念、翻译研究的对象以及为何会产生多种翻译的研究范式。下面，笔者就将进一步分析翻译研究者的策略和范式问题。

6.2 跨学科与翻译研究的范式演进

6.2.1 两种常见的跨学科方式

当下的翻译研究者常以两种跨学科研究的方式开展研究工作：一种是“translation as”，即把翻译当作某种行为来研究，如“translation as a purposeful activity”，“translation as a decision-making process”，“translation as renarration”，“translation as intercultural communication”等。威廉姆斯和切斯特曼指出：“在

英语中，概念分析的关键词之一便是‘as’，这一词是解释研究的根本。”（Williams & Chesterman，2004：59）“哲学解释学要解决何以可能的问题，所以必然要追问解释的条件和限度。”（单继刚，20007：5）因此“translation as”类型的研究不是在定义翻译，而是在谈翻译在何种条件下发生，以及在这种条件下我们如何认识翻译。条件性和认识的限度决定了差异性。威廉姆斯和切斯特曼提醒我们：“重要的是，我们必须认识到，你对各种概念、隐喻和理论的选择和解释不仅仅由其经验和客观的适应性所决定。在某种程度上，它还受你的主观感受、个人观念和目的的影响。”（Williams & Chesterman，2004：60）当我们对某一事物形成概念时，不仅仅指我们形成了对它的定义，还包括我们如何看待这个定义。但反过来，我们如何看待某一事物并不能改变该事物的本质属性。因此，我们认为概念和本质之间存在着三种关系，第一种关系是完全重合的关系，第二种是部分重合的关系，第三种是完全不重合的关系。

伽达默尔（2003：182）认为：“翻译过程本质上包含了人类理解世界和社会交往的全部秘密。”翻译作为一种复杂的人类活动，人们在认识它时，很少出现完全与本质重合的关系，但也不会出现完全不重合的关系，如果完全不重合则是错误的概念。一个人所持的翻译概念和翻译本质部分重合是一种常态。任何个人思想的形成离不开他个人的主观性影响，人文科学的学者也不例外。今天翻译研究最活跃的地方都是有着文化差异和文化交融的地方，一大批学者都成长或工作在这里，如霍姆斯（荷兰）、埃文-佐哈（以色列）、巴斯内特（英国）、勒菲弗尔（生于比利时）、图里（以色列）。正是因为他们处于欧洲一体化的大背景下，才目睹了各种文化相互冲撞、相互融合、重新建立等事实，离开这些，他们将不可能成为文化学派的开创者和领导者。同时，没有文化的强弱关系，我们也不会有解构学派，没有爱尔兰、印度、加拿大等这些典型的地方，我们也便不会有女性主义、后殖民主义等翻译思想。无论是我们的经历还是我们看到和习得的事实，都会形成我们自己的主观感受、观念和研究目的。而这种种因素选择了一个载体得以体现——翻译。因此不是语言（符号）转换和意义再生这种行为变了，而是我们认知世界的角度变了，社会交往的环境变了。我们在特定的时间和环境中赋予了同一行为不同的存在意义，但这不是本质上的变化，而是认识上的变化。人类的认识永无止境，但翻译永远也脱离不了语言（符号）转换和意义再生。也正是因为如此，翻译研究者在研究这些问题时，从不会用“translation is”，而是用“translation as”。但把“as”误读为“is”的情况在我国颇为普遍。有学者指出：“‘n. as n.’式标题应该被解读为‘被视为 n. 的 n.’或‘作为 n. 的 n.’，而不应该被解读为‘n. 是 n.’。‘作为 n. 的 n.’意味着‘翻译在某种特定条件下具有某种性质’，按此理解，可以拓展我们研究翻译的视野，而‘n. 是 n.’却断言‘翻译是什么’，或‘翻译无条件地具有什么性质’，这不利于我们把握翻译的本质属性。”（曹明伦，2012b：72－73）因此我们应将“translation as...”理解为“作为一种有目的之行为的翻译”“作为一种决策的翻译”“作为一种叙事的翻译”“作为一种改写的翻译”。

另一种跨学科研究的方式是“translation and”型，即把翻译与其他理论或学科相联系。如果说“translation as”主要讨论的是关联性问题，那么“translation and”则会把传统中两个不相关的领域嫁接到一起研究，如性别与翻译、政治与翻译等。而这种嫁接往往涉及对翻译的隐喻式理解。比如，传统认为，翻译是从属于原文的，是原文的派生。这一点恰巧与女性主义中第二性的特征有相似之处。女性主义翻译观就是从这一隐喻上对翻译产生了兴趣，并通过翻译来实现他们对男性（原文）的反抗。并非所有的“translation and”型的研究都是带有隐喻的，但通过某种隐喻的纽带所展开的研究常常会以“translation and”命名。

6.2.2　对翻译研究范式演进的反思

两种跨界的方式都拓展了研究领域，丰富了学科内涵，但我们跨学科研究的目的应该是解决翻译问题。有学者从问题的角度出发，将翻译学分为三个大的问题——翻译理论，翻译史和翻译批评（曹明伦，2013：249）。当下翻译研究的主流是“采取描述的方法，去描述、解释和理解译者到底实际上做了什么，而不试图去规定译者应该做什么”（Chesterman & Wagner，2002：2）。但若翻译理论无法反作用于实践，翻译批评不能判定译本的质量，则既无意义又没效果。因此，规定性研究必然是翻译理论和翻译批评的重要组成部分，换言之，是要去规定译者和批评者该做什么。当然，在翻译中还有一个纯翻译理论的概念，有学者指出：“‘pure’就是‘free of empirical elements’的意思。”（曹明伦，2013：238）那么，如果明确是做纯理论研究，就需将研究成果划定在纯理论的范围内，而不必也不应该将之运用于普遍实践之中，后现代视角的翻译研究大致都可归入其中。还有另外一个研究问题也只需要描述、解释和理解——翻译史。从埃文-佐哈的多元系统论开始，对翻译进行描述的目的就是建立翻译在文学历史中的地位。凡以描述为研究方法的研究，如文化学派，都致力于描述译本在目标语文化中的传播、扭曲、变形和所起的作用，且大都以个案为例。这是一种典型的微观历史的研究方法之一，即“关注特定的案例、人和环境，微观历史允许一种主观的深度历史研究，对民族、国家或社会背景，进行持续几十年、几个世纪或无论多长时间的调查，给出和过去完全不同的图景”（Magnússon & Szijártó，2013：5）。特定的研究对象突出译者的权力、意识形态和文化影响，强调改写正是文化转向后一种流行的研究趋势。

我们应该注意这些特殊性（特殊的案例、特殊的人、特殊的语境）。它几乎存在于文化转向后所有的翻译研究之中。如韦努蒂除了考察语言、文化、经济、意识形态等问题外，还特别强调“自由的文学译者”，他说，“我还想指出，自由的文学译者（freelance literary translator）在翻译任何作品时都会进行一种选择，这种选择涉及对原文故意改动的程度和趋势”（Venuti，2004：19），而这种选择又总是置于一种强弱文化的对比和竞争中。因此笔者认为，韦努蒂的翻译理论和实践一开始就预设了某种文化偏见，且这种文化偏见需要存在于自由的文学译者身上，其抵抗式翻译才可以成立。但在实际翻译过程中，译者不可能完全自由，如果要出版，出版社必定对译文有具体要求；也可能译者是在参加某种考试或比赛，这时便有相关的评估标准进行质量评估。强调“自由的文学译者”的本质是拒绝了一切人和标准对译本的评价，译者自己就是标准，自然怎么译都是合理的了。再比如勒菲弗尔在《翻译、历史与文化论集》（*Translation/History/Culture:A Sourcebook*）一书中，所有的标题都是由“from”或“from... to...”构成的。这种结构清晰表明了其理论意义限于哪种背景或哪个研究对象。书中的意识形态、赞助人、诗学等概念都是从个别案例和个别人中总结出来的。他的另一本书《翻译、改写与对文学名著的调控》（*Translation, Rewriting and the Manipulation of Literary Fame*）采用的都是个案分析法。无论是研究《安妮日记》的翻译和改写过程，还是研究菲茨杰拉德改写的《鲁拜集》，或是对比罗马诗人卡图卢斯的诗歌以及德国作家毕希纳《丹东之死》的多个译本，采用的都是极其典型的特殊案例。如夏平在该书上海外语教育出版社版的导读中就写道：“将意识形态与诗学形态的动机和约束结合起来的最显著的例子，莫过于维多利亚时代的诗人爱德华·菲茨杰拉德改写的波斯诗人莪默·迦亚谟的《鲁拜集》。”[①] 这些例子都因为太典型而无法在普通文本中大量复制，这便会导致其理论结果无法在大量案例中得到重复检验。受后现代理论影响的女性主义、后殖民主义、食人主义等翻译理论也都是从某一地区文化或某种政治倾向发展而来的。

我们不应该忘记霍姆斯的提醒：“如果后来的翻译研究学者想要避免前人犯的错误，在他们希望创立描述翻译作品的相关方法前，必须发展一套适当的翻译过程模式。”（Holmes，1988：81－82）依笔者的理解，一套适当的翻译过程模式便是一种规定性研究，因为任何模式都会强调“应该”如何翻译。因此，规定性研究和描述性研究是一种先后关系，而非平行关系。一种描述性研究必须建立在一种规定性研究之上，而非相反。而规定性研究一定来源于翻译实践和实践中所产生的问题。这是一种单向不可逆的关系。单纯的描述性研究既不试图，也无法解决翻译实践中的任何问题。

笔者举以上例子并不是为了反对跨学科研究，而是想强调，当我们进行跨学科研究时，一定不要忘记跨学科的目的是解决翻译问题。同时，对翻译研究的问题要有清晰的认识，哪些是要具体指导实践的，而哪些只需要停留在纯理论的探讨范围之内。一旦我们混淆这一点，便会用一些纯理论推断的结论去思考翻译行为，甚至试图模糊和颠覆对翻译行为的认知。在正视翻译中的这些特殊性时，要坚持对翻译的普遍认知。当然，一个优秀的译本一定在某些地方体现了译者的创造性，而我们应该正确看待这些译本中的创造性。

---

① A. Lefévere：*Translation*，*Rewriting and the Manipulation of Literary Fame*，Shanghai：Shanghai Foreign Language Education Press，2010，pp. Ⅳ－Ⅴ.

6.3 如何看待翻译中的创造性？

笔者认为，翻译中的创造是一个中性词。译文中出现原文中不存在的词和风格即为创造。换言之，原文是判断译者是否进行了创造的准绳。而创造可能有好的，也可能有不好的。当然，我们平时所言的翻译中的创造性更多是一种褒义和肯定。因此，肯定和学习翻译创造性的前提应该是进行译本的质量评估，确定某译本是一个合格甚至优秀的译本。上文（5.1.2.2）中，笔者谈到了评价译文的伦理标准和具体标准，认为忠实于原文是译本的伦理标准。而具体标准主要有四个方面：一是考察对原文理解的准确程度；二是与译者保持比肩思维，准确认识译者所做出的各种处理的依据；三是充分考虑原语和译语的时间差和语言差；四是考察译文的目标语水平。笔者认为伦理标准不仅对翻译质量评估有意义，对考察翻译中的创造性同样有意义。创造实际上就是无中生有的过程，或者说对原文进行编辑的过程。这个“无”当然指原文中没有的东西，“编辑”自然涉及对内容的一定删改。因此忠实是创造的基础和前提。而上述译本评价具体标准中的前三个方面也是我们考察翻译创造性的三个维度：对原文的准确理解帮助我们确定译者在哪些地方实施了创造；与译者保持比肩思维才能判断译者做了哪些创造以及创造的依据；而语言差和时间差决定了译者创造的效果。

6.3.1 译者应该追求超胜吗？

翻译是艺术，是一种创造性活动，这是译者和研究者的共识。于是在我国翻译界流行着“超胜”一说。许渊冲（2012：83－84）认为：“两种语言总是各有优点和缺点的，如果能够发挥译文的优势，用译语最好的表达方式来描写原文所表达的现实，那译文虽然不能等于原文，确实可能比原文更接近现实，这样一来，译文就胜过了原文，比原文更忠于现实了。这是中国学派文学翻译理论中的‘认识论’。根据这个认识，译文是有可能超越原文、胜过原文的，那就是中国学派的‘优化论’或‘发挥优势论’。”这个论断的意图自然是好的，充分考虑了译入语的语言问题。对目标语忠实本就是忠实论中的一个重要指标。但似乎不能把两种语言如此进行比较，因为原语和目标语自然会在各自的语言体系中更接近现实。我们不能拿目标语系统来衡量原语文本，反之亦然。因此就不存在译文超越原文这一概念，两者所对应的标准是不同的。

如果说超胜就是接近真实，那么也许严复“信达雅”中的“达”更能说明问题。有学者通过互文研究，认为“达者，通到也；通到者，至也；至者，言及而不过也”（曹明伦，2013：160）。这个真实并非客观存在，而是原文创造的。译文的目的就是“言及而不过”这个由原文所创造出来的真实。原文有其意而译文无则为不及，原文无其意而译文有则为过。“超越”“优化”这些概念给人的直观感受便是创造新的东西，也就是“过”。在原文无其意的情况下创造出新的东西，译者在那一刻实际上扮演了作者的身份，在对原文进行原创写作。虽然文化转向后的许多翻译研究成果都向我们展示了翻译中的各种改写现象，这些译作都以译本的名义获得出版，但如果有一个质量评估的机构或组织，它一定会指出在哪些方面译文的内容没有忠实于原文。同时，如果设想自己是一名译者，我们自己一定很清楚哪些时候我们是在译，而哪些时候我们是在（改）写。虽然在实践中的确存在偏离原文的现象，但无论是译员培训、翻译比赛还是受委托的翻译实践，都未见主动教导我们去改写。虽然上述许渊冲忠实于目标语系统的观点是完全正确的，但由于“超越”“优化”这类词实在容易引起误会，倒不如用严复的“达”来解释原文与译文的关系。

这种望文生义的问题还不少见。比如谢天振提出“创造性叛逆”这一概念。谢天振完全不否认译者应该努力追求忠实这一目标，只是在实际中难以做到，实际中的翻译基本表现出“创造性叛逆”这一种现象。但不少后续研究旨在分析和说明在翻译中创造性叛逆的正当性以及如何进行创造性叛逆。其理论源头直指谢天振，使他承受了不少批评和冤枉，以至于不得不一次次站出来解释：“整个‘创造性叛逆’就是一个中性词，就是要给翻译本质一个描述，一个揭示……我从来没有要求你翻译的时候去创造性叛逆。”（曹明伦、谢天振，2015：13）这同样也反映了一种语言的约定俗成性。虽然原创者清晰地定义了他们术语概念的意义，但在流传过程中会被一种大众传统意义所扭曲而失去原来的模样，甚至以讹传讹。学者给相关词语赋予的概念可被看作一种私人语言（private language）。维特根斯坦认为：“词语要有意义，在应用中就必须服从公共规则。”（转引自 Wintle，2009：827）

因此，笔者建议以不那么容易产生误会的“达”来表示原文与译文的关系。为了做到“达”，译者不得不进行一定程度的创造，这样会减少不必要的误会。译者不应该追求译文对原文的“超胜”，而应追求译文对原文的“言及而不过”。这是翻译中进行创造的前提和基础，防止将翻译中的创造性演变为无约束的创作。

6.3.2 翻译中创造性的形式和限度

在翻译中进行创造是因为要使译本“言及而不过”，这是由于两种语言和文化不是完全一一对应的关系。从语言角度讲，可能有一对一的关系，也有可能是一对多、多对一、零对一、一对零等多种关系。从文化角度讲，可能有相适应的文化，也可能有类似的文化或相左的文化。译者进行创造的原则应是在这些复杂的语言和文化对应关系中，建立目标语系统能接受的，译者自认为最接近“言及而不过”的译本。笔者认为，译者的创造性不是主动的，而是被动的，译者不应在文本转换的同时主动进行内容上的创作。如果原文和译文在语言和文化上能做到一一对应，就应该一一对应。如果无法一一对应，才去试图进行相关创造，试图在目标语文化中接近原文所展示的那个真实。翻译的实际经验告诉我们，在翻译过程中，译者非常清楚自己哪里是在进行顺畅的翻译，而哪里遇到了各种困难，对原文进行了一定加工。但创造性体现在一个个鲜活的案例上，无法用高度概括的理论去说明，因此我们不能忽视翻译的技巧和经验问题。

6.3.2.1　翻译技巧与翻译经验：翻译中创造性的集中体现

翻译技巧往往被翻译理论所忽略。翻译理论家很少谈论技巧，技巧不是翻译研究的对象。而当翻译家谈翻译时，却又几乎全是经验技巧，而极少谈理论。《文艺报》曾让翻译家傅雷谈翻译问题，却是给傅雷出了难题，他既不愿谈现状，怕惹他人情绪，又不想谈理论，容易不了了之。他指出：“文艺理论家不大能兼作诗人或小说家，翻译工作也不例外；曾经见过一些人写翻译理论，头头是道，非常中肯，译的东西却不高明得很，我常引以为戒。不得已，谈一些点点滴滴的经验吧。”（傅雷，2006：8）而译者谈经验，主要就集中在他们如何处理各种问题上。处理问题的过程就是创造的过程。

研究翻译中的创造性不应该只是去描述和说明这种现象，因为翻译是一项创造性活动早已是共识。研究创造性不可缺少的目的之一应是指导相关实践。但创造性可以培养吗？傅雷说：“讲到一般的翻译问题，我愈来愈感觉到译者的文学天赋比什么都重要。”（同上：32）译者的主观能动性也是创造性的表现，曹明伦

（2013b：107）在谈译者的主观能动性时，格外强调“译者要正确地发挥主观能动性，就要不断积累自己的学识，培养自己的才情”。创造性的确包含天赋和才情之主观因素，但在此基础上，后天的培养也很重要。傅雷（2006：35）说：“翻译应不废进修。”曹明伦（2013b：111）指出：“才俊、气足、学深、习雅乃译者需积累的正确主观因素。”

笔者在“译者的成长阶梯”一节（5.2.1.3）中，强调译者应大量积累以实践为基础的直接和间接经验。一方面需习他人之“巧”，并加以练习为己所用；另一方面需在实践中用心悟道，总结经验。从诸如各种词法、句法、修辞的处理技巧，到注释、表达、文化移植与信息补偿的原则，都是翻译之技巧和经验对翻译中创造性的集中体现。但翻译的创造性不同于写作的创造性那样可以自由发挥，翻译的创造性只能在翻译的范围内进行。

6.3.2.2 翻译中创造性的限度

翻译的创造实际上就是译者在施行其主体性。笔者认为译者发挥主体性时有“三限”：一是限于译者的身份；二是限于原文；三是限于目标语系统。

第一，限于译者的身份。在本书的4.1中，笔者谈到了身份的问题，认为身份具有杂糅性。译者往往为了强调交际、文化建构、意识形态等因素，不自觉地将交际者的身份、作者的身份等掺杂于翻译的过程中。识别译者身份最重要的标志是某人在从事语言转换的活动，因此，在进行创造时，译者要牢记自己的核心身份。牢记了这个核心身份，我们才能不断提醒自己，创造是为了更好地实现文本思想内容和文体风格的转换。

第二，限于原文。忠实地传达原文既是译者追求的最高目标，也是译者职业道德的体现，因此我们不应刻意去超出原文原有的意义。虽然无论是原文还是译文，一旦完成便自成系统，会随着读者的参与而引申出不同的意义，但译者不应主观上主动去进行超越原文的创造。限于原文是译者对翻译事件认知和翻译伦理上的问题。

第三，限于目标语系统。目标语系统包括语言和文化两个方面。两种语言和文化的差异，会导致文化上的不通和信息上的缺失，需要进行文化移植和信息补偿。但在移植和补偿时，需要遵守两个原则：（1）字词层面上，无论如何进行增删和处理，都应该在原文无其词但有其意的基础上进行；（2）文化层面上，在“借帆出海”的同时，审慎考虑目标语系统和读者的接受程度。

以上三点层层递进，有了身份上的认识，才有了伦理上的认知；有了伦理上的认知，才有了语言和文化创造上的原则。翻译中的创造性实际上是一种变通性，目的是弥合不同语言系统的差异，让语言所蕴含的意义和功能尽可能无障碍地传递和发挥。

6.3.3　创造性对翻译的意义

明确了创造是为了在差异中寻求有效沟通这一前提后，我们便能说，创造的作用在于弥合差异，其根本还是对原文、读者和目标语系统的忠实。但笔者注意到，目前不少研究通过翻译中的创造现象得出了一个恰恰相反的结论——翻译可以，甚至不能忠实于原文。但也有学者对此提出质疑：“自从莫言获得诺贝尔文学奖以来，中国的学术界，尤其是文学界和翻译界，对翻译问题确实越来越重视了，围绕什么是有价值的翻译的问题，有过不少讨论和争论，在这样的争论中，有的学者的观点被媒体渲染甚至歪曲，仿佛在当今时代，翻译可以为所欲为，准确与忠实并不重要。我遇到不少自然科学家，有的还是院士，他们对此感到非常疑惑。”（许钧，2015：8）这两种对立的观点究其根本是规定性和描述性两种研究范式的对立，但笔者认为这种对立不是范式本身的问题，而是学者理解的问题。

谢天振和他的“创造性叛逆”就是一个典型的例子。谢天振谈创造性叛逆只是说明译本中有这么一个现象，但不少研究者却错误地将之用于翻译实践。创造性也是同理。我们在很多，甚至绝大部分文学翻译中都能找到一些无中生有或删改的内容，我们视其为创造。然而这只是译本存在的一个现象，而不是说我们需要去刻意创造，但我们也不能武断地说这些研究与实践无关。有学者提醒我们，理论和实践的方式有三种，“规范和指导实践、描写和阐释实践、启发和预测实践”（曹明伦，2013：94），而这些以既成文本为描述对象的研究与实践的关系显然是“描写和阐释实践”，阐释形成某些现象的原因。

在 1.1.3.1 中，本书分析了霍姆斯的描述翻译研究。霍姆斯的描述翻译研究和今天的描写范式有很大差异。霍姆斯把描述翻译研究分为结果取向、功能取向和过程取向三个方面，将译本取向定位为“传统的学术研究”（Holmes，2000：176），仍是描述译文和原文的关系，而将功能取向的描述研究定位为“一种语境研究，而非文本研究”（同上：177）。过程取向的描述研究是研究大脑在翻译中的活动过程。而文化转向后的描述研究严格说不属于以上三类的任何一类，因为它放弃了对原文和译文关系的研究，又不仅仅是语境研究，也没有涉及译者的翻译心理问题，而是将译本视为一种事实，研究译本中的各种不忠实和创造在目标语文化中的作用，将可接受性与翻译质量的好坏等同起来。于是便有了德里达口中的“‘好的’翻译总是存在欺骗（commit abuses)”（转引自 Lewis，2000：269）。但这句客观的描述语在理论指导实践的惯性思维中，便产生了在翻译中应该欺骗的观点。

对译者而言，创造应是一种不得已而为之的行为。译者一定知道自己多大程度上偏离了原文，但由于必须忠于一个时期的读者和目标语文化，他不得不做出妥协。但从长远来看，当一国读者对另一国文学文化经过一段时间的了解后，有些创造就显得越来越没必要。如果把林纾的翻译置于今日，我们不单要对其译本的质量说三道四，甚至林纾到底算不算一个译者也需再论。如果有人做不同时期同一部作品的英（外）译汉对比研究，他一定会发现越是离我们时代近的中译本，在文本内容上越显得没有创造性，这便是谢天振所言的时间差在起作用。当我们对一国文学和文化有足够的了解后，读者便有了足够的文化认知基础，译者就不再需要以大量删改的方式来重塑原文、而更多地把译者的匠心独运放在理解原文、遣词造句和酝酿语言风格上。

而如果有人借着中国文化“走出去”的国家战略背景，研究中译英（外）的话，则也许会发现较多的创造现象。自莫言获得诺贝尔奖后，译学界对莫言的英译者葛浩文及其作品产生了浓厚兴趣。的确，葛浩文在多个演讲和访谈中都表示，莫言允许他自由发挥，但重点是莫言的允许。莫言也曾在某些方面言明授予葛浩文这种权力的理由，他说：“我和葛浩文教授有约在先，我希望他能在翻译的过程中，弥补我性描写不足的缺陷。因为我知道，一个美国人在性描写方面，总是比一个中国人更有经验。”（莫言，2000：170）莫言的考量印证了文化差异的存在。但我们不能扩大范围，以为莫言能同意葛浩文为所欲为。如果我们真的对比原文和译文的话，我们会发现“在如今的英法主流阅读市场上，莫言作品的翻译既是中国作家中最多的，也是最精准的”（姜小玲、施晨露，2012）。偶有对文化负载词的调整，也是因为西方读者还未充分接触中国文化。当有一天西方读者知道莫言笔下的高密东北乡就如我们了解弗罗斯特徒步漫游过的许多地方时，不少曾经需要创造性传达给读者的内容，便能直接表达。

因此，创造性对于翻译具有实践上的意义，而非理论上的意义。创造的存在是为了弥补因双方了解时间不长而导致的差异。创造性一直处于一种自我消解的状态之中，因为当弥合差异的效果通过时间显现时，创造性存在的价值便会在双方的理解中渐渐下降。但创造性也不会完全消散，因为除了时间差外，谢天振还强调了语言差。语言差异是绝对的，虽然在全球化的大背景下也表现出相互影响，但不会融合为本雅明口中的纯语言。因此，长久的创造性会主要集中在语言层面，表现为译者对译入语使用的某种技巧、特点和天赋。这是译者在实践中对语言的锤炼，而非如何进行翻译实践的理论指导。

6.4 后现代以后：翻译研究的未来

作为一部理论研究的作品，本书在最后一节中有必要努力回答一个问题，即我们身在何处，又将去往何方？21世纪伊始，勒菲弗尔和巴斯内特就合作撰写了名为《翻译研究中，我们身在何处？》（"Where Are We in Translation Studies"）一文，作为他们论文集《建构文化——文学翻译论集》（*Constructing Cultures: Essays on Literary Translation*）的序章。在该文中，两位文化转向的领导者在分析完传统的翻译模式后提出，今后我们应该更重视翻译史、文化渗透的过程、各种改写、其他文化中组成文化资本的文本以及如何翻译这些文化资本[①]。经过十五年多的发展，文化理论、各种文学批评方法及跨学科研究成为翻译研究中的主流，使我们对原来一些既定概念，如对等、忠实等的认识发生了动摇，甚至对长期实践活动所产生的翻译概念之合法性产生了质疑。翻译研究的现状既与整个社会发展的整体潮流有关，也与学科发展的实际情况有关。

---

① S. Bassnett & A. Lefévere. *Constructing Cultures: Essays on Literary Translation*, Shanghai: Shanghai Foreign Language Education Press, 2001, pp. 10-11.

6.4.1 从现代到后现代：循环反思中的翻译研究

现代性的标志是从宗教和愚昧走向理性启蒙，西方以启蒙运动为标志，理性是现代性的代名词。而理性便是要以知识来“重建自身，再造社会”（赵一凡，2007：27）。但理性的这两大任务决定了启蒙运动后所建立的知识和社会体系不可能长久，后来的知识会对先前的知识进行不断的重建和社会再造，于是便迎来了后现代。赵一凡给后现代下了简单意义上和哲学意义上的两个定义：“简单意义上的后现代，无非是以现代主义（Modernism）为界，强调与之有别，后来居上。”“在哲学层面，后现代却与现代性（Modernity）概念紧密相关。在此前提下，我们不妨把它理解为‘各种批判、修正、超越现代性的努力’。”（同上：31）这种批判、修正和超越在人文社会科学中尤为突出。出于再造社会的目的，知识依据社会发展的具体情况对自己进行循环改造，以描述、解释和推动社会。从这个角度说，现代性和后现代性是对孪生子。历史证明，任何一种思想潮流和社会意识产生之时，都有一股反对的力量同时出现，只不过这股反对力量要么在历史车轮中消失，要么通过斗争替代前者成为新的思潮和社会意识。

且不谈翻译研究的具体问题，仅依据以上逻辑便可断定，翻译研究，甚至说人文社会科学领域中的任何学科，都必然会产生对自身的重建，周而复始。在上文（3.4.1）中，笔者从福柯的权力生产和跨学科的角度分析了翻译研究学科发展的问题，认为其他学科（如比较文学）转向翻译研究是为了避免自身的学科危机，学科生存和发展的首要问题是不断有新的内容可供研究，而这反过来也为翻译研究的学科建立提供了条件。因此仅从宏观的知识和学科发展趋势上讲，翻译研究对传统的翻译本质提出质疑甚至颠覆传统的翻译本质是必然结果。但知识的自我反思不会就此停止，今天的状态也不会是一个稳定的状态。自文化转向正式提出已过去近三十年。当翻译界已充满文化、权力、意识形态、目的等，陷入反复的已有概念论证而再无新意时；当翻译放弃独立的研究，大量引入外援时；当人们对翻译研究的认识越来越模糊时，学科危机便不远了。而这时，我们便有了重新反思和再造学科的理由和动机。

6.4.2　一个反思的新时代

美国文学批评家哈罗德·布鲁姆指出："如今学界万物破碎，中心消解，仅有杂乱无章在持续地蔓延。"（Bloom，1994：1）他借维柯在《新科学》中关于神权、贵族和民主三个循环阶段的概念，认为"新的神权将会在一场混乱后最终出现"（同上），而"我们这个时代虽然号称继续处于民主时代，称其为混乱时代却实在恰当不过"（同上：2）。稍做比较我们不难发现，翻译研究的现状与文学的现状并无二致。说是民主时代，是因为每个人，只要他愿意，都可以带着自己的研究背景对翻译说道一番。说混乱是因为，不同学派研究者的研究对象不同，研究目的各异，研究结果各执一词，无法形成有效的互构和互补。但如果布鲁姆是正确的，这种现象也许预示着一个新的神权时代的到来，即通过对混乱的反思，在一定历史时期和范围内，达成一种新的统一的认识。

当下翻译界的学者几乎都承认，翻译研究被划分为了内部研究和外部研究。外部研究的领域从文化逐步扩大到社会。不仅仅是翻译研究，对于整个人文社会科学而言，社会已是外部研究的最大边界。扩大研究范围是翻译学科建立和发展的需要，但当我们开始触碰到最大范围的边界时，翻译研究的下一步又该向何处发展？

"形成于欧洲 19 世纪末期的社会世界观不仅仅引导了新的领域的建立，它还形成了一种主要的范式，席卷人文学科的整个范畴，包括生物学（之前基于生理人类学）、犯罪学、心理学、语言学、地理学、历史学、民族学和政治经济学……的确，在20世纪，几乎每一种人类活动都隶属于社会视野之下。”（Simeoni，2005：8）无论是译者在进行翻译活动时，还是译本作为一个事实存在的事物，都既受社会各种因素的影响，又反过来参与到复杂的社会因素之中去。目前翻译界所热议的权力、意识形态、文化、诗学、赞助人等要素也不过是整个社会中的一些大类要素，更何况我们对这些问题本身还没有多少研究。因此，最终的研究结果仍然是片段的、片面的和碎片的，这显然与我们采取社会视角进行研究的目的相悖。布鲁姆在进行文学批评时指出：“社会能量存在于每一个时代，但它们本身不是戏剧、诗歌和故事。”（Bloom，1994：46）同理，从文化到社会，翻译研究中所有的外围研究要素在每一个时代也都会存在，但没有一个要素本身会进行翻译。翻译的实施主体仍然是译者，翻译的实施手段仍然是语言转换。社会范式的实质是一种大语境的研究，正如辛格所言：“只研究文本的理论只是语言理论中的一部分，同样，只研究语境的理论也只是翻译理论中的一部分。”（Singh，2005：60）但事实上，语境研究占据了翻译研究的主要阵地。笔者认为，当我们所有的研究结果最终都指向大语境（或曰社会要素）时，在理论上显得无懈可击，但实际上却是一种研究的倒退。原因有三：第一，大语境本身不会作为主体进行翻译实践；第二，大语境统揽所有人类活动，它是所有人类活动的终极解释，但同样是所有活动研究的话语终结者。多元的文化研究和复杂的社会研究是必要的，它们对更好地解释翻译实践是有益的。但同时，笔者认为是时候重回传统，重回内部研究了。当然，回归不是以一者去否定另一者，“不同的理论途径之间，不应该构成否定性关系，而应该是互补性的，是某种补充、深化或丰富”（许钧，2015：9）。而这种回归应建立在翻译实践中发现的问题之上。毕竟，语境之外已别无他物。

6.4.3 重构翻译研究的蓝图

笔者不纠结于到底应该称这门学科叫翻译研究还是翻译学，在 1.1.2 中，本书已通过分析说明，在中文表达里，这并不算一个问题。依据约定俗成的原则，笔者仍称其为翻译研究。

自霍姆斯之后，又有学者对翻译研究的研究领域进行了重新划分。如巴斯内特将翻译研究划分为四个部分，包括翻译史、目标语文化中的翻译、翻译与语言学以及翻译与诗学（Bassnett，2004：16—17）；曹明伦（2013：249）将翻译研究划分为翻译理论、翻译史和翻译批评三个方面。每种划分都是学者翻译观和研究问题的角度所决定的。本书通过对翻译概念和翻译研究范式的梳理，基于翻译研究学科生产性和跨学科研究的现状，依据“属于翻译的研究”和“关于翻译的研究”的研究分类，对翻译研究的研究领域进行如下分类（见图 6—1）：

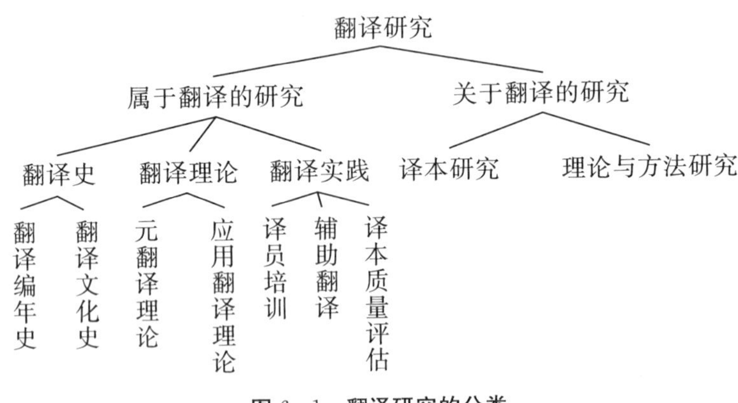

图 6—1 翻译研究的分类

6.4.3.1 属于翻译的研究

属于翻译的研究是指对翻译活动自身的研究，它构成了翻译学科区别于其他学科的研究内容。换言之，这类研究是译者和专门从事翻译活动与研究的人员和学者才会关心，才能解决的问题，其研究都是为了解决翻译行为中产生的问题，包括翻译史、翻译理论和翻译实践三个方面。

翻译史又分为翻译编年史和翻译文化史两个部分。编年史通常是按照年代、人物和事件进行编排，如马祖毅的《中国翻译简史——五四以前部分》、陈福康的《西方翻译简史》等都属于这类研究。翻译文化史指截取翻译历史中的某一现象作为研究对象，重点突出翻译的社会功能和影响。如韦努蒂的《译者的隐身——一部翻译史》，埃文-佐哈等学者研究的翻译作品的地位、作用等便属于此类研究。

翻译理论可分为元翻译理论和应用翻译理论两个部分。元理论是对整个学科的指导思想和原则的研究，比如对翻译的概念、目标、标准、功能、过程、伦理等的研究就属于元翻译理论研究。而应用翻译理论则侧重于解决翻译实践中的技巧、方法、策略性问题。

翻译实践与霍姆斯的勾画基本一致，但将翻译批评具体到译本质量评估，因为此处要检验的是译本在多大程度上做到了对原文、对读者和对目标语系统的忠实，目的是建立译本的评价体系和原则，而非将译本视为一个事实结果进行如文学批评那样的理论、方法和审美批评。

“属于翻译的研究”重在发现和研究翻译活动中产生的问题，强调理论与实践的结合，重在辨析翻译活动中的各种问题“应该”如何。本质上讲，属于规定性研究。

6.4.3.2　关于翻译的研究

关于翻译的研究指所有与翻译有联系的研究，这些研究通常不以解决翻译活动中的问题为目的，而是基于实践过程和结果中的一些现象进行其他方面的研究，包括译本研究和理论与方法研究。

译本研究指将译本作为一个事实存在，不追问其质量如何，而对这一客观存在进行描写，其结果只是指出一种现象的存在，但不试图规定应该如何进行翻译。以图里、巴斯内特、勒菲弗尔为代表的一批比较文学学者进行的正是这种研究。他们将自己的研究称为“translation studies”是理所应当的，因为在英文中“translation”本来就兼有翻译和译本之意。但在标准的中文表达中，翻译和译本是两个词条①。

理论与方法研究不是指翻译的理论和方法，而是指用其他学科的各种理论与方法来增加翻译研究的视角。这类研究往往先确定一个理论视角或一种方法，而翻译过程或译本则是对这些理论或方法的诠释和印证。这类研究在女性主义翻译、后殖民主义翻译、解构主义翻译等研究中都有较明显的体现。

由于“关于翻译的研究”不是为了解决翻译活动中的问题，不是为了告诉译者应该如何做，所以这类研究主要采取描述的方法来处理翻译过程和译本。

6.4.4 坚持翻译本质，坚持理论与实际相结合

在对翻译研究的蓝图进行重新划分之后，笔者想强调，未来的翻译研究需要倾听与合作。回顾文化转向及以后的翻译研究的发展，正是因为国内外一批学者采取否定传统、与历史决裂的方式来扩大研究范围，构建学科，才导致了翻译理论与实践的分崩离析，产生了浓厚的理论迷雾。未来的翻译研究不应再重蹈覆辙。辛格在对文化转向进行反思时曾指出：“过去，我们的确有必要去建立一些新桥，但没有必要去拆掉那些旧桥。”（Singh，2005：60）今天，当我们对过去的这几十年进行反思时，同样也

① 见中国社会科学院语言研究所词典编辑室：《现代汉语词典（第6版）》，北京：商务印书馆，2014年，第357、1154页。

没有必要去拆除任何一座已经建立的桥。“关于翻译的研究”中的许多研究虽然无法指导实践，但却解释了译者在实践过程中的行为。一些以翻译为手段而进行的其他理论与方法的研究也客观上扩大了翻译研究的视野，让我们看到了在整个社会中翻译活动的位置和功能。

同时，通过对翻译研究蓝图的重新划分，我们也清晰地看到“属于翻译的研究”是翻译研究必须坚守的自留地。翻译研究的核心仍然是发现和解决翻译实践中产生的问题。而翻译实践的过程就是尽最大努力，在对原文、读者和目标语系统进行周全考虑的基础上，建立对等语的过程。因此，在翻译研究中，我们不能以偏概全，以点带面，而应修复文化转向后理论界与传统决裂所导致的裂痕。坚持翻译的形式是语言符号的转换，翻译的目的是在目标语系统中创造意义和功能与原语言符号对等的目标语。换言之，翻译活动的本质并未改变，也不会改变。因此翻译的概念也不能改变。

但笔者深知，若仅从理论上进行辨析，这种争论也许还要持续下去。既然翻译是一项实践活动，笔者建议应该多听听翻译家怎么说。同时，研究者自己也应多进行翻译实践，从翻译实践中发现研究问题。在我国，也许是由于科研量化管理的原因，译作不被视为研究成果，导致许多学者只愿意在论文和理论上下功夫，而不愿进行大量的翻译实践，再加上对中外学者理论作品的误读和错误的逻辑分析，导致了对翻译活动中许多问题和概念的认识不清。因此，未来的翻译研究者应该在翻译实践中开始自己的研究，并将自己的研究用于翻译实践。正如纽马克指出的，“翻译理论若非从翻译实践中的问题而产生，若非从客观的需求和反馈中提出，若不在做决定前考虑了文本内外的所有因素，则既无意义又无效果”（Newmark，2001b：9）。

结　论

综上所述，本书回顾了文化转向后四篇重要的基础文献，对翻译中的文化转向之思想源头进行了细读与分析，讨论了文化转向后各翻译思想是如何继承、误读、扭曲和发展了这些文献的观点的（第一章）；探究了各翻译流派对对等的认识和见解，说明对等仍然是翻译的核心问题（第二章）；分析了文化、意识形态的基本概念及其在翻译中的运用，并依据福柯的权力理论，探讨了学科建设中跨学科研究的动机和权力生产的方式，划分了"翻译的研究"和"与翻译相关的研究"，并明确了二者的关系（第三章）；运用身份和伦理概念辨析了翻译过程中译和写的区别，区分了"译者的身份"和"与译者相关的身份"，明确了忠实是译者的根本伦理要求（第四章）；从翻译质量评估与翻译教学两个实践方面阐明了翻译理论与翻译实践的关系以及语言转换和对等概念对翻译研究的重要性（第五章）；回答了对翻译重新定义与定位的必要性问题，阐述了跨学科的方式与研究范式的演进问题，解释了翻译中的创造性问题，并探讨了未来翻译研究的发展方向（第六章）。

何为翻译？如何研究翻译？这些都是老生常谈的问题。但正因为在文化转向之后我们对这些问题出现了不同的认识，所以翻译研究在最近三十年来争议不断，虽然看似繁荣，但没有解决多少翻译实践中的实际问题，反而留下了一大堆头绪繁杂、断裂破碎的理论和方法。因此，这些问题值得我们重新进行系统研究，以求翻译研究和翻译学科对一些基本、核心的概念能达成统一的认识，这也是不同思想间学术对话的前提。在本书所论及的问题中，笔者都提出了个人的观点和看法，其中最富有创建性的有：

（1）重新细读了文化转向的几篇基础文献，并系统回顾了不同学派对对等问题的认识。这有助于引导研究者重新亲自细读文本，避免对许多概念望文生义、扭曲误读甚至以讹传讹。

（2）发展了蒙特利尔大学拉舍德拉·辛格教授“关于翻译”和“属于翻译”（the distinction about vs. of）的分类，将翻译研究分为“翻译的研究”和“与翻译相关的研究”，并以此思路区分了“译者的身份”和“与译者相关的身份”，从而阐明了文本转换、创造对等目标语文本和文化、意识形态、权力等外部因素的关系。

（3）通过对比较文学跨入翻译研究过程的深入考察，揭示了翻译跨学科研究的非学术因素和非问题意识，说明了当下跨学科研究的重要原因是对一门学科之死和一门学科之建立的需求。

（4）揭示了翻译学科建构过程中权力的生产性规律，即有无问题可研究比所研究问题的真实性更加重要。解释了翻译研究中为理论而理论、为方法而方法的原因，这能让我们客观看待学科发展，防止本末倒置。

（5）重新构建了翻译研究的蓝图，对还原和坚持翻译的本质、定位各种研究在翻译研究蓝图中的位置具有现实意义。呼吁未来的翻译研究应把焦点从理论和方法问题转回到翻译实践、客观需求和译本反馈所产生的问题上。

最后，笔者想说，本书呼唤一种对翻译本质的坚持与回归，但这并不意味着否定文化转向后一大批学者为翻译学科所做的努力。研究的热点不等于问题的核心。只有正视什么是核心问题，搞清其他研究与本质之间的关系，从实践中的问题出发，坚持理论与实践相结合，我们的研究才更具有目标性和可对话性，翻译学科才会更加成熟。回归绝不是倒退，而是经过循环反思，寻找最贴近翻译活动本质、最有利于学科发展的方式。正如《圣经》中所言："风往南刮，又向北转，不住地旋转，而且返回转行原道。"（Ecclesiastes 1：6）

参考文献

安芳. 论莫言小说英译研究中的误读与误释［J］. 当代外语研究，2016（4）：78－87.

本雅明. 译者的任务［M］. 曹明伦，译//曹明伦. 英汉翻译实践与评析. 成都：四川人民出版社，2007.

布鲁姆. 西方正典［M］. 江宁康，译. 南京：译林出版社，2011.

蔡平. “文化翻译”的困惑［J］. 外语教学，2005（6）：75－78.

蔡新乐. 翻译的终结与灵韵的在场［J］. 解放军外国语学院学报，2011（3）：64－68.

曹丹红. 本雅明《译者的任务》再解读［J］. 中国翻译，2012（5）：5－9.

曹明伦，谢天振. 关于翻译研究的学术对话［J］. 东方翻译，2015（2）：4－14.

曹明伦. “翻译研究也需要翻译”——再谈西方翻译理论引介过程中的误读误译问题［J］. 外语研究，2012b（3）：67－74.

曹明伦. 当令易晓，勿失厥意——谈隐性深度翻译的实用性［J］. 中国翻译，2014（3）：112－114.

曹明伦. 翻译之道：理论与实践［M］. 上海：上海外语教育出版社，2013a.

曹明伦. 理解・转换・调整——第六届“《英语世界》杯”翻译大赛参赛译文评析［J］. 英语世界，2015（10）：113－117.

曹明伦. 谈翻译中的文化移植和信息补偿——兼答“自学之友”栏目读者的相关问题［J］. 中国翻译，2012（4）：119－121.

曹明伦. 以所有译其所无，以归化引进异质——对新世纪中国译坛异化归化大讨论的回顾与反思［J］. 西南民族大学学报（人文社会科学版），

2011（4）：114－119.
曹明伦. 英汉翻译二十讲［M］. 北京：商务印书馆，2013b.
曹明伦. 英汉翻译实践与评析［M］. 成都：四川人民出版社，2007.
曹明伦. 中国译学研究须加强逻辑思维［J］. 四川大学学报（哲学社会科学版），2016（3）：65－74.
曹顺庆. 比较文学学［M］. 成都：四川大学出版社，2005.
曹顺庆. 南橘北枳：曹顺庆教授比较文学编译学［M］. 北京：中央编译出版社，2014.
陈福康. 中国译学理论史稿［M］. 上海：上海外语教育出版社，2000.
陈伟. 中国文学外译的学科范式：软实力视角的反思［J］. 清华大学学报（哲学社会科学版），2016（6）：14－21.
单继刚. 翻译的哲学方面［M］. 北京：中国社会科学出版社，2007.
道安. 摩诃本罗若波罗蜜经钞序［C］//罗新璋，陈应年. 翻译论集（修订本）. 北京：商务印书馆，2009.
德里达. 书写与差异（上册）［M］. 北京：生活·读书·新知三联书店，2001.
福柯. 话语的秩序［C］. 肖涛，译//许宝强，远伟. 语言与翻译的政治. 北京：中央编译出版社，2001.
傅雷. 傅雷谈翻译［C］. 北京：当代世界出版社，2006.
伽达默尔. 文本与解释［C］. 刘乃银，译//严平. 伽达默尔集. 上海：上海远东出版社，2003.
伽达默尔. 语言在多大程度上规范思想［C］. 曾晓平，译//严平. 伽达默尔集. 上海：上海远东出版社，2003.
伽达默尔. 真理与方法——哲学诠释学的基本特征（上卷）［M］. 洪汉鼎，译. 上海：上海译文出版社，2004a.
伽达默尔. 真理与方法——哲学诠释学的基本特征（下卷）［M］. 洪汉鼎，译. 上海：上海译文出版社，2004b.
高克毅.《大亨》和我——译本翻译小说的故事［C］//金圣华，黄国彬. 因难见巧：名家翻译经验谈. 北京：外语教学与研究出版社，2015.
高乾，钟守满. 本雅明翻译思想的寓言视角解读［J］. 中国翻译，2012（2）：12－17.

辜正坤．翻译标准多元互补论［C］//严辰松．中国翻译研究论文精选．上海：上海外语教育出版社，2006.

韩子满．解构主义翻译理论与解构主义理论的翻译——以本雅明《译者的任务》中译为例［J］．外语研究，2008（1）：73－77.

黄德先．多元系统论释疑——傚哈尔访谈录［J］．中国翻译，2006（2）：57－60.

黄维樑．文情复杂，翻译不忠——从谢天振《隐身与现身》说起［J］．东方翻译，2014（5）：63－67.

黄忠廉．翻译本质论［M］．武汉：华中师范大学出版社，2000.

霍恩曼．西罗普郡少年［M］．周煦良，译．长沙：湖南人民出版社，1983.

江帆．他乡的石头记：《红楼梦》百年英译史研究［D］．上海：复旦大学，2007.

姜小玲，施晨露．莫言得奖，翻译有功［N］．解放日报，2012－10－13.

蒋骁华．意识形态对翻译的影响：阐发与新思考［J］．中国翻译，2013（5）：24－29.

金圣华．从"傅译"到"译傅"：兼谈文学翻译中的"探骊"与"得珠"［C］//金圣华，黄国彬．因难见巧：名家翻译经验谈．北京：外语教学与研究出版社，2015.

金圣华．桥畔译谈新编［M］．北京：外语教学与研究出版社，2014.

金岳霖．形式逻辑［M］．北京：人民出版社，2006.

科塔克．人类学：人类多样性的探索（第12版）［M］．黄剑波，等译．北京：中国人民大学出版社，2011.

蓝红军．何为翻译：定义翻译的第三维思考［J］．中国翻译，2015（3）：25－30.

李满红．解构主义翻译理论的发轫——读沃尔特·本雅明的"译者的任务"［J］．山东外语教学，2001（1）：36－39.

李怡．文史对话与中国现当代文学研究［J］．中国社会科学，2016（3）：169－180.

林文月．关于古典文学作品翻译的反思［C］//金圣华，黄国彬．因难见巧：名家翻译经验谈．北京：外语教学与研究出版社，2015.

刘辰诞，赵凤秀．什么是篇章语言学［M］．上海：上海外语教育出版社，2011．
刘军平．现代翻译科学的构筑：从乔姆斯基到奈达［J］．外国语，1996（2)：29－32．
刘宓庆．文化翻译论纲［M］．武汉：湖北教育出版社，1999．
刘勰．文心雕龙［M］．王志彬，译注．中华书局，2012．
罗进德．本位　本分　本色——《刘宓庆翻译论著全集》序［M］//刘宓庆．文化翻译论纲（第二版）．北京：中译出版社，2016．
马祖毅．中国翻译简史——“五四”以前部分（增订版）［M］．北京：中国对外翻译出版公司，1998．
莫言．我在美国出版的三本书［J］．小说界，2000（5)：170－173．
穆雷，邹兵．翻译的定义及理论研究：现状、问题与思考［J］．中国翻译，2015（3)：18－24．
彭长江．翻译标准多，何以断是非［J］．外国语，2000（5)：62－69．
彭萍．翻译伦理学［M］．北京：中央编译出版社，2013．
钱理群，黄子平，陈平原．文化角度［J］．读书，1986（1)：83－96．
钱穆，叶龙．中国文学史［M］．成都：天地出版社，2015．
邵璐．质疑，解构，颠覆？——论多元系统论的悖谬、误读与误用［J］．外语教学，2004（4)：57－60．
谭载喜．西方翻译简史（增订本）［M］．北京：商务印书馆，2004．
谭载喜．译者比喻与译者身份［J］．暨南学报（哲学社会科学版），2011（3)：116－123．
汤箬．中国翻译与翻译研究现状反思［D］．上海：华东师范大学，2006．
王东风．翻译与身份——兼评董乐山主译《第三帝国的兴亡》［J］．中国翻译，2014（5)：72－81．
王贵明．文学翻译批评中对译与作的“质”和“构”的认知［J］．中国翻译，2010（3)：17－23．
王宏印．文学翻译批评论稿［M］．上海：上海外语教育出版社，2010．
王宁．重新界定翻译：跨学科和视觉文化的视角［J］．中国翻译，2015（3)：12－13．
魏健刚，孙迎春．本体论抑或方法论——本雅明《译者的任务》再探［J］．

外语与外语教学，2013 (2)：72—76.
肖维青. 翻译批评模式研究 [M]. 上海：上海外语教育出版社，2010.
谢建平. 文化翻译与文化“传真”[J]. 中国翻译，2001 (5)：19—22.
谢天振. 当代国外翻译理论导读 [C]. 天津：南开大学出版社，2008.
谢天振. 显性翻译定义已落后于时代的发展——对重新定位和定义翻译的几点反思 [J]. 中国翻译，2015 (3)：14—15.
谢天振. 译介学（增订本）[M]. 南京：译林出版社，2013.
谢天振. 中国文学“走出去”不只是一个翻译问题 [N]. 中国社会科学报，2014—1—24 (B01).
熊辉. 成功路上，他始终不忘感恩——德语文学翻译家杨武能教授访谈录 [J]. 东方翻译，2014 (5)：45—51.
徐朝友. 斯坦纳译学的本雅明渊源 [J]. 外语研究，2008 (4)：71—76.
许钧. 关于新时期翻译与翻译问题的思考 [J]. 中国翻译，2015 (3)：8—9.
许渊冲. 再谈中国学派的文学翻译理论 [J]. 中国翻译，2012 (4)：83—90.
严琮. 辩正论 [C] //罗新璋，陈应年. 翻译论集. 北京：商务印书馆，2009.
杨绛. 失败的经验 [C] //金圣华，黄国彬. 因难见巧：名家翻译经验谈. 北京：外语教学与研究出版社，2015.
杨乃乔. 比较文学概论（第四版）[M]. 北京：北京大学出版社，2014.
杨宪益. 略谈我从事翻译工作的经历与体会 [C] //金圣华，黄国彬. 因难见巧：名家翻译经验谈. 北京：外语教学与研究出版社，2015.
叶君健. 谈文学作品的翻译 [C] //金圣华，黄国彬. 因难见巧：名家翻译经验谈. 北京：外语教学与研究出版社，2015.
余光中. 翻译乃大道 [M]. 北京：外语教学与研究出版社，2014.
余光中. 与王尔德拔河记：《不可儿戏》译后 [C] //金圣华，黄国彬. 因难见巧：名家翻译经验谈. 北京：外语教学与研究出版社，2015.
袁伟. 本雅明说的是啥? [J]. 外国文学，2007 (4)：47—58.
张景华. 后殖民语境与翻译中的民族身份构建 [J]. 四川外语学院学报，2004 (2)：100—104.

赵一凡. 西方文论讲稿：从胡塞尔到德里达［M］. 北京：生活·读书·新知三联书店，2007.

赵一凡. 西方文论讲稿：从卢卡奇到萨义德［M］. 北京：生活·读书·新知三联书店，2009.

仲伟合. 对翻译重新定位与定义应该考虑的几个因素［J］. 中国翻译，2015（3）：10—11.

仲伟合. 高等学校翻译专业本科教学要求［J］. 中国翻译，2011（3）：20—24.

朱自清. 标准与尺度［M］. 桂林：广西师范大学出版社，2004.

ABRAMS M H & HARPHAM G G. A glossary of literary terms［M］. Beijing：Foreign Language Teaching and Research Press，2010.

APPIAH K A. Thick Translation［C］//VENUTI L. Translation studies reader. London & New York：Routledge，2000.

BAKER M. In other word：A coursebook on translation［M］. London & New York：Routledge，1992.

BASSNETT S. Comparative literature：A critical introduction［M］. London：Blackwell，1993.

BASSNETT S. The meek or the mighty：Reappraising the role of the translator［C］// ÁLVAREZ R，VIDAL C. Translation，power，subversion. Clevedon，Philadelphia & Adelaide：Multilingual Matters Ltd.，1996.

BASSNETT S. The self-translator as rewriter［C］//CORDINGLEY A. Self-translation：Brokering originality in hybrid culture. London & New York：Bloomsbury，2013.

BASSNETT S. The translation turn in cultural studies［C］//BASSNETT S，LEFÉVERE A. Constructing Cultures：Essays on literary translation. Shanghai：Shanghai Foreign Language Education Press，2001.

BASSNETT S. Translation studies（third edition）［M］. Shanghai：Shanghai Foreign Language Education Press，2004.

BASSNETT S. Transplanting the seed：Poetry and translation［C］//

BASSNETT S, LEFÉVERE A. Constructing cultures: Essays on literary translation. Shanghai: Shanghai Foreign Language Education Press, 2001.

BASSNETT S. When is a translation not a translation? [C] //BASSNETT S, LEFÉVERE A. Constructing cultures: Essays on literary translation. Shanghai: Shanghai Foreign Language Education Press, 2001.

BEARDSORE H B. Bilingualism: Basic principles [M]. San Diego: College-Hill Press Inc., 1986.

BELLOC H. On translation [M]. London: Oxford University Press, 1931.

BENJAMIN W. The task of the translator: An introduction to the translation of Baudelaire's Tableaux Parisians. [C]. ZOHN, H trans. // VENUTI L. Translation studies reader. London & New York: Routledge, 2000.

BERMAN A. The experience of the foreign [M]. HEYVAERT S tran. Albany: State University of New York, 1992.

BERNHEIMER C. Comparative literature in the age of multiculturalism [M]. Baltimore: Johns Hopkins University Press, 1995.

BLOOM H. The western canon [M]. New York, San Diego & London: Harcourt Brace & Company, 1994.

CAO XUEQIN, GAO E. A dream of red mansions [M]. HUANG XINQU trans. San Francisco: Purple Bamboo Publishing, 1994.

CATFORD J C. A linguistic theory of translation [M]. London: Oxford University Press, 1965.

CHESTERMAN A, WAGNER E. Can theory help translator? A dialogue between the ivory tower and the wordface [M]. Manchester & Northampton: St. Jerome Publishing, 2002.

CHESTERMAN A. From "is" to "ought": Laws, norms and strategies in translation studies [J]. Target, 1993 (1): 1-20.

CHESTERMAN A. Proposal for a hieronymic oath [J]. The translation, 2001 (2): 139-154.

CHESTERMAN A. Teaching strategies for emancipatory translation [C] // SCHÄFFNER C, ADAB B. Developing translation competence. Shanghai: Shanghai Foreign Language Education Press, 2012.

CORDINGLEY A. Self-translation: Brokering originality in hybrid culture [M]. London & New York: Bloomsbury, 2013.

CRONIN M. Translation and identity [M]. London & New York: Routledge, 2006.

DAVIS A. Dictionary of language testing [M]. Beijing: Foreign Language Teaching and Research Press, 2002.

DAVIS K. Deconstruction and translation [M]. Shanghai: Shanghai Foreign Language Education Press, 2004.

DE MAN P. Conclusions: Walter Benjamin's *The Task of the Translator* [C] // DE MAN P. The lesson of Paul de Man. New Heaven: Yale University Press, 1985.

DERRIDA J. Des tours de bable [C] //GRAHAM J. Difference in Translation (édition bilingue). New York: Cornell University Press, 1985.

DREYFUS H L, DREYFUS S E. Mind over machine [M]. Oxford: Blackwell, 1986.

ELLIS R. Second language acquisition [M]. Shanghai: Shanghai Foreign Language Education Press, 2000.

EVEN-ZOHAR I. Polysystem studies [M]. Durham: Duke University Press, 1990.

EVEN-ZOHAR I. The position of translated literature within the literary polysystem [C] // VENUTI L. Translation studies reader. London and New York: Routledge, 2000.

EVEN-ZOHAR I. Translation theory today: A call for transfer theory [C]. Poetics today, Vol. 2, No. 4, Translation theory and intercultural relations (Summer-Autumn). Durham: Duke University Press, 1981.

FIRTH J R. Modes of meaning [C] // FIRTH J R. Paers in linguistics. London: Oxford University Press, 1957: 190—215.

FLOTOW L V. Translation and gender: Translating in the "era of feminism" [M]. Shanghai: Shanghai Foreign Language Education Press, 2004.

GENTZLER E. Contemporary translation theories [M]. Shanghai:

Shanghai Foreign Language Education Press, 2004.

GENTZLER E. Foreword [C] // BASSNETT S, LEFÉVERE A. Constructing cultures: Essays on literary translation. Shanghai: Shanghai Foreign Language Education Press, 2001.

GENTZLER E. Translation and identity in the Americas: New directions in translation theory [M]. London & New York: Routledge, 2008.

GIBEAU M. Indigenization and opacity: Self-translation in the Okinawan/Ryūkyūan writings of Takara Ben and Medoruma Shun [C] // CORDINGLEY A. Self-translation: Brokering originality in hybrid culture. London and New York: Bloomsbury, 2013.

GILLESPIE G. Comparative literature [M]. North Carolina: Duke University Press, 1993.

GRUTMAN R. A sociological glance at self-translation and self-translators [C] //CORDINGLEY A. Self-translation: Brokering originality in hybrid culture. London & New York: Bloomsbury, 2013.

GUTT E. Translation and relevance: Cognition and context [M]. Shanghai: Shanghai Foreign Language Education Press, 2004.

HATIM B, MASON I. Discourse and the translator [M]. Shanghai: Shanghai Foreign Language Education Press, 2001.

HATIM B, Mason I. The translator as communicator [M]. London & New York: Routledge, 1997.

HATIM B, MUNDAY J. Translation: An advanced resource book [M]. Shanghai: Shanghai Foreign Language Education Press, 2010.

HATIM B. Teaching and researching translation [M]. Beijing: Foreign Language Teaching and Research Press, 2005.

HERMANS T. Translation systems: Descriptive and system-oriented approaches explained [M]. Shanghai: Shanghai Foreign Language Education Press, 2004.

HERMANS T. What is (not) translation? [C] // MILLAN C, BARTRINA F. The Routledge handbook of translation studies. London & New York: Routledge, 2013.

HOKENSON J W, MUNSON M. The bilingual text: History and theory of literary self-translation [M]. Manchester: St. Jerome Publishing, 2007.

HOLMES J. Describing literary translations: Models and methods [C] // HOLMES J. Translated!: Papers on literary translation and translation studies. Amsterdam: Rodopi, 1988.

HOLMES J. The name and nature of translation studies [C] // VENUTI L. Translation studies reader. London & New York: Routledge, 2000.

HOUSE J. Translation quality assessment [M]. London & New York: Routledge, 2015.

JAKOBSON R. On linguistic aspects of translation [C] // VENUTI L. Translation studies reader. London & New York: Routledge, 2004.

JOSEPH J E. Language and identity: National, ethnic, religious [M]. Hampshire & New York: Palgrave Macmillan, 2004.

KELLY L. The true interpreter: A history of translation theory and practice in the west [M]. New York: St. Martin's Press, 1979.

KENNY D. Equivalence [C] // BAKER M. Routledge encyclopedia of translation studies. Shanghai: Shanghai Foreign Language Education Press, 2004.

KLINGER S. Translated otherness, self-translated in-betweenness: Hybridity as medium versus hybridity as object in angophone African writing [C] // CORDINGLEY A. Self-translation: Brokering originality in hybrid culture. London & New York: Bloomsbury, 2013.

KRAUSE C. "Why bother with the original?": Self-translation and Scottish Gaelic poetry [C] // CORDINGLEY A. Self-translation: Brokering originality in hybrid culture. London & New York: Bloomsbury, 2013.

KREIN-KIIHLE M. Translation and equivalence [C] // HOUSE J. Translation: A multidisciplinary approach. Hampshire & New York: Palgrave Macmillan, 2014.

KUSSMAUL P. Training the translator [M]. Amsterdam & Philadelphia: John Benjamins Publishing Company, 1995.

LANE-MERCIER G. Global and local languages [C] // BERMANN S,

PORTER C. A companion to translation studies. Chichester: Wiley Blackwell, 2014.

LEFEVERE A, BASSNETT S. Introduction: Proust's grandmother and the Thousand and One Nights: The "cultural turn" in translation studies [C] // BASSNETT S, LEFÉVERE A. Translation, history and Culture. London: Cassell, 1990.

LEFEVERE A. Chinese and western thinking on translation [C] //BASSNETT S, LEFÉVERE A. Constructing cultures: Essays on literary translation. Shanghai: Shanghai Foreign Language Education Press, 2001.

LEFEVERE A. Translation, rewriting and the manipulation of literary fame [M]. Shanghai: Shanghai Foreign Language Education Press, 2010.

LEFEVERE A. Translation/history/culture: A sourcebook [M]. Shanghai: Shanghai Foreign Language Education Press, 2004.

LEFEVERE A. Translation: Its genealogy in the west [C] //BASSNETT S, LEFÉVERE A. Translation, history and culture. London: Cassell, 1990.

LEUVEN-ZAWART K M VAN. Translation and original: Similarities and dissimilarities [J]. Target, 1989 (2): 151—181.

LEVY J. Translation as a decision process [C] // VENUTI L. The translation studies reader. London & New York: Routledge, 2000.

LEWIS P E. The measure of translation effects [C] // VENUTI L. The translation studies reader. London & New York: Routledge, 2000.

MAGNUSSON S G, SZIJARTO I M. What is microhistory? Theory and practice [M]. London & New York: Routledge, 2013.

MALMKJAR K. Where are we?: From Holmes's map until now [C] // MILLáN C, BARTRINA F. The Routledge handbook of translation studies. London & New York, 2013.

MILTON J. The importance of economic factors in translation publication [C] // PYM A, SHLESINGER M, SIMEONI D. Beyond descriptive translation studies: Investigations in homage to Gideon Toury. Amsterdam & Philadelphia: 2008.

MUNDAY J. Introducing translation studies: Theories and applications

[M]. Shanghai: Shanghai Foreign Language Education Press, 2010.

NEUBERT A. Competence in language, in languages, and in translation [C] // SCHÄFFNER C, ADAB B. Developing translation competence. Shanghai: Shanghai Foreign Language Education Press, 2012.

NEWARK P. A textbook of translation [M]. Shanghai: Shanghai Foreign Language Education Press, 2001b.

NEWMARK P. Approaches to translation [M]. Shanghai: Shanghai Foreign Language Education Press, 2001a.

NIDA E A, TABER C R. The theory and practice of translation [M]. Shanghai: Shanghai Foreign Language Education Press, 2004.

NIDA E A. Language and culture: Contexts in translating [M]. Shanghai: Shanghai Foreign Language Education Press, 2001.

NIDA E A. Toward a science of translating [M]. Shanghai: Shanghai Foreign Language Education Press, 2004.

NOONAN W. Self-translation, Self-reflection, self-derision: Samuel Beckett's bilingual humour [C] // CORDINGLEY A. Self-translation: Brokering originality in hybrid culture. London & New York: Bloomsbury, 2013.

NORD C. Translating as a purposeful activity: Functionalist approaches explained [M]. Shanghai: Shanghai Foreign Language Education Press, 2001.

PRESAS M. Bilingual Competence and translation competence [C] // SCHÄFFNER C, ADAB B. Developing translation competence. Shanghai: Shanghai Foreign Language Education Press, 2012.

PYM A. Epistemological problems in translation and its teaching [M]. Calceit: Edicions Caminade, 1993.

PYM A. Exploring translation theories [M]. London & New York: Routledge, 2010.

PYM A. Introduction: The return to ethics in translation studies [J]. The Translator, 2001 (2): 129-139.

PYM A. Philosophy and translation [C] //KUHIWCZAK P, LITTAU K. A companion to translation studies. Clevedon, Buffalo & Toronto:

Multilingual Matters Ltd. , 2007.

PYM A. Translation and text transfer [M]. Frankfurt: Peter Lang, 1992a.

PYM A. Translation error analysis and the interface with language teaching [C] // DOLLERUP C, LODDEGAARD A. Teaching translation and interpreting: Training, talent and experience. Amsterdam & Philadelphia: John Benjamins Publishing Company, 1992b.

QUINE W V O. Word and object [M]. Massachusetts: The Massachusetts Institute of Technology, 1960.

REISS K. Translation criticism: The potential & limitations [M]. RHODES E F tran. Shanghai: Shanghai Foreign Language Education Press, 2010.

ROBINSON D. Western translation theory from Herodotus to Nietzche [M]. Manchester: St. Jerome, 1997.

ROBINSON D. Who translates? Translator subjectivities beyond reason [M]. Albany: State University of New York Press, 2001.

RORTY R K. Realism, categories, and the linguistic turn [J]. International Philosophical Quarterly, 1962 (2): 307—322.

SELDEN R, WIDDOWSON P, BROOKER P. A reader's guide to contemporary literary theory [C]. Beijing: Foreign Language Teaching and Research Press, 2004.

SHUTTLEWORTH M, COWIE M. Dictionary of translation studies [M]. Shanghai: Shanghai Foreign Language Education Press, 2004.

SIMEONI D. Translation and society: The emergence of a conceptual relationship [C] //ST-PIERRE P, KAR P. In translation: Reflections, refractions, translations. Delhi: Pencraft International, 2005.

SIMON S, ST-PIERRE P. Changing the terms: Translating in the postcolonial era [C]. Ottawa: University of Ottawa Press, 2000.

SINGH R. Unsafe at any speed? Some unfinished reflections on the "cultural turn" in translation studies [C] // ST-PIERRE P, KAR P. In translation: Reflections, refractions, translations. Delhi: Pencraft International, 2005.

SNELL-HORNBY M. Linguistic transcoding or cultural transfer? A critique of translation theory in Germany [C] // BASSNETT S, LEFÉVERE A. Translation, history and culture. London: Cassell, 1990.

SNELL-HORNBY M. The turns of translation studies [M]. Amsterdam & Philadelphia: John Benjamins Publishing Company, 2006.

SNELL-HORNBY M. Translation studies: An integrated approach [M]. Shanghai: Shanghai Foreign Language Education Press, 2001.

SPIVAK G C. Death of a discipline [M]. New York: Columbia University Press, 2003.

STEINER G. After Babel: aspects of language and translation [M]. Shanghai: Shanghai Foreign Language Education Press, 2001.

ST-PIERRE P. Introduction [C] // ST-PIERRE P, KAR P. In translation: Reflections, refractions, translations [C]. Delhi: Pencraft International, 2005.

TOURY G. A rational for descriptive translation studies [C] //HERMANS T. The manipulation of literature: Studies in literary translation. London & New York: Routledge, 2014.

TOURY G. Descriptive translation studies and beyond [M]. Shanghai: Shanghai Foreign Language Education Press, 2001.

TOURY G. In search of a theory of translation [M]. Tel Aviv: Porter Institute for Poetics and Semiotics, 1980.

TSAO HSUEH-CHIN. Dream of the red chamber [M]. Chi-Chen Wang trans. New York: Anchor Books, 1985.

TYMOCZKO M. Translation in a postcolonial context: Early Irish literature in English translation [M]. Shanghai: Shanghai Foreign Language Education Press, 2004.

VENUTI L. Rethinking translation: Discourse, subjectivity, ideology [C]. London & New York: Routledge, 1992.

VENUTI L. The translator's invisibility: A history of translation [M]. Shanghai: Shanghai Foreign Language Education Press, 2004.

VENUTI L. Translation changes everything: Theory and practice [M]. London & New York: Routledge, 2013.

VERMEER H J. Skopos and commission in translational action [C]. CHESTERMAN A trans. //VENUTI L. The translation studies reader. London & New York: Routledge, 2000.

VIENNE J. Which competences should we teach to future translators, and how? [C] // SCHÄFFNER C, ADAB B. Developing translation competence. Shanghai: Shanghai Foreign Language Education Press, 2012.

VINAY J, DARBELNET J. Comparative stylistics of French and English: a methodology for translation [M]. SAGER, J C, HAMEL M J. trans. Amsterdam & Philadelphia: John Benjamins Publishing Company, 1995.

WILLIAMS J, CHESTERMAN A. The map: A beginner's guide to doing research in translation studies [M]. Shanghai: Shanghai Foreign Language Education Press, 2004.

WILSS W. A framework for decision-making in translation [J]. Target, 1994 (2): 131—150.

WILSS W. The science of translation: Problems and methods [M]. Shanghai: Shanghai Foreign Language Education Press, 2001.

WINTLE J. The concise new makers of modern culture [C]. London & New York: Routledge, 2009.

ZDANYS J. Teaching translation: Some notes toward a course structure [J]. Translation review, 1987 (1): 9—11.